梅毅说中华英雄史

元

铁血、杀戮与融合

梅毅 著

天地出版社 | TIANDI PRESS

图书在版编目（CIP）数据

元：铁血、杀戮与融合 / 梅毅著. —成都：天地出版社，2017.10（2024年11月重印）
（梅毅说中华英雄史）
ISBN 978-7-5455-3169-5

Ⅰ. ①元… Ⅱ. ①梅… Ⅲ. ①中国历史 – 元代 – 通俗读物
Ⅳ. ①K247.09

中国版本图书馆CIP数据核字（2017）第235328号

YUAN: TIEXUE、SHALU YU RONGHE
元：铁血、杀戮与融合

出品人 杨　政
作　者 梅　毅
责任编辑 杨永龙　朱迪婧　陈文龙
装帧设计 水玉银文化
责任印制 王学锋

出版发行 天地出版社
（成都市锦江区三色路 238 号 邮政编码：610023）
（北京市方庄芳群园3区3号 邮政编码：100078）
网　址 http://www.tiandiph.com
电子邮箱 tianditg@163.com
经　销 新华文轩出版传媒股份有限公司

印　刷 北京中科印刷有限公司
版　次 2018年1月第1版
印　次 2024年11月第7次印刷
开　本 660mm×920mm 1/16
印　张 24
字　数 322千字
定　价 62.00元
书　号 ISBN 978-7-5455-3169-5

咨询电话：（028）86361282（总编室）
购书热线：（010）67693207（营销中心）

如有印装错误，请与本社联系调换。

名家评论

李国文（著名作家）

梅毅在评骘论定某段历史事实、审知识鉴某个历史人物时，与时下某些史学家、某些文学家，刻意要将历史写成某种样子，以达到取悦谁，讨好谁，达到获取更大利益的个人目的，是有着天壤之别的。……他宁愿坐冷板凳，啃硬骨头，溯本追源，寻出真情，回顾返视，以求真知。有什么说什么，秉持史学家的直笔；有多少说多少，体现文学家的良知，这是难能可贵的治学精神。

蒋子龙（著名作家）

梅毅英美文学专业出身，毕业后即入金融界工作，浸淫资本市场二十余载，风华正茂之年，信笔游缰，以“赫连勃勃大王”名头驰骋互联网，大哉壮哉！吾尝细谈其历史小说《南北英雄志》第一部《驺虞幡》，英伟雄健，如此笔力如此才，“茅盾文学奖”，不亦易乎！

高洪波（著名作家）

“梅毅说中华英雄史”的出现，让我们中国作家这个群体感到欣喜：因为，梅毅让我们看到了作为作家自我扩展的无限可能性，认识到作家书写历史，其实是自司马迁以来的传统！而作家梅毅所撰写的历史著作，无论从文笔还是史实，都可以称之为“好的”。一部“好的”历史书与“坏的”历史书的区别，就在于好的历史学家能够运用他自己独特的判断力去解析历史。

沈渭滨（复旦大学历史系教授）

要写活历史，除了扎实的史学功底和睿智的识见外，生动的文笔当不可少。我细读了“梅毅说中华英雄史”，感到梅毅的文笔确实生动，具有亦庄亦谐的感人魅力。他的一系列历史纪实体作品，似乎有着共同的写作风格：他力图继承太史公开创的历史文学余绪和评判史实的精神，努力效法历史演义家的结构布局和善于演绎的流风，倾心于散文、小说家捕捉细节、铺叙感受的技巧，试图熔于一炉。

王学泰（中国社会科学院文学研究所古代史研究员）

梅毅没有像过去有些历史学家那样，只要不利的资料，都否定。梅毅的书附的史料也很多，包括一些当时人的记载，包括内部文件，还包括一些外国人的记载，给我们开阔了眼界，为我们理解某一段历史提供了一个评价平台。

雷　颐（中国社会科学院近代史研究所研究员）

“梅毅说中华英雄史”有很重要的意义，他把史学界的成果大众化了。从前教条主义的教育，对梅毅来说没有形成一个框架，没有形成一个偏见。他的书里面的很多东西，虽然是近代史学界已经研究过的，已经谈得很多了，但是他的突出意义在于把它大众化。

张　鸣（中国人民大学国际关系学院教授）

梅毅虽然写得很通俗，有点像小说，但是一看就知道他是下狠功夫看过史料的，跟那些网络上完全演绎、完全口语化、变成现代化的历史叙述、根据一点东西进行演绎的东西，还是很不一样的。……梅毅很注意那种历史细微的细节，你一看就感觉挺有趣的，实际上史料都有，但是过去没有人揭示这个。

杨念群（中国人民大学清史研究所教授）

梅毅的书比较可贵的地方在于，在整个的叙事过程中，历史人物的悲欢离合和成败得失，是在历史的叙述中一环环展现出来的，没有马上就进入一种历史判断。……按照历史情景的本身来展现双方的对垒的过程，实事求是地，可以说是相对平实地去展示历史。这样出来的效果，相对来说是有一定的说服力的。

钱文忠（复旦大学历史系教授）

像梅先生这一批具有金融背景的人，可能更了解现代人在想什么。……梅先生“一方面沉醉于纸醉金迷的生活，一方面留恋于历史的幽暗光线”，这种生活状态，这么一种冲突，在一个写作人身上体现出来，经过微妙的递嬗后，又去影响他们的文字，而这种文字，以其独特的韵味来影响现代人的心志。

雷　达（著名评论家）

梅毅高产，又有见解，而且能辩证地看时代、文学的发展，这一点非常棒。最近这些年，我们国内关于历史方面非常“热”，电视热播、网络热聊、影院热映、图书热销。而他 2003 年底就已经开始写中国大历史，可见他极富预见性。

白　烨（著名评论家）

梅毅的历史写作，基本上还是正史的写法，同时有天马行空的类似杂史、野史的感觉，所以让人印象深刻。梅毅的大手笔，是他能在写事件时突出人物，以点带面，这种写法是他的首创。梅毅与众不同的历史写作，还在于他能用现代意识回顾以前的历史，他从人性角度细腻观察历史。

肖复兴（《人民文学》副主编）

梅毅讲述历史一点也不枯燥，正因为他是以人来贯穿的，并不是以从前传统的方式来进行断代史的研究。形象演绎是梅毅书写历史的专长，他写起历史来不仅好看，而且能活灵活现地把过去的历史再现于我们面前。

叶延滨（《诗刊》主编）

梅毅的历史写作有两大优点，第一，他确实有见识，他的历史观察力非常奇特。如果讲历史的真实性，人们宁肯去相信枯燥的教科书，但是人们读梅毅的历史著作，主要是想读作者的见识。第二个优点，梅毅的历史写作以文笔取胜。

刘鸿儒（中国证监会首任主席）

我看“梅毅说中华英雄史”的时候，符契相合，感到由衷的欣喜。在我们证券监管单位的梅毅，竟然打着一面“赫连勃勃大王”的大旗，成为声名显赫的历史学家，而且风生水起，已成“中国互联网历史写作先行者”。他不仅写出了几百万字的中国历史作品，可谓“著作等身”，而且坊内畅销，洛阳纸贵。从2010年开始，他又在中央电视台《百家讲坛》节目开讲《鲜为人知的杨家将》《隋唐英雄志》，好奇之余，我更多感到的还是欣喜。

朱伟一（证监会研究员、社科院法学所兼职教授）

读了梅毅的历史书，我觉得历史比小说更深刻。……梅毅的视角独特，让人读之津津有味。

曹可凡（著名电视节目主持人）

他（梅毅）发现了很多别人没有发现的材料，当然他更多的是可以从现有平凡的材料当中找出历史的端倪。这些可能显而易见，但是有时对显而易见的东西不忽略，反而可以找出历史的真谛，这是梅先生的书突出的地方。……作为一个传媒从业者或者一个普通的读者，通过这个书，我可以获得很多知识。

自序

英雄是民族最闪亮的坐标

2016年11月30日，我作为中国作协九大代表，在人民大会堂，亲耳聆听了习近平总书记的讲话："中华民族生生不息绵延发展、饱受挫折又不断浴火重生，都离不开中华文化的有力支撑。中华文化独一无二的理念、智慧、气度、神韵，增添了中国人民和中华民族内心深处的自信和自豪。"

话语入心，感受颇深！

联想到我本人的创作，从2003年到2015年，12年时间，正是为了弘扬中华传统文化，为了找回中华民族那份沉甸甸的文化自信和历史自信，在中国最物质的南方城市深圳，我坐着冷板凳，独立完成了10卷本、500多万字的《帝国真史》系列丛书。

抚今追昔，纵观历史，如今，我静下心来，俯首思之，得出这样的结论：我们这个民族之所以伟大，就在于我们是一个历史上有无数英雄的民族！

回望中国历史数千年进程，特别是朝代更迭的那些铁血岁月，英雄鹰扬，豪杰虎跳，确确实实让后人无限神往！在每一个令人目眩神迷的伟大时代中，各类英雄横空出世，他们之间的纠葛、交结、争斗，无不充满了动人心魄的感人故事，处处闪耀着人性的光辉，荡溢着历史的波谲云诡，迸发出惊人的感动力！即使在今天，无数中华历史英雄那些激动人心的时刻，肝肠寸断的瞬间，那些汗与泪倾泻而成的故事，依旧晶莹闪耀……

一个没有英雄的民族是不可想象的！物质时代，我们对中华民族的英雄崇拜，可以治疗拜金主义的“软骨症”，可以治愈蝇营狗苟的精神瘫痪，可以让我们在庸常生活中重新体味诗性的、崇高的人性大美与激情，可以一砖一瓦地重新建砌我们民族精神的巍峨华殿，可以让我们在对英雄人物的遭遇感同身受的同时，细细咀嚼诗性而永恒的苦难、孤独与崇高——一切的一切，就是要进一步提升和重铸我们伟大民族的精神风骨！

我在“以人为本”“以人带史”的独特历史讲述中，总会给大家展示历史洪流中那些血肉英雄的人生传奇。大哉英雄，他们离奇跌宕的命运和令人扼腕叹息的结局，他们之间的惺惺相惜和恩义散场，连我这样冷静的写作者都每每为之流泪动容。我希望能够以客观的、现场感的讲述，消除流水账式的干巴巴的教科书式的平铺直叙，一改宫廷史书荒诞不经的星宿下凡式的神化，一改旧时代民间叙事中英雄故事天命巧合的际遇铺陈，泯除昔日怪力乱神的“超现实”力量冲突——最终的目的，就是要重力突破传统中国通史写作那种老旧的格套，从崭新的、完全的、人性义理的角度，去描写、描摹历史中的“人”在乱世之中生存挣扎所遇到的矛盾、痛苦，从而进一步展示出那些伟大时代伟大英雄的反省、发愤、坚忍，展现乱世之中人性的恢宏壮美和平凡生命力的顽强不屈。

在两千多年中国历史的宏大画幅中，我们面对灿若群星的历史人物，有时候，确实不能以成败论英雄。波澜壮阔之间，我总会发现那些欢乐或悲伤英雄身上的熠熠闪光，他们高尚的友情、撼天动地的义气、深沉的亲情以及奋不顾身的勇气——所有这些，无不具体而形象地展现出我们国人一直以来崇尚的价值观，体现出我们最原始、传统的道德。他们的英雄传奇、他们的侠义勇武、他们之间的惺惺相惜，无不与我们中华民族传统的道德观相契合，故而历久弥新！

以历史的逻辑和历史的纵轴、横轴构建传奇化的个人经历，确实非常不容易。为此，如同入群山寻宝，我只能对史料细细爬梳，从汗牛充栋的史料中仔细挖掘，以历史真实为基础，增添合理想象，还原历史，润饰附会，撷取那些细微、深刻而又不经意处的细节，继而细细雕琢，默默推想，最终来张扬我们心目中的历史英雄楷模，体现出那些英雄们平凡中自然而然的感人情怀，挖掘出埋藏于历史深处的复杂而伟大的人性！

正如习近平总书记所言："祖国是人民最坚实的依靠，英雄是民族最闪亮的坐标。歌唱祖国、礼赞英雄从来都是文艺创作的永恒主题，也是最动人的篇章。……对中华民族的英雄，要心怀崇敬，浓墨重彩记录英雄、塑造英雄，让英雄在文艺作品中得到传扬，引导人民树立正确的历史观、民族观、国家观、文化观，绝不做亵渎祖先、亵渎经典、亵渎英雄的事情。"

在十多年的写作过程中，我力避当下坊间最流行的群氓庸俗搞笑史观，扬沙弃砾，以历史守护者的角度，切入中华大历史活生生的血肉肌体之中，从中发现每个伟大时代各路英雄的英伟、自我突破，甚至是狂狷的人格状态，探究辉煌乱世大时代中作为个体的"英雄"的挣扎过程。

看啊，这些人，有血有泪，有悲伤有欢乐，有飞扬有落魄。看啊，这些历史长河中伟大英雄们短暂而辉煌、悲伤的人生历程，真实而丰沛的情感。今天的人们，肯定能够在谛听和仰视中，深刻感受我们伟大历史嬗变无常的命运，沉浸于历史戏剧性的快感中，体悟那些英雄在困境中的抉择和成长。

在我们为泪水所溅湿的笑声中，在惊回首的历史探望中，那些具有冰山大漠魂魄的英雄雕像，在中华民族雄浑壮美的历史背景映衬下，会越来越清晰而丰满！

2017 年 8 月 6 日于深圳

目录

导读

壮丽的废墟

回望元朝

当我们言及元朝，总是会闪现出这样一种想法：那是个野蛮的、英雄的、征战的时代。

其实，我们对元朝的这种印象多多少少是一种误解：成吉思汗的威名太过显赫，蒙古西征的洪流太过汹涌，致使后人（包括东西方的许多学者）大多把蒙古最初的扩张史看成了元帝国的全部精华所在。

在我国出版的多数关于元朝的历史作品中，大多数篇幅，皆是描绘成吉思汗到忽必烈这一时期的蒙古征服史。

所有职业和“业余”作者们，如此不吝笔墨肆意描画征服者的历史，确是因为那血与火的壮丽一幕吸引了他们大多数人的目光。我们有些学者也认定元朝是一个“更大的世界性帝国”的一部分。

这种观点，忽略了这样一个基本事实：元史，并不等于蒙古史。

元史，主体其实应该是从忽必烈开始到妥懽帖睦尔结束的中国史。

忆往昔，蒙古帝国的触角伸得太远，以至于后人总是乐于眺望本土以外几大汗国的金碧辉煌，并津津乐道那些奇异的异域故事。

元朝在中国的时间段大致有以下几种算法：如果从 1206 年铁木真即汗位算，至 1368 年元顺帝逃出大都，共有 162 年历史；如果从蒙古灭金统一北中国的 1234 年算起，到 1368 年止，总共有 134 年历史；如果以忽必烈在 1271 年改国号为“大元”标志着元朝的开始算，那么就有九十七年；如果以1276年宋恭帝出降、元军攻占临安为新王朝的揭幕，元朝则只有九十二年的历史。

无论怎样计算，可以圈定“元朝统治者在中国”的时期，基本是一两个世纪的时间。一两个世纪，几代人，在五千年的中国历史长河中确实不算长。这百年沧桑，对中国历史的日后走向所造成的巨大扭力，却影响深远。

元朝版图之大，可以从明朝人的感叹中得到证明：

> 自封建变为郡县，有天下者，汉、隋、唐、宋为盛，然幅员之广，咸不逮元。汉梗于北狄，隋不能服东夷，唐患在西戎，宋患常在西北。若元，则起朔漠，并西域，平西夏，灭女真，臣高丽，定南诏，遂下江南，而天下为一。故其地北逾阴山，西极流沙，东尽辽左，南越海表。

元成宗时代，当漠北诸王承认元成宗为天下共主之时，元朝的理论疆域，包括元朝、伊利汗国、钦察汗国、察合台汗国、窝阔台汗国以及高丽、东南亚、海外诸岛等等。

如此，三千万平方公里的大地，大元旗帜迎风飘扬，真正是“舆图之广，历古所无”。中原大地、江南水乡、天山南北、波斯、藏北高原、俄罗斯钦察草原乃至两河流域，大元的驿马可以没有阻碍地撒欢驰骋。

大元的熔炉，把一个又一个曾经野蛮的民族，包括党项、契丹、女真以及数不清的“西南夷”部落，统统同化掉，昔日显赫一时的民族皆成为中华民族，虽然这并非出于统治者的初衷，却极大地促进了日后主体民族国家超强的稳定性和凝聚力。正是元朝前所未有的超强吸附力，青藏高原、云贵高原和内蒙古高原铸就了中国版图不可更改的政治地理防护墙。

可惜的是，民族压迫这一致命的症结从一开始就注定了元帝国的结局一定是个巨大的历史废墟。蒙古统治者没有抓住“汉化”的历史机遇，他们太多的精力都浪费在消费和享乐以及防止如何被“同化”的方面。草原虽然非常辽阔，却没有赋予“黄金家族”优秀而广阔的政治视野。

不可否认的是，蒙古人在十三世纪晚期带来的血与火，从某种意义上也涤荡了汉民族的颓靡苟全。残酷有时促人警醒，杀戮有时会让复仇的雄心苏醒。相比清朝，蒙古统治者本质上仍存有草原蓝天下那种质朴的野蛮和不加掩饰的爽朗，他们来得急，去得快，输得起，放得下。

时光流逝百年，蒙古刀剑仍旧锋利无比，只不过它们新主人的手再也握不住这些沉重的利器了。以暴易暴的魔咒，再一次把这样一个不可一世的帝国送入历史的黑洞。

自蒙古旗帜从大都消失之后，几百年过去，出于政治原因、民族偏见以及这样那样的“理由”，对于元朝，除过激的、以偏概全的“讴歌”以外，后人无外乎更加矫枉过正地把它“一团漆黑化”。

细加审视，百年之中元朝所取得的成就，我们不能视而不见。

郭守敬的《授时历》，是元朝科技的里程碑和总代表。它首先使用“截元法”和当时的新科技。同时，为了测算准确，元朝人前所未有地在从极北至南海的广阔地域间设置了二十七个天文观测站，无论是仪器还是计算法，都领先世界几百年。数学家李治提出“天元术”（立方程），朱世杰提出“四元术”（多元高次联立方程解法）；朱思本绘成《舆地图》，汪大渊有地理学专著《岛夷志略》；军事方面“成果”累累，集火药与弹道技术于一身的新型武器“火铳”定型于这个时期；农业科技相对得到发展，王桢的《农书》可谓是当时的集大成者；棉纺技术得到普及，“黄道婆”就是那个时代这一行业鼎盛的“代名词”；交通系统尤为发达和先进，“适千里者如在户庭，之万里者如出邻家”。运河开凿、航海技术、制盐业、兵器业空前发展……可以想见，虽然号称“停滞”，但科技一直在进步着。

在文学艺术领域，中国戏剧无论是创作质量还是思想内容，在元朝都臻于巅峰状态。人民喜闻乐见的“通俗文学”，火山爆发一样涌现在这个正统文化备受摧残的年代。即使是元人最不“擅长”的诗歌形式，百年之间，也出现了四千多位诗人，存诗十三万首之多。况且它还有与汉赋、唐诗、宋词比肩的“元曲”峙立于历史长河间。特别是萨都剌、贯云石、余阙、迺贤这样的色目诗人，风格奇特，卓尔不群，形成了中国诗歌史上令人刮目相看的“异类”。

令许多人疑惑不解的一个问题是，北宋、南宋文明那样发达，为何都相继败于野蛮、落后的女真和蒙古？

这个答案很简单，因为当时的汉文明，从政治学意义上讲，是一种衰败的文明。

落后民族没有任何心理和政治负担，他们会不顾一切地向这种“先进”而又衰弱的文明发动进攻。由于“先进”文明的内部经济结构、政治结构的复杂性和联动性，其力量反而日趋分散和消解，文明最终成为“拖累”。而旷日持久的备战和战争使“文明”的成本呈几何级数放大，社会负担越来越沉重，文明最终被简单而又野蛮的力量消灭掉。

可以想见，蒙古人乍起之时，如同那些攀越雪峰的勇敢者一样，他们尽其所能，使用全部的精力、气力和智力。所以，他们把每次进攻都当作是背对万丈深渊的一搏。面对这样的进攻者，又有哪个瞻前顾后、思虑多端的“文明者”能抵挡呢？

元朝的统治，是“戒备主义”和“实用主义”相结合的一种高难度艺术。但是，汉文明的“高级”，最终让蒙古上层贵族因为“技术”方面的无法企及和借鉴产生了“厌恶”，而这种“厌恶”又蜕化为愚昧的、盲目的“仇视”。他们既不能改造这种文明，又不能完全融入其中。

在高级而又成熟的文明面前，元朝统治者既无力使本民族产生更成熟的“集体主义”意识，又没有发展出更积极的“个人主义”精神。浑浑噩噩之中，大地的主人选择了酒精和美色的自暴自弃。所以，元朝作为一个由多种因素黏合而成的硕大无朋的“统一体”，才会形成刹那间轰然迸裂的局面。

从政治、经济、文化三个方面观察，对于从北方大草原呼啸而来的民族来讲，更高文明地域的经济方面最容易被吸收改造，政治居于其次，而一种内敛的、高级的文化，最难以被吸收。

文化的解体、统治者与被统治者精神方面的格格不入，其实是元帝国最终灭亡的根本原因。

当然，平心而论，这个巨人倒下的另外一个原因也不可忽视，就是它所处时代的“运气”太背——十四世纪前五十年，水旱蝗灾无年不兴，元顺帝时代更是河患滔滔，继之引发饥荒、瘟疫、死亡，而后当然是无休止的暴乱。

耐人寻味的是，气候的周期性影响，在中国历史上曾经造成过数次剧变：四世纪的西晋、十二世纪的北宋以及十七世纪的明朝，都经历了气候学所称的“黑色星期天”。这几个王朝，在灭亡的时候其内部远远没有达到它们必然灭亡的衰落状态。草原的沙漠化、干旱化和各种天灾把北方“马背上的民族”推向农耕区，周期性的抢掠忽然变成了征服。无知、蛮力加上运气，游牧民族以连他们自己都惊愕的速度坐上了中原帝王的宝座。这一次，却是相反。

在大溃逃的过程中，经历了最初的惘惑和不知所措之后，草原民族的记忆积淀和生存本能似乎又部分地重新回到他们的头脑中。宽广的大漠和无边的草原唤醒了他们沉睡的悟性，蜿蜒行进和零散而又有秩序的游逛似乎使草原民族变得更加警醒和团结。

这个民族未在改朝换代中灭绝，他们以退为进，重回“长生天”的保护圈，耐心等待着下一个轮回。

往事如风。元帝国既不是流星，也不是昙花，更不是遗憾。可叹的是，只要言及大元，人们总是联想到那地跨欧亚的庞然巨物，追思它短暂、辉煌而又近乎“理论性”版图的骄傲，却忽略了一千多万平方公里范围内百年间曾经发生过那样多的故事，有过那样令人目眩神迷的历史。

不可一世的元世祖在西南热带丛林和日本海遭受前所未有的挫折；五百个美女的“主人”阿合马敛财招恨最终尸体喂狗；赵孟頫与谢枋得这两个宋朝遗臣作了截然相反的人生选择；臣服的北方汉人在夹缝中艰难生存；元成宗享“天下共主”的瞬间荣光，又在“八百媳妇”丛林中遭受羞辱；元武宗、元仁宗兄弟之间北族模式的帝位传授弊病遗留后世；“南坡之变”中元英宗这一年轻帝王汉化改革未成而导致身死臣亡；色目诗人萨都剌的“时代诗史”展现出崭新诗风；权臣燕贴木儿、伯颜、脱脱、哈麻生前不可一世，死后凄凉寂寞；元顺帝沉迷于“大喜乐”房中术，高丽母子觊觎帝位；元朝北方军阀们在关内只争“闲气”，作你死我活的无意义内耗；辉煌大都城在明军潮水攻势下无可奈何地崩溃；新旧帝国破坏性的更迭中，又有多少文学史上失踪的诗人背影……

惊回首，环宇罡风一百年。元帝国虽然变成了巨大的废墟，但后来者能够更容易地在硝烟散后继承巨大的版图、多变的统治术等珍贵的政治遗产。在那个看似野蛮的时代里，火药、印刷术、造纸术、指南针还有其他富含革命性的文明之花，以前所未有的速度向西方扩散开去。

在人们对庞然帝国轰然坍塌后的陌生世界瞠目结舌之际，东西方文明和历史的新时代，已经悄悄来临。

南朝千古伤心事　每思豪杰泪满襟

不朽的文天祥

2006年5月1日，我驾车从深圳到江西。主要目的地，是南宋大英雄文天祥的家乡富田。

去富田前，我先去了位于吉安县城边上的文天祥纪念馆。纪念馆规模不大，非常残旧。正庭之中，有一座文天祥的高大塑像，近前抚摩，似乎不是汉白玉材料，而是由一种近乎化学喷塑的东西制作而成。细看台座，由台湾的吉安同乡会捐资兴建。不过，这座塑像很大气，把宋朝美男子大丈夫文天祥的精神状态展现得淋漓尽致。

可惜的是，伟大民族英雄的纪念馆门庭冷落，只有五六个人参观。其中，还有两个远道而来的韩国人。

距离吉安市五十七公里的富田村，有文天祥的墓地。非常庆幸的是，有一条乡村水泥公路，一直修到墓地。由于路上一直下大雨，我打算开到墓地所在的村子再买酒吊祭文天祥。不料，进入村子，问一个妇人农户，对方说这个只有几户人家的村子没有小卖部。我说要拜文天祥，问是否有酒卖我。这个农村妇女恍然，说你要拜神啊，就送了我一瓶她家自制的米酒。

用这瓶浊酒，满怀一腔敬意，我祭奠了文天祥。

文天祥的墓地非常干净、整洁，只是太岑寂了些。2006年的五一假日，估计我是全中国唯一一个吊祭文天祥的人。我一向不信“怪力乱神”。奇怪的是，五一这天，我开车从井冈山出发，一路暴雨，可到了吉安的文天祥纪念馆时，天气忽然放晴，甚至出了太阳；再往文天祥墓地走，近两个小时的路程，一直是大暴雨。甚至距离文天祥墓地两公里的时候，还是暴雨如泼。

当时，我心中暗暗祈祷，文丞相在天有灵，应该会保佑我拜祭时停雨。果然，行至墓地，天虽然阴得厉害，却无点滴雨落。

刚刚拜祭完毕，开车走出两公里，忽然又降暴雨。这种奇遇，让我这个无神论者感慨万千。

仔细想想，正是文天祥这样的人，保证了中国精神的不死、儒家传统价值观的不死、民族精神的不死。宋朝、明朝灭亡之际以及抗日战争期间，之所以那么多人慷慨赴义、挺身殉难，绝对不是什么菩萨保佑国家，而是人的精神、是不屈的凛然、是文天祥的英雄大义所感召。回想 2006 年 1 月 28 日，乙酉年除夕。是夜，在最“物质”的中国南方城市深圳，我手持一卷宋诗，信手乱翻，确实觉得不少宋诗书卷气过于浓厚，多数作品用典繁复，诗意平凡。特别是南宋末朝的诗作，境界狭小，诗风浮弱，诚无大可观之句。忽然，文天祥的一首《除夜》赫然入目：

乾坤空落落，岁月去堂堂。
末路惊风雨，穷边饱雪霜。
命随年欲尽，身与世俱忘。
无复屠苏梦，挑灯夜未央。

此诗作于元朝至元十八年。这年的除夕是文天祥平生度过的最后一个除夕。这首诗，诗句冲淡、平和，没有“天地有正气”的豪迈，没有“留取丹心照汗青”的慷慨，只表现出大英雄欲与家人共聚一堂欢饮屠苏酒过元旦的愿望，甚至字里行间透露出一丝寂寞、悲怆的情绪。

恰恰是丹心如铁男儿这一刹那的柔情，反衬出钢铁意志之下人的肉身的真实性。这种因亲情牵扯萌发的“脆弱”，更让我们深刻体味了伟大的人性和铮铮男儿的不朽人格。

于是，时隔 725 年，我，一个客居岭南的天津士子，依旧在一个岑寂除夕夜晚，为这位江西籍的中华伟男子洒下热泪。

《除夜》一诗，没有雕琢之语，没有琐碎之句，更无激昂的口号式咏叹。可是，我们仍旧感受得到一种强烈的心灵震撼。无论时光怎样改变，无论民族构成如何增容扩大，无论道德是非观念几经嬗变，文天祥作为我们民族精神的象征、作为忠孝节义人格的伟大图腾，万年不朽，颠扑不灭，在日后无数个世代仍会是激励一辈又一辈人的道德典范。

临安城上竖降旗

南宋都城的陷落

1276 年，随着元军铁蹄的步步逼近，宋廷方面已经是惊惧至极，朝中乱成一锅粥。当朝宰相陈宜中派陆秀夫去平江见伯颜，表示宋朝可以向元朝称侄或称侄孙，甚至“奉表求封为小国”，只要元朝能止兵，一切都答应。

伯颜仍不答应，坚持要宋“称臣”。陆秀夫归临安复命，谢太后泣言：“苟存社稷，称臣亦可。”

当时，谢太后等人还心存幻想，以为对元朝奉表称臣上尊号献岁币，还可以保存原有疆土。

此时，入朝不久的文天祥很有远虑，他深知元人无信，上疏请谢太后允许宋恭帝的一兄一弟出临安，即吉王赵昰、信王赵昺。谢太后同意，进吉王为益王，判福州；信王为广王，判泉州。以驸马都尉杨镇和二王两个舅舅“提举二王府事”。由此，两个娃娃王爷，即将开始他们颠沛流离的生活。

文天祥，字宋瑞，又字履善，江西庐陵（今吉安）人。其人“体貌丰伟，美皙如玉，秀眉而长目，顾盼烨然”，是个魁伟白皙的美男子。二十岁时，文天祥举进士，对策集英殿，以“法天不息”为题，洋洋万言，一挥而就。宋理宗奇其才，大喜，钦点文天祥为第一，文天祥成为御题状元。不久，因丁父忧（为父守丧），文天祥归乡。二十五岁时，时为刑部郎官的文天祥直言上书，请斩主张迁都避敌的太监董宋臣。而后，宦海沉浮，因敢言有为，“累为台臣论罢”。贾似道秉政，文天祥行制文，言多讥讽。贾似道大怒，指使台谏罢斥文天祥，迫其“致仕”，时年才三十七岁。

德祐初年，新君即位，诏天下勤王，本来退陷于乡两年之久的文天祥捧诏涕泣，终于踏上了光耀万世的不归之路。文天祥原字履善，宋理宗钦点其为状元后，叹其名佳，“天之祥，乃宋之瑞也”，故而文天祥又字宋瑞。

陈宜中见元人不允和议，计无所出，只得率群臣入宫见谢太后，请迁都避祸。谢太后开始不允，陈宜中等人“恸哭以请”，太后终于答应，回内宫立命宦者、宫人收拾行装。

结果，等到夜晚，却不见陈宜中等人来接驾。谢太后大怒：“我本不想迁都，大臣数以为请。今我欲行，众人又不至，是骗我这个老妇人吗！”急怒之下，谢太后“脱簪珥，掷之地，遂闭阁，群臣求内引，皆不纳”。其实，陈宜中本来是想转天一早成行，情急仓促之下，忘了告知谢太后出发时间，使得太后因空等大发雷霆。

元军方面，在正月十八已经三路会师，扎营于临安以北的皋亭山，真正是兵临城下。文天祥、张世杰上疏请帝室入海避兵锋，表示他们二人率守军背城一战。陈宜中不许，经与谢太后商量，派人携传国玉玺出城交与伯颜，准备投降。

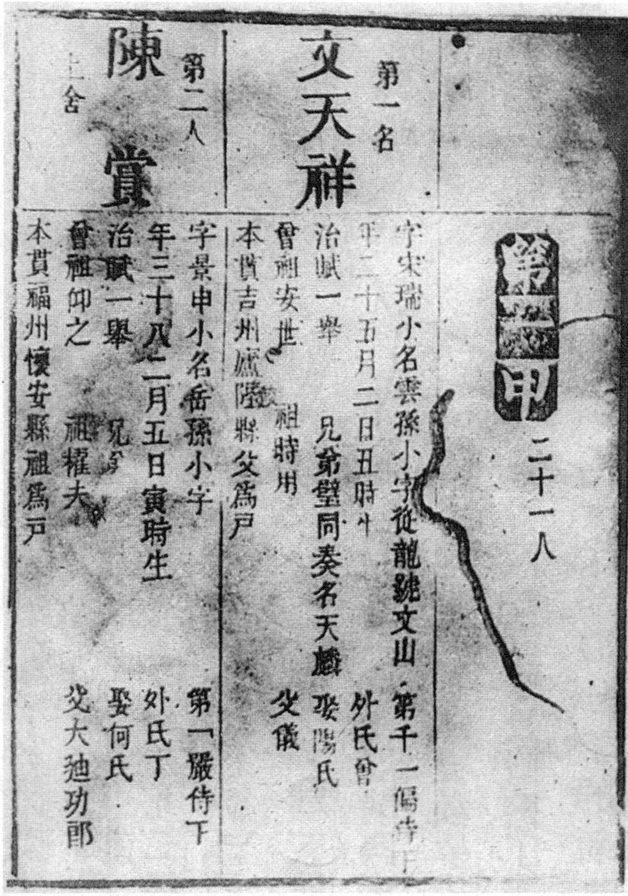
第一名 文天祥
第二人 陳賞 上舍
二十一人
字宋瑞小名雲孫小字從龍號文山 第千一偏侍下
年二十五月二日丑時生 外氏曾
治賦一舉 兄弟璧同奏名天璧 娶陽氏
曾祖安世 祖時用 父儀
本貫吉州廬陵縣 父為戶
字景中小名岳孫小字 第一嚴侍下
年三十八二月五日寅時生 外氏丁
治賦一舉 兄弟 娶何氏
曾祖仰之 祖權夫 父大廸功郎
本貫福州懷安縣 祖為戶

南宋宝祐四年文天祥状元及第榜单

至此，宋廷由议和变成了议降。

伯颜让人译读宋朝降表，结果，他对以宋恭帝的名义上呈的降表内容非常满意：

> 宋国主臣㬎谨百拜奉表言：臣眇然幼冲，遭家多难。权奸似道背盟误国，至勤兴师问罪。臣非不能迁避，以求苟全，今天命有归，臣将焉往！谨奉太皇太后命，削去帝号，以两浙、福建、江东西、湖南、二广、两淮、四川见存州郡，悉上圣朝，为宗社生灵祈哀请命。伏望圣慈垂念，不忍臣三百余年宗社遽至陨绝，曲赐存全，则赵氏子孙，世世有赖，不敢弭忘！

本来，身为首相的陈宜中应亲自出城到元营议降。但此人奸诈加胆小，竟然在定下投降“大计”后，置帝室及临安于不顾，连夜逃走，跑到自己老家温州清澳躲避。

宋将张世杰见宋廷不战而降，率所部离去，屯军定海，以观形势。

文天祥等人出城，在明因寺见伯颜。文丞相状元出身，起初还想以口辩说服伯颜退军，保全残宋社稷：“本朝承帝王正统，衣冠礼乐之所在，北朝（指元朝）将以本国为属国呢，还是想毁我社稷宗庙？”

伯颜：“社稷必不动，百姓必不杀。”

文天祥：“北朝若有意保存本朝，请退兵平江或嘉兴，然后再商议岁币与犒师之事。如此，北朝可全兵而返，此为上策；如果北朝想毁我宗庙，灭我国家，则淮、浙、闽、广等地大多未下，成败还不可知，如此，兵连祸结，胜负难料！”

出乎伯颜意料，文天祥这个“亡国宰相”如此抗言直陈，让人愠怒。于是，伯颜语气强硬，以死相逼，威吓文天祥。

文天祥大怒曰：“吾南朝状元宰相，但欠一死报国，刀锯鼎镬非所

文天祥像　图出《晚笑堂竹庄画传》

惧也！”

一句话，噎得伯颜辞屈。在座元朝诸将面面相觑，数人按剑而起，大有杀文天祥之意。

伯颜见文天祥风仪俊爽，举止不俗，心知此人定是豪杰人士。他呵呵一笑，遣返其他宋使，独留文天祥于元营。

文天祥大怒，数次请归，诘问伯颜："我来此议两国大事，为何扣留我？"

伯颜笑称："请君勿怒。君为宋大臣，今日之事，正当与我共之。"话虽如此说，伯颜令元军两名大将率军卒严加看守文天祥。

临安方面知事不妙，驸马都尉杨镇等人忙乘间奉益王、广王两个孩童出走婺州。伯颜闻讯，立刻派范文虎（奸臣贾似道女婿）率军追赶。

德祐二年二月初五，宋恭帝率百官"诣祥曦殿望元阙上表"，正式举行了投降仪式。

伯颜取南宋谢太后手诏，"谕天下州郡降附"。南宋的宫廷琴师汪元量为此有诗讽曰："乱点连声杀六更，荧荧庭燎待天明。侍臣已写归降表，臣妾佥名谢道清。"（《醉歌之五》）

而后，宋廷罢遣文天祥等部勤王兵，以贾余庆为右丞相兼枢密使（此举并无实际意义，只是表示宋廷告降官员品级之高），刘岊同佥书院事，与吴坚等人并充"祈请使"，准备诣元大都告降。"（贾）余庆凶狡残忍，（刘）岊狎邪小人，皆乘时窃美官，（自）谓使毕即归，不以为意。"

至此，伯颜引文天祥与即将前往大都告降的宋臣共座。文天祥悲愤至极，面斥贾余庆等人，并指责伯颜失信。陪坐的吕文焕充好人，从旁劝解。

文天祥瞠目斥之："汝吕氏家族世代受国厚恩，不能以死报国也罢，竟肯阖族为逆，岂不羞乎！"言毕，文天祥离席而去。

羞愤之下，吕文焕与贾余庆等人共劝伯颜拘押文天祥，把他押往大都拘禁。

伯颜遣人入临安，尽收宋朝衮冕、圭璧、符玺及宫中图籍、宝玩、车辂、辇乘、卤簿、麾仗等宫廷禁物，催促全太后、宋恭帝、宗室高官以及宫人，皆北行大都“入觐”忽必烈（谢太后因病暂不行）。

为此，汪元量有诗叹曰：“谢了天恩出内门，驾前喝道上将军。白旄黄钺分行立，一点猩红似幼君。”

南宋大将李庭芝在扬州闻知宋帝、宗室被掠北去，涕泣誓师，率四万人夜捣瓜洲，准备夺回被俘的少帝及全太后等人。元军防备森然，不果。

宋恭帝赵㬎北迁大都后，被忽必烈封为“瀛国公”。1282 年，他又被元人迁往上都（今内蒙古锡林郭勒盟正蓝旗）。青年时代，为避免被害，赵㬎自求为僧，往吐蕃习学佛法，终成一代高僧，修订翻译了《百法明门论》等不少佛经。至治三年，思宋亡国旧事，赵㬎（时法名合尊）作诗云：“寄语林和靖，梅花几度开？黄金台下客，应是不归来！”结果有人持诗上告，元廷认为赵有复国招贤之意，下诏赐死了他，时年五十三岁。

宋朝以文教而兴，以文过于武而亡。可叹的是，宋末恭帝之死，也缘于一首诗，真让人扼腕低回，思索久之。

益王、广王被转移途中，刚刚投附元朝的原宋将范文虎将兵追之甚急。杨镇一时间奋不顾身，让杨淑妃的哥哥杨亮节掩护二王及杨淑妃先逃，自己断后，表示：“我将死于彼，以缓追兵。”

途中，诸人狼狈不堪，无马无轿，皆徒步而逃。最危急时刻，二王等人躲于山中七日，断水绝粮，几乎饥渴而死。凑巧的是，宋朝统制张全与数十军卒恰好往南逃，于是众人会合，一同逃奔温州。不久，宋臣陆秀夫等人闻讯追至，并召陈宜中来见。又召张世杰。张世杰在定海接报，率军来赴。

于是，众人推益王赵昰为天下兵马都元帅，“檄召诸路忠义，同奖王室”。

本来，元朝已经在实际上灭亡了南宋，元军诸将皆不愿再驰往南荒继续战斗，元朝行省官员也大多想放弃肇庆、德庆、封州、梧州等地，认为那些地方地处僻远，没有太大军事、政治价值。

关键时刻，史天泽的长子史格力排众议，坚决不同意在两广一带弃戍，并上疏忽必烈，为之分析天下形势，认定穷寇必追。结果，元朝最终向当地增兵益戍，致使南宋最后一丝复国的希望很快破灭。

百死愁绝终不悔

文天祥的坚持

文天祥被元军押解大都途中，至镇江，趁看守不备，又有手下侠客杜浒等人相助，连夜逃出，跑到真州（今江苏仪征）。

时为安抚使的苗再成闻讯开城迎接，喜极而泣，表示说：“两淮之兵足以兴复国家，只因二帅关系不睦（二帅指李庭芝和夏贵，当时苗再成还不知夏贵已降元），如能合纵连横，一心抗敌，取胜不难。”

文天祥闻言也很兴奋，问：“苗安抚您有何计策？”苗再成答：“当今之计，先约淮西兵直趋建康，元军闻知必调集部队阻挡。我趁此机会可指挥淮东诸将，以通州、泰州之兵攻袭湾头，以高邮、宝应、淮安兵攻扬子桥，以扬州兵攻瓜步，再以水军直捣镇江，同时举兵，大张声势。如此，湾头、扬子桥一带，元兵留守不多，当地人又多盼我大军反攻，肯定能一举克之。然后，三面合攻瓜步，我本人指挥水军自水上进逼，瓜步必能攻下。如取瓜步，以淮东兵入京口，淮西兵入金陵，扼断元军归路，定可擒其主帅，收复失地。”

文天祥闻言，非常赞许，忙写信给死守扬州的李庭芝，并派出信使四处约结未降的宋将。

可惜的是，由于当时战乱四起，信息不通，又因文天祥本人先前参加与元军的“议和”，致使李庭芝对他存有极大的戒心和误解。再加上宋军有败兵逃归扬州，报告说元军派了一个丞相到真州说降。

接到文天祥的书信，李庭芝认定说降的“丞相”肯定是文天祥，并忖度文天祥是以计诱他出扬州，然后趁机让元军来攻。于是，李庭芝派人送密信，命令苗再成杀掉文天祥。

苗再成不相信文天祥是元人派来诱降的奸细，又不敢违背李庭芝的命令，就亲自把文天祥骗至真州城外，示之以制置司“格杀勿论”的命令，让文天祥自寻出路。

回城后，苗再成不放心，怕文天祥真是元军招降的奸细，派出两路人试探文天祥，嘱咐那些人，只要文天祥是说降者，当场就把他杀死。

两路人佯装成出城降元的溃兵，向文天祥打招呼。文天祥不知是苗再成试探他的“计谋”，苦口婆心以忠义苦劝那些要外出“降元”的士兵为国尽忠，两路士兵大受感动，他们不仅没有杀文天祥，反而为他们一行人带路直到扬州城下。

四鼓时分，文天祥诸人抵至扬州城门，赫然见到四周贴了数张宋朝悬赏捉拿“文丞相”的告示，写明“死活皆赏”。

众人相顾吐舌，只得窜身向东，准备从海道逃走。途中，他们遇到络绎不绝开拔的元兵，一行人慌忙躲入烧毁的墙壁中潜伏。藏了两三天，几个人差点儿饿死，幸亏遇见几个樵夫，乞得几口干粮得以幸免。

逃至板桥，元军忽至，一行人又蹿入灌木丛中。元兵看得真切，往灌木丛中射了一阵乱箭，并活捉了杜浒等三四个人。

幸亏捉人的元兵是汉军，得了杜浒等人的银两后就偷放了他们。几个人回到原地，把已经饿得奄奄一息的文天祥用木棍制成的简单担架抬至高邮稽家庄。当地庄主是位义士，派人护送文天祥等人先至寿州，然后由通州入海，一行人终于得达温州。

对于此次嫌猜、历险，文天祥有《出真州》诗十三首感怀，真实再现了当时的仓皇和狼狈。

1276年6月，陈宜中、张世杰在福州拥立益王赵昰为帝，改元“景炎”。进封皇弟赵昺为卫王。改福州为福安府。以陈宜中为左丞相兼枢密使，都督诸路军马；张世杰为枢密副使；陆秀夫为签枢密院事。

不久，文天祥赶至，诏拜右丞相兼枢密使。由于陈宜中主持“国事”，怕引起内部纷争，文天祥“固辞不拜”。小朝廷便授文天祥为枢密使同都督。

众人出计献策，下诏各地，以图兴复。恰于此时，留于江南的南宋故相留梦炎“响应”元朝召唤，自动出降，充当新朝鹰犬爪牙。

丹心不改天地悲

文天祥的最后努力

文天祥到福州后，提出要回温州组织舟师，由海道而进收复两浙。陈宜中不同意，文天祥只得作罢。

陈宜中的想法，是放弃温州，把大本营全移至闽地，依靠张世杰收复两浙以自洗其先前弃都亡命之罪。出于这种私心，他当然不想让与自己平起平坐的文天祥立功。于是，陈宜中就把文天祥外派，让他在南剑州（今福建南平）开府，招募士兵。

在福州的短暂准备期间，九死一生的文天祥把先前所写的诗歌编为一集，名《指南录》，皆为向南奔君的纪实诗：“臣心一片磁针石，不指南方不肯休。”诗文字字带血，句句含悲，特别是文天祥所写的《指南录后序》，高度形象地概括了他自德祐二年（1276年）以来元军兵临城下至他最终逃往永嘉的整个过程：

德祐二年二月十九日，予除右丞相兼枢密使，都督诸路军马。时北兵已迫修门外，战、守、迁皆不及施。缙绅、大夫、士萃于左丞相府，莫知计所出。会使辙交驰，北邀当国者相见，众谓予一行为可以纾祸。国事至此，予不得爱身；意北亦尚可以口舌动也。初，奉使往来，无留北者，予更欲一觇北，归而求救国之策。于是辞相印不拜，翌日，以资政殿学士行。

初至北营，抗辞慷慨，上下颇惊动，北亦未敢遽轻吾国。不幸吕师孟构恶于前，贾余庆献谄于后，予羁縻不得还，国事遂不可收拾。予自度不得脱，则直前诟虏帅失信，数吕师孟叔侄为逆。但欲求死，不复顾利害。北虽貌敬，实则愤怒。二贵酋名曰馆伴，夜则以兵围所寓舍，而予不得归矣。未几，贾余庆等以祈请使诣北；北驱予并往，而不在使者之目。予分当引决，然而隐忍以行。昔人云："将以有为也。"

至京口，得间奔真州，即具以北虚实告东西二阃，约以连兵大举。中兴机会，庶几在此。留二日，维扬帅下逐客之令。不得已，变姓名，诡踪迹，草行露宿，日与北骑相出没于长淮间。穷饿无聊，追购又急，天高地迥，号呼靡及。已而得舟，避渚洲，出北海，然后渡扬子江，入苏州洋，展转四明、天台，以至于永嘉。

呜呼！予之及于死者不知其几矣！诋大酋当死；骂逆贼当死；与贵酋处二十日，争曲直，屡当死；去京口，挟匕首以备不测，几自刭死；经北舰十余里，为巡船所物色，几从鱼腹死；真州逐之城门外，几徬徨死；如扬州，过瓜洲扬子桥，竟使遇哨，无不死；扬州城下，进退不由，殆例送死；坐桂公塘土围中，骑数千过其门，几落贼手死；贾家庄几为巡徼所陵迫死；夜趋高邮，迷失道，几陷死；质明，避哨竹林中，逻者数十骑，几无所逃死；至高邮，制府檄下，几以捕系死；行城子河，出入乱尸中，舟与哨相后先，几邂逅死；至海陵，如高沙，常恐无辜死；道海安、如皋，凡三百里，北与寇往来其间，无日而非可死；至通州，几以不纳死；以小舟涉鲸波出，无可奈何，而死固付之度外矣！呜呼！死生，昼夜事也，死而死矣；而境界危恶，层见错出，非人世所堪。痛定思痛，痛何如哉！

不久，文天祥转战至汀州（今福建长汀），派赵时赏率一部军士去取宁都（今江西境内），派吴浚取雩都（今江西于都）。同时，在江西坚持抗元的刘洙等人听闻文天祥开府，纷纷提兵来会。

景炎二年（1277年）五月，文天祥集结部队，自梅州出江西，吉州、赣州坚持抗元的宋军皆来赴，合军收复会昌县。七月间，文天祥部下赵时赏等人分道攻取了吉、赣周围的不少地区，把赣州包围起来。

闻听文天祥在江西声势大震，衡山、抚州等地残余宋军也纷纷加入进来，一时间士气高昂。

元廷闻报，非常紧张，忙在江西置行中书省，以塔出为中书右丞，麦术丁（又译“敏珠尔丹”）为中书左丞，李恒为参知政事，下决心扑灭江西的反元宋军。

九月间，在元军诸道四出江西的同时，元将李恒自将一军精骑，出其不意地向身在兴国的文天祥发起进攻。

文天祥没有料到李恒这么快就杀到，猝不及防，慌忙应战，首战不利。听说邹沨部宋军有数万屯于永丰，文天祥携败兵向永丰方向败退。结果，行至半路，正遇上被元军杀得大败而逃的邹沨部队，双方相遇，便会合一处，接着跑。

逃至方石岭（今江西吉安东南），率少数兵士殿后的宋将巩信与元兵短兵相接，殊死搏斗，相战多时。元将李恒疑有伏兵，鸣金收兵。良久，见山后并无声息，李恒才敢率元兵呐喊杀入。结果，见巩信端坐一巨石之上，仅剩的十余名残兵立其左右，瞋目怒视元军。

李恒忙命放箭，箭雨密集，巩信等人屹立不动，中箭如猬，至死不仆。

文天祥逃至空坑（仍在吉安境内），军士多散，身边只有杜浒、邹沨等几个人相随。

宋将赵时赏为使文天祥等人有时间逃走，故意令人用肩舆把自己抬上，大摇大摆、不慌不忙地行走。元军大队士兵追至，持枪挺刀，喝问肩舆之上是何人，赵时赏朗声答言："我姓文。"元军大喜，以为生擒了文丞相。忙令数百人看守，把赵时赏押至隆兴。

一路上，多有五花大绑的文天祥僚属被押至肩舆前，元军迫使赵时赏（以为他是文天祥）辨认，皆被赵时赏"不屑"呵斥："小小牙官，抓这种人做什么！"由此，得脱者甚众。即使如此，文天祥本人的妻儿皆被元军抓住，被李恒送往大都。途中，文天祥二子不堪折磨，皆病死于道中。

不久，得知被抓的"文天祥"乃赵时赏，李恒气恼，立即斩杀。赵时赏乃宋朝宗室子弟，临刑大笑，慷慨就义。

文天祥逃脱后，辗转至南岭（今广东紫金），重新集结队伍。

身在石冈州（今广东吴川西南面一个小岛）的小皇帝赵昰因奔波惊吓，患病而死，时年十一岁。众臣便拥卫王赵昺为帝，时年八岁。

文天祥闻新主即位，上表自劾江西败兵之罪，并请入朝觐见。恰值军中发生瘟疫，文天祥身边刚刚聚集的残军一下子病死不少，其老母与长子也相继染病而亡，雪上加霜，亡国丧亲，大英雄痛不可堪。

祥兴元年（1278 年）年底，文天祥屯军于潮阳，邹沨、刘子俊等人率众相会。由于当地盗贼陈懿、刘兴为害一方，形同割据，文天祥便先向这两个巨盗发动进攻，杀掉了刘兴，却漏跑了另一个匪首陈懿。

陈懿海盗出身，马上投降了正率舟师由海路入潮州的元军大将张弘范。熟门熟路，这个强盗头子为元军充当向导，在潮阳大举登陆。寡不敌众，文天祥败走海丰。

张弘范之弟张弘正率一部精骑，穷追不舍。逃至五坡岭（今海丰以北），文天祥一行人正喘息想吃口饭，张弘正的元军骑兵猝然杀到，宋军来不及迎战，多数被杀，文天祥被生擒。情急之下，他忙掏出一直随身携带的冰片自杀。由于存放日久，药效丧失，文天祥自杀未成。

宋将邹沨刚烈，未待元兵近身，以佩刀自刭而死。

宋将刘子俊在附近也被另一部元军抓获，他忙大叫，自称是文天祥，冀以缓兵，想使文天祥有机会逃走。

两部元军抓了两个"文天祥"，相遇于途，各争真伪，都坚称自己是"文天祥"。元将唤来几个宋军俘虏，边问边杀，终于得知了他们要抓的真文天祥。

然后，元军在当地架起大锅，烹杀刘子俊。烹刑残酷，使人慢慢煎熬而死，刘子俊一直骂不绝口，至死不屈。

文天祥被押送到潮阳，见张弘范。元兵叱之下拜，文天祥不屈。张弘范虽是元朝得力鹰犬，内心也敬佩文天祥这样的铮铮男儿，叹赞道："真忠义人也！"命左右为文天祥释缚，待以客礼。

文天祥固求一死，张弘范不许。由于宋军势力还未尽灭，张弘范深知文天祥还"有用"，命人把他拘于军船之上，好吃好喝，严加看管。

天涯海角不悔身

悲壮的厓山之役

1277 年 9 月，为和当时在江西的文天祥相呼应，张世杰派出十万大军，遣两位都统率领，想克复建昌。结果，宋军遭遇元将李恒。宋军大败。

元军进逼，又破建宁府、邵武军，陈宜中、张世杰等人不得不奉幼帝及卫王与杨太妃登舟逃跑。

当时，宋方有正规军十七万，民兵三十万，还有从两淮战场撤退下来的残兵一万多，共近五十万人马，乘战船从海上撤退。

半路，宋船与元军水师相遇。由于当时大雾，又值傍晚，元军竟然没有发现浩浩荡荡撤退的宋军海船。南宋这支残军，暂时逃过一次大劫。

行至泉州泊岸，驻守当地的安抚使蒲寿庚前来谒见，并请幼帝驻跸泉州。张世杰不放心，没有答应。这位蒲寿庚乃阿拉伯商人后裔，世居泉州，一直提举市舶司，擅利为富三十多年。他不仅有军职，还是当地富豪之首。

当时，张世杰身边的参谋人员就劝说，应该趁谒见之机把蒲寿庚留下，或趁势收取他辖下的数百艘大海船，留作军用。张世杰没远见，不听，很快便放蒲寿庚回了泉州。

不久，由于宋朝的撤退人员太多，舟船严重不足。张世杰部下宋军出掠蒲寿庚的船只，并没收了船上的金银财物。闻此，嗜财如命的蒲寿庚大怒，突然宣布降元，并在泉州城内大杀赵宋在当地的宗室以及士大夫几千人。

陈宜中等人着慌，忙拥宋帝乘船逃往潮州。拥军在外的张世杰自将淮兵进讨蒲寿庚，狡猾的蒲寿庚闭城自守，始终不出战。

不久，元军来救泉州，张世杰只得退军浅湾。

元军不依不饶，猛攻浅湾，张世杰不敌，奉宋帝逃往秀山。由于军中流行疫症，兵士病死不少，张世杰又奉宋帝逃往井澳（今广东大小横琴岛之间的海湾）。

陈宜中见势不妙，遁往占城（今越南中部）以避兵锋。

宋少帝赵昰至井澳，忽遇飓风，其所乘巨舟被巨浪击翻。宋帝差点儿被淹死，惊悸成疾。过后，张世杰点算兵数，发现死者过半。

由于元军穷追不舍，众人拥宋帝入海而逃，在海上又被元军大败一场，宋帝的舅舅俞如珪被元军生俘。南宋残军本想拥宋帝入占城，因风大而不行。

1278年5月，宋帝赵昰病死于石冈州。至此，群臣多想散去。陆秀夫挺身而出，劝阻道："度宗皇帝一子尚在，将焉置之！古人有以一旅以成中兴者，今百官有司皆具，士卒数万，天若未欲绝宋，此岂不可为国耶？"

于是，众人拥立年方八岁的卫王赵昺为帝，改元"祥兴"。

由于当时陈宜中外逃占城不归，陆秀夫与张世杰一内一外，共辅南宋幼帝。

陆秀夫，字君实，盐城人。景定年间，陆秀夫得中进士。当时，状元是文天祥，二甲第一名是日后绝食殉国的谢枋得。陆秀夫名列二甲第二十七名。李庭芝闻其名，辟为幕僚。陆秀夫为人才思清丽，本性沉静，故而深得李庭芝器重。

德祐元年，元军侵逼江南甚急，军中文武僚属多遁逃，唯独陆秀夫等数人始终坚守岗位。感动之余，李庭芝荐其入朝。陆秀夫累官至宗正少卿。德佑二年，陆秀夫不畏艰险，亲入元营议和。二王逃温州时，陆秀夫闻讯追从，与陈宜中、张世杰等人在福州拥立益王赵昰。由于陆秀夫久在军中任高级参谋，陈宜中开始时还常常向他咨询行军意见。不久，陈宜中恨陆秀夫耿直，就阴遣言官弹劾他，罢陆秀夫于外。

张世杰闻知，写信斥责陈宜中说："现在什么时候了，还动不动以台谏罢斥正人！"陈宜中害怕手中握兵的张世杰，慌忙把陆秀夫召还朝中。

当时，朝廷草创，君臣播越。陆秀夫每临朝会，俨然持笏正立，如在皇宫大殿。他常常凄然泣下，伤心国事，以朝衣拭泪，衣裳尽湿，左右人等，无不悲恸。此人真正高风亮节，是宋朝具有高尚情操的真士大夫。

七月间，张世杰等人奉宋帝驻泊于新会的厓山。

厓山位于今天广东新会南端，北扼海港，南连大海，西面与汤瓶山对峙如门。每当大风南起，海水排闼而入，怒涛奔突，浪涌如山，每半日皆有潮。厓山实际上是舟师屯结的险地。

张世杰确实没有什么军事才略。他以为此地天险可守，乃遣人入山伐木，造行宫三十间，军屋三千间。当时，宋朝残存的官民军士尚有二十余万，多居于船上。

时任元朝江东宣慰使的汉将张弘范立功心切，回大都入觐忽必烈，他建议说："张世杰立卫王（赵昺）于海上。闽、广响应，宜派大军剿灭，免留后患！"

忽必烈大喜，立命张弘范为都元帅。

陛辞之日，张弘范假意推辞主帅之职："国朝之制，无汉人典蒙古军者。臣汉人，恐乖节度，愿陛下派亲信蒙古大臣为帅，与我一道南征。"

忽必烈深知张氏家族二世为蒙古效命，于是赐锦衣、玉带以示对他的绝对信任。

张弘范不要锦衣、玉带，提出："奉命远征，无所事于衣带也。如能得陛下赐以剑甲，则为臣可仗圣上威灵，令行禁止，无往不克！"

忽必烈闻言壮之，赐张弘范尚方宝剑，表示："剑，汝之副也。有不用命者，以此处之！"

于是，张弘范荐李恒为自己的副手。至扬州后，张弘范发水陆精兵二万，分道南下。

元军舟师四至，从海道攻袭漳州、潮州、惠州等地，数败宋军，并最终在海丰生擒了文天祥。步军方面，元将李恒越过大庾岭，攻占广州。

节节失利之余，张世杰本人也从潮阳港乘舟入海，退保厓山。

张世杰手下有谋士相劝："北兵以舟师堵塞海口，则我军进退失据，不如率先主动出击，占据海口要地。如果得胜，国之福也；如果不胜，犹可西走。”

张世杰思之良久，自忖宋军久漂海上，士卒离心，怕主动进攻失败后，会导致军卒立刻溃散，便表示：“频年航海，何时可已！今须与北军正面一决胜负！”

于是，他命人焚毁岸上所建数千间简易房屋，把千余艘大船结成一字阵，沉锚于海，中舻外舳，贯以大索，四周起楼栅如城堞状，奉宋帝居于舟中，以示必死之态，想和元军决战。

此前，宋军已被阿术纵火烧船而得惨败，张世杰不汲取教训，仍旧出此下策。真是天时人事，均使宋朝一步一步踏向覆亡深渊。

当然，张世杰已考虑到既是族弟又是敌将的张弘范发动火攻的可能，便命人在战舰外涂满厚厚一层湿泥。

1279 年正月，元军统帅张弘范指挥元军进攻厓山。

厓山以北水浅，元军怕大舟搁浅，便从厓山以东转而南驶。他们进入大海后，从海口进薄宋军水城。同时，元军出奇兵，断绝宋军陆上的汲水之路。

由于宋军船大阵牢，元水军冲撞不成。张弘范于是派人在木柴上浇上膏油，乘风纵火。甭说，由于张世杰事先派人在各船外层涂泥，元军火攻并未得手。

猛攻不成功，张弘范派在自己军中任职的张世杰外甥三入宋营，劝降这位族兄。虽与张弘范同族，又有外甥相劝，张世杰仍旧凛然正气，对外甥说：“我知道，如果投降，不仅能保命，还能得享富贵荣华。但我已经立下誓愿，定以死报答宋恩，此志难移！”

见张世杰外甥说降不成，张弘范又逼迫被俘的文天祥写信招降。

文丞相不从，表示：“我不能捍卫父母社稷，却教人背叛父母社稷，绝对不可能！”

张弘范再三催迫，文天祥便当其面书写《过零丁洋诗》示之。张弘范读到“人生自古谁无死，留取丹心照汗青”之句，不由得肃然起敬。

苦笑之余，他不再强求文天祥写招降书。

即使如此，张弘范仍多次派人向厓山宋军喊话："汝陈丞相（陈宜中）已逃，文丞相（文天祥）已被执，汝等又欲何为！"

厓山士民皆不答，无一人叛降。

猛攻不成，张弘范命元水军封锁海口。由于汲水道绝，张世杰手下的宋军只得喝海水，皆困于呕泄，战斗力锐减。即使如此，张世杰仍率宋军与元兵日夜大战不已。

不久，元将李恒也将兵自广州来会，与张弘范一起合攻厓山之北。本来，元军诸将建议居高临下，发炮狂攻宋军水城。张弘范不同意，怕炮击后宋军散舟，浮海分逃，不能全歼。

李恒观察形势后，建议元军合力，与宋军水师正面对攻。

二月初六早晨，张弘范分元军诸将为四军，相距里许。张弘范与李恒自当一面，乘潮退之时，李恒一军自北而南，顺流乘舟直杀宋军水寨。

张世杰亲自率淮兵，拼死力战。

战至日中，潮水又涨，元军南面一军又乘流而进。

张世杰虽然腹背受敌，却拼死力战。

李恒虽勇，仍不能胜。

张弘范施计，命人以布障把其指挥大舰的四面遮蔽严实，又令船上将士伏盾埋伏，然后大奏音乐。张世杰误认为元军要休军聚宴，精神上稍稍有些懈怠。

宋军将士刚刚喘了口气，忽见张弘范的指挥舰冲击宋军左侧水寨山栏。

宋军齐发弩箭，全部射在了大船的布障上。

估计宋军箭矢已尽，张弘范下令撤去布障。埋伏的元兵矢石俱发，压制住宋军气势后，纷纷跳上宋军阵左最大的堡垒大舰，攻陷水寨一角。

元军诸将乘势，呼声震天，纷纷冲入水寨，杀人斩帆，不可遏制。

张世杰见状，知大势已去，便抽调精兵入中军保护皇帝。

见状，宋军诸军大溃，翟国秀等数位宋将解甲向元军投降。

时值薄暮时分，风雨昏雾四塞，咫尺不相辨。张世杰派军士划小船至小皇帝所在的大船，想接他向外逃走。陆秀夫恐为人所卖，又怕皇帝遭受俘辱，不肯让皇帝下船。

接应之人无奈，只得返回张世杰处复命。

张世杰无奈，率十余艘战船，保护杨太妃突围而去。

喊杀阵阵，烟火四溢，陆秀夫见少帝所居舟船甚大，诸舟环结，逃走难比登天。于是，他先驱自己的妻儿跳海。然后，他入船舱，把小皇帝抱上船头，叩头再拜，泣言道："国事至此，陛下当为国死。德佑皇帝（宋恭帝）辱已甚，陛下不可再辱！"

小孩子惊惶，根本不明白周遭发生了什么事情。

哀号之余，陆秀夫把小皇帝背在身上，毅然纵身蹈海，上演了南宋王朝最悲壮的一幕。

至此，宋朝终于亡国。

七天之后，厓山一带海上浮尸十余万。元军乘船在尸堆中觅取财物，发现一小孩尸体，着黄色衣，肤色白皙，身上有玉玺。

军卒忙进呈玉玺，张弘范知是宋朝小皇帝尸体，派人往取，遍寻不获。至此，他才敢上报忽必烈，称宋朝末帝已溺死于海上。

南宋遗民林景熙有《题陆秀夫负帝蹈海图》一诗，对陆秀夫大义殉国表示了无比崇仰之情：

紫宸黄阁共楼船，海气昏昏日月偏。
平地已无行在所，丹心犹数中兴年。
生藏鱼腹不见水，死抱龙髯直上天。

板荡纯臣有如此，流芳千古更无前。

杨太妃逃亡期间得知赵昺死讯，拊膺大恸：“我忍死间关至此者，正为赵氏一块肉耳。今无望矣！”言毕，纵身赴海自杀。

张世杰率残余宋军，本想奔占城，但军中多广东军卒，不愿前往。无奈，张世杰不得不掉转船头，收集溃兵，游荡于沿海。

不久，忽遇飓风，将士劝张世杰靠岸。这位豪杰一声长叹，大叫：“无以为也！”于是，他登上柁楼，燃香祈天：“我为赵氏，仁至义尽。一君亡，复立一君，今又亡。我当时不死，只望敌兵退后，别立赵氏后人以存社稷。今又遇此，岂非天意！”

飓风狂刮，巨浪滔天，舟船全部倾覆，张世杰及残余宋军皆溺水而死。

厓山之战，被囚禁在元军营中的文天祥听闻整个过程，心如刀割。事后，他在诗中写道：“朅来南海上，人死乱如麻。腥浪拍心碎，飙风吹鬓华。”

痛定之后，文天祥又有《哭厓山》一诗：

宝藏如山席六宗，楼船千叠水晶宫。
吴儿进退寻常事，汉氏存亡顷刻中。
诸老丹心付流水，孤臣血泪洒南风。
早来朝市今何处，始悟人间万法空。

大宋王朝在自己的眼前覆灭，不得不让大英雄文天祥顿起人生如梦之感。此情此景，无论是谁，都会有万念俱灰的悲凉。

留取丹心照汗青

文天祥的最后岁月

厓山大胜后，张弘范在元军大营摆下丰盛的庆功宴，招待“劳苦功高”的诸位蒙、汉将领（包括西夏、女真、契丹、回族等的将领）。同时，也让兵士把文天祥“邀请”来。

席间，张弘范酒酣之际，对文天祥言道：“国家已亡，文丞相可谓尽忠尽孝！如能以事宋之心改事大元，仍旧可做丞相。”

一直枯坐不食的文天祥闻言，泫然泪下，表示：“国亡而不能救，我为宋臣，死有余罪，又怎敢逃死而怀二心事人！”

听此言，不仅仅是张弘范，在座的各族诸将皆低下头，深为面前这样一个大义凛然的汉族文人丞相所感动。无论是汉族出身的张弘范，还是有西夏皇族血统的李恒，他们自幼或多或少都受过儒家伦理道德教育。所以，功劳再大、事主再忠，也掩饰不掉他们内心深处对“胡主”正统性的疑惑。而且，为胡人做鹰犬，灭掉衣冠礼义之国，如此“丰功伟绩”，更平添了他们对自己民族身份认同的尴尬。

他们心中对文天祥的敬意与恶意相交织：一方面希望这位汉族士人能继续“守忠”循袭儒家道德的精髓，另一方面又希望文天祥在最后关头改弦易辙投靠新主。

因为，宋朝丞相的“投诚”多多少少会减轻他们内心深处的罪恶感。

就在厓山之战结束的转天，张弘范派人在崖壁上刻字：“镇国上将军张弘范灭宋于此。”这一行炫耀的大字，其实也是这位汉族元将的一种心理鸦片，想以所谓的“不世之功”抵销他杀戮同胞、灭父母之国的负疚感。

为此，日后明朝儒士陈献章就在同一块大石的下面刻诗讽刺：

“勒功奇石张弘范，不是胡儿是汉儿！”

张弘范回朝受到忽必烈的厚赐与嘉奖，但他不久就身染重病，一命归西，年仅四十三岁。他的死，不知是天谴还是真的“瘴疠疾作”，忽必烈的贴身御医也没能把这位浑身沾满同族人鲜血的刽子手从鬼门关拉回来。

论军事方面的才略、军功，张弘范比他的族兄张世杰不知高出多少倍。但是，论起千秋万世英名，虽然有着平灭一国的不世“功勋”，又有元朝“武烈”的谥号，张弘范在本质上却根本难与宋朝的忠臣张世杰比肩。

同样是死，张世杰惊天动地，张弘范罪有应得。死生，亦大矣！

灭宋后，张弘范派重兵“护送”文天祥回大都。他本意有二：一是送如此高规格的丞相级俘囚邀功；二是希望文天祥到大都后改意事元，此举，正是为“国家”贡献人才。

行至吉州，文天祥亡国之恨陡增，八日不食，想绝食死在家乡附近。英雄真非凡人身，绝食八日，仍旧不死。文天祥若有所思，又开始进食。

在绝食的第五天，文天祥行至泰和（今天有泰井高速公路，从泰和直通井冈山），作诗言志：“书生曾拥碧油幢，耻与群儿共竖降。汉节几回登快阁，楚囚今度过澄江。丹心不改君臣谊，清泪难忘父母邦。惟有乡人知我瘦，下帷绝粒坐蓬窗。”

英雄遗恨，泪洒故乡。

而后，囚臣孤旅，渐行渐北，又回到了几年前经历万苦千辛的真州，文天祥百感交集，写《真州驿》一诗：

山川如识我，故旧更无人。
俯仰干戈迹，往来车马尘。
英雄遗算晚，天地暗愁新。
北首燕山路，凄凉夜向晨。

英雄也是血肉身。坐囚车一路北行，经山东后，有感自己国破家亡的切肤之痛，文天祥仿杜甫《同谷七歌》作《六歌》诗，悲怀满萦，叹述自己的妻子、妹妹、女儿、儿子、妾以及自身的遭遇，忧情满纸，亲情顿呈：

有妻有妻出糟糠，自少结发不下堂。
乱离中道逢虎狼，凤飞翩翩失其凰。
将雏一二去何方，岂料国破家亦亡，不忍舍君罗襦裳。
天长地久终茫茫，牛女夜夜遥相望。
呜呼一歌兮歌正长，悲风北来起彷徨。
有妹有妹家流离，良人去后携诸儿。
北风吹沙塞草凄，穷猿惨淡将安归。
去年哭母南海湄，三男一女同中嘘欷，惟汝不在割我肌。
汝家零落母不知，母知岂有瞑目时。
呜呼再歌兮歌孔悲，鹡鸰在原我何为。
有女有女婉清扬，大者学帖临钟王，小者读字声琅琅。
朔风吹衣白日黄，一双白璧委道傍。
雁儿啄啄秋无粱，随母北首谁人将。
呜呼三歌兮歌愈伤，非为儿女泪淋浪。
有子有子风骨殊，释氏抱送徐卿雏。
四月八日摩尼珠，榴花犀钱络绣襦。
兰汤百沸香似酥，欻随飞电飘泥涂。
汝兄十三骑鲸鱼，汝今知在三岁无。
呜呼四歌兮歌以吁，灯前老我明月孤。
有妾有妾今何如？大者手将玉蟾蜍，次者亲抱汗血驹。
晨妆靓服临西湖，英英雁落飘璠琚。
风花飞坠鸟呜呼，金茎沆瀣浮污渠。

天摧地裂龙凤殂，美人尘土何代无。
鸣呼五歌兮歌郁纡，为尔遡风立斯须。
我生我生何不辰？孤根不识桃李春。
天寒日短重愁人，北风随我铁马尘。
初怜骨肉钟奇祸，而今骨肉相怜我。
汝在北兮婴我怀，我死谁当收我骸？
人生百年何丑好，黄粱得丧俱草草。
鸣呼六歌兮勿复道，出门一笑天地老。

后人评价此诗：“少陵（杜甫）犹是英雄落魄之常。文山（文天祥）所处，则糜躯湛族而终无可济者，不更不可痛乎！”

儿女情长的哀呼，血肉之躯的灵性，更从一个侧面反衬出世间大英雄的真实性，而最后一句“出门一笑天地老”，则展现出文天祥最终“理智战胜情感”的超然顿悟！

唯大英雄真本色，是真名士自风流。痛苦，悲伤，绝望，消沉，波浪般层涌而至。但到了最后，这一切并不能把文天祥击倒。特别是当他最终被押入大都后，心宇澄明，几臻化境：

久矣忘荣辱，今兹一死生。
理明心自裕，神定气还清。
欲了男儿事，几无妻子情。
出门天宇阔，一笑暮云横。
（《己卯十月一日至燕越五日罹狴犴有感而赋》之十六）

1279 年冬 11 月，文天祥终于到达大都。开始，元人腾出最高级的驿舍给他住，供奉甚盛。但文天祥正襟危坐，通宵达旦。其间，他作诗一首：

悠悠成败百年中，笑看柯山局未终。
金马胜游成旧雨，铜驼遗恨付西风。
黑头尔自夸江总，冷齿人能说褚公。
龙首黄扉真一梦，梦回何面见江东。

在此，他明白无误地表明了自己不易志、不投降的决心。

元人无奈，于是把文天祥囚于兵马司，设卒监守，开始以俘囚身份对待他。

元朝的丞相孛罗大集元朝臣僚，在枢密院召见文天祥，想以胜利者的姿态对这位亡国丞相予以精神凌蔑，顺便也想煞一煞这位汉族士大夫的锐气。

文天祥昂首进入森然堂皇的“掌天下兵甲机密之务”的元朝枢密院，见殿上高坐一人，此人身穿大袖盘领紫罗衣，胸前绣大独科花，腰围玉带，倨于中座之上。

知是元丞相孛罗，文天祥很有礼貌地对其施长揖之礼。

孛罗登时大恼，文天祥这样一个亡国之臣竟敢对自己堂堂大元宰相不行跪拜礼，简直是目中无人。

元廷卫士见状，忙喝令下跪。

文天祥冷静言道：“南人行揖，北人下跪，我乃南人，当然行南礼，岂可对你下跪！”

孛罗更气，叱令左右强把文天祥按伏在地，让他下跪。众卫士或抑其项，或扼其背。

文天祥始终不屈，仰头高言：“天下事有兴有废，自古帝王及将相，灭亡诛戮，何代无之！我文天祥今日忠于宋氏，以至于此，愿求早死！”

孛罗见硬来不行，就想在交谈中以气势压倒文天祥。他哈哈一笑，自忖儒学、历史功底不薄，便语带讥讽地问：“汝谓有兴有废，且问盘古帝王至今日，几帝几王？一一为我言之。”

文天祥轻蔑一笑，不屑回答这种小儿科问题：“一部十七史，从何处说起？吾今日非应博学宏词、神童科，何暇泛论。”

孛罗：“汝不肯说兴废事，且道自古以来，有以宗庙、土地与人而复逃者乎？”

文天祥正色答道：“奉国与人，是卖国之臣也。卖国者有所利而为之，必不去。去之者必不卖国。吾先前辞宰相不拜，奉使军前（指入伯颜元营议和），不久即被拘执。后有贼臣献国，国亡，吾当死，所以不即死者，以度宗皇帝二子在浙东及老母在广之故耳。”

孛罗听文天祥说到二王，觉得终于抓到了话柄，忙问：“弃德佑嗣君（投降的宋恭帝）而立二王，此举是忠臣所为吗？”

文天祥义正词严：“当此之时，社稷为重，君为轻。吾别立新君，乃出于宗庙、社稷之大计。昔日晋朝，从怀、愍二帝（被匈奴俘掠的二帝）北去者非忠臣，从元帝（逃亡江南建立东晋的司马睿）者为忠臣。而我大宋，从徽、钦二帝北去者非忠臣，从高宗皇帝者为忠臣。”

此语，有理有节，一时间令孛罗语塞。

低头思虑半天，孛罗忽然开言指斥：“晋元帝、宋高宗皆有所受命（即二帝都有被掠走皇帝的口诏或笔诏令其继位），二王继位非正，无所受命，所以可称是篡位之举。”

文天祥：“景炎（指赵昰）皇帝乃度宗长子、德佑（宋恭帝）亲兄，不可谓不正。且登基于德祐去位（指其降元）之后，不可谓篡位。陈丞相（陈宜中）当时以太皇太后之命奉二王出宫，不可谓无所受命。”

孛罗等人，一时无辞，只能支支吾吾，呵斥文天祥立二王是非法之举。

当时情形很是可笑，元丞相孛罗率一帮蒙、汉及诸族元臣，你一言，我一语，又是蒙语又是汉话，指斥驳责半天，绕来绕去也找不出说服文天祥的理由，只能在二王“无所受命”这一问题上强辩。

文天祥心平气和，正气在胸，自然口出成章："天与之，人归之，虽无传位授统之命，众臣推拥戴立，有何不可！"

孛罗见文天祥依旧口硬，大怒而起，呵斥道："尔立二王，竟成何功？"

文天祥闻言，悲怆泪涌，说："立君以存社稷，存一日则尽一日臣子之责，何言成功！"

孛罗得意："既知其不可，又何必为之？"

文天祥泪下沾襟："譬如父母有疾，虽不可疗治，但无不下药医治之理。吾已尽心尽力，国亡，乃天命也。今日我文天祥至此，有死而已，何必多言！"

一席话，噎得元丞相孛罗直翻白眼倒咽气，直欲杀之。可是，杀文天祥这么高级别的人物，孛罗还真没这种权限。

忽必烈及其大臣皆不主张杀文天祥。特别是张弘范，病入膏肓还不忘上表请求忽必烈不要杀文天祥。张弘范在成全文天祥千秋万世英名方面，不乏让人嘉许称道之处。

孛罗本来想挫文天祥锐气，结果悻悻而归。杀之不能，他只得把文天祥关进条件更加恶劣的牢狱之中。

其间，宋朝数位宰执级降臣，包括同为状元宰相的留梦炎，皆入狱中劝降。文天祥或讥或讽或骂，这些小人无不灰溜溜羞惭而去。

万般无奈之下，忽必烈甚至派被俘的宋恭帝亲自劝降。

见小皇帝来，文天祥耸然动容，起身行礼，口中连称"圣驾请回，圣驾请回"，使得年少的宋恭帝根本没有劝降的机会。

两年多时间，文天祥被囚于斗室，心志不移，并写出《正气歌并序》，表露了这位"三千年不两见"的耿耿忠臣的拳拳报国忠心：

> 余囚北庭，坐一土室。室广八尺，深可四寻。单扉低小，白间短窄，汙下而幽暗。当此夏日，诸气萃然：雨潦四

集，浮动床几，时则为水气；涂泥半朝，蒸沤历澜，时则为土气；乍晴暴热，风道四塞，时则为日气；檐阴薪爨，助长炎虐，时则为火气；仓腐寄顿，阵阵逼人，时则为米气；骈肩杂遝，腥臊汗垢，时则为人气；或圊溷、或毁尸、或腐鼠，恶气杂出，时则为秽气。叠是数气，当之者鲜不为厉。而予以孱弱，俯仰其间，于兹二年矣，幸而无恙，是殆有养致然尔。然亦安知所养何哉？孟子曰："吾善养吾浩然之气。"彼气有七，吾气有一，以一敌七，吾何患焉！况浩然者，乃天地之正气也，作正气歌一首。

天地有正气，杂然赋流形。下则为河岳，上则为日星。
于人曰浩然，沛乎塞苍冥。皇路当清夷，含和吐明庭。
时穷节乃见，一一垂丹青。在齐太史简，在晋董狐笔。
在秦张良椎，在汉苏武节。为严将军头，为嵇侍中血。
为张睢阳齿，为颜常山舌。或为辽东帽，清操厉冰雪。
或为出师表，鬼神泣壮烈。或为渡江楫，慷慨吞胡羯。
或为击贼笏，逆竖头破裂。是气所磅礴，凛烈万古存。
当其贯日月，生死安足论。地维赖以立，天柱赖以尊。
三纲实系命，道义为之根。嗟予遘阳九，隶也实不力。
楚囚缨其冠，传车送穷北。鼎镬甘如饴，求之不可得。
阴房阗鬼火，春院閟天黑。牛骥同一皂，鸡栖凤凰食。
一朝蒙雾露，分作沟中瘠。如此再寒暑，百沴自辟易。
嗟哉沮洳场，为我安乐国。岂有他缪巧，阴阳不能贼。
顾此耿耿在，仰视浮云白。悠悠我心悲，苍天曷有极。
哲人日已远，典刑在夙昔。风檐展书读，古道照颜色。

在诗中，他列举了诸多忠直臣子：春秋齐国不畏死亡直书权臣弑君的太史兄弟；春秋晋国不畏权贵直书历史的董狐；秦末在博浪沙行刺暴君秦始皇的张良；西汉出使匈奴被扣多年始终不背国的苏武；三国时大义凛然的巴郡太守严颜；西晋时以身蔽帝的侍中嵇绍；唐朝“安史之乱”抗击逆贼于睢阳的守将张巡；唐朝宁死不屈，临死大骂胡贼的常山太守颜杲卿等。接着，笔锋一转，他又列举怀有高洁心志的古人数名：东汉末年避乱辽东不肯出仕的管宁；誓讨篡国贼的诸葛亮；西晋击楫中流、一心收复国土的祖逖；不肯与朱粲同流合污的唐臣段秀实——所有这些仁人志士，如同支撑天地的道德巨柱。

所以，虽然是阶下囚，虽然是失败者，虽然是亡国臣，文天祥一腔精忠之气，千年万世后，仍不断鞭策后人，使我们在悲歌慷慨之中，感受我们伟大民族悲壮雄烈的人格力量。

在《正气歌》的序中，我们可以想见那间囚室冬冻夏蒸、秽气逼人的酷劣环境，而这位先前过惯了奢华生活的美男子能如此安之怡然。这让笔者想起另外一个人：明末的叛将洪承畴。他刚刚被清兵生俘时，也曾想学文天祥，为国死节。可是，窥视他的满人从他在牢房中掸扫衣上尘、坐立不安的举动中，认定他不能守其初衷。果然，劝降之下，生性有“洁癖”的洪大人最终没能做成“忠臣”。其实，有无洁癖并不重要，最关键的是心里是否有“洁癖”，是否存有那股冲天而上的“正气”。

同样是朝廷重臣，同样是读书人出身，同样有过奢华放纵的青年时代，“平日慷慨成仁易，事到临头一死难”，生死之际，人格高下立见分晓。

文天祥与洪承畴，只是一念之差！

由于急需治国人才，忽必烈遍访大臣，多数汉人降臣仍推荐文天祥。其实，这种心理也很微妙，似乎文天祥也降了，这些败类从心理上能感觉好过些。古代文人，只要脑袋留在脖子上，就不能不思考“身后事”的问题。

于是，忽必烈派那位先前以福州献降的王积翁去牢狱，劝告文天祥到新朝为官。

文天祥表示："国亡之后，我只欠一死。倘若新朝存宽容之心，使我能以道士身份返归家乡，我当可以考虑。如此，他日也可以方外之人的身份得备顾问。如果我现在做元朝的官，平生德业，皆一丝无存，新朝又怎能容下我这种反复之人！"

文天祥此时，其实是动了以道士身份回乡重新组织抗元大业的念头。但在形式上，他坚持原则，决意不搞假降真叛那一套。

王积翁倒相信了文天祥一席话。朝会上，他联合十名宋朝降官上奏，请忽必烈允许释放文天祥归乡，并允许他为道士。

留梦炎智商很高，十分忌讳释放文天祥。他闻奏连忙出班，奏称："文天祥得释，必定在江南搞恢复宋国的大事，到时，置吾十人于何地！"

忽必烈深觉有理，便暂时压下释放文天祥的事情。隔了一段时间，忽必烈觉得文天祥始终不屈，敬佩他的人品，便又想释放他，想依此成就元朝不杀忠臣的"美名"。

朝议时，曾在江西与文天祥打过仗的宰臣麦术丁坚执不可，认为放文天祥就等于放虎归山。

1282年年底，有闽僧上言忽必烈，说是"土星扰帝座"。元朝诸帝皆是大迷信之人，正惊疑间，又有人报称大都以南的中山一带有人造反，自称是宋朝皇帝，拥众千人，声称要进攻大都来劫"文丞相"。

此前不久，为忽必烈敛财的权臣阿合马刚刚被汉人王著等所杀，元廷内部诸派斗争激烈。在此种情况下，为防止宋朝死灰复燃，忽必烈下令把被俘的宋恭帝及宗室人员皆迁于更北的上都。

然后，他召文天祥入宫，亲自做最后的劝降。

望着殿下面容清癯、一身褴褛囚服的文天祥，杀人不眨眼的忽必烈心中顿生敬意，他以罕有的温和语气，劝文天祥说："汝以事宋之心事我，当以汝为宰相。"

“我文天祥为宋朝宰相，安能事二姓！愿赐我一死，足矣！”文天祥朗言。

忽必烈叹息，仍旧不忍心下令杀文天祥，令卫士押之回狱。

朝廷之上的蒙、汉各色官员纷纷上奏，皆劝说忽必烈把文天祥杀掉，以绝后患。

思虑再三，忽必烈终于同意。

1283 年 1 月 9 日，文天祥被押至大都柴市刑场，从容就义。临刑前，由于多年被囚禁于斗室，文天祥已经丧失方向感。于是，他问观刑之人南方故国方向何在。

得到指示后，文天祥南向再拜，礼毕，索笔为诗一首：

昔年单舸走维扬，万死逃生辅宋皇。
天地不容兴社稷，邦家无主失忠良。
神归嵩岳风雷变，气吐烟云草树荒。
南望九原何处是，尘沙黯淡路茫茫。

写毕，他对执刀的刽子手说：“吾事毕矣。”

微笑间，大英雄伏首受刑。时年四十七岁。

大都观刑百姓上万，皆感动流泪。

其后，刽子手发现文天祥衣带里留有一首绝命书：

孔曰成仁，孟曰取义，惟其义尽，所以仁至。
读圣贤书，所学何事，而今而后，庶几无愧。

文天祥，以他鲜血淋漓的头颅，为大宋王朝画上了一个最完美的惊叹号！

泥足的巨人

忽必烈的“政治遗产”

“我太祖圣武皇帝，握乾符而起朔土，以神武而膺帝图，四震天声，大恢土宇，舆图之广，历古所无。”

上述“豪言壮语”，是元世祖忽必烈《建国号诏》中的一段，意绪淋漓，气势恢宏。

元朝之前或之后的王朝，开国君主所颁布的“建国诏”虽然都号称“普天之下，莫非王土”，但基本都是以中原为中心，囿于亚洲东部一隅。而赫赫元朝，最盛时“领土”面积达三千万平方公里之巨，其势力范围东抵太平洋西岸，西至多瑙河河畔，南至印度洋，北达北冰洋，涵括今天的几乎整个俄罗斯，是一个真正意义上的世界性帝国。

“黄金家族”的王子们，统治着大大小小无数的王国。“长生天”的福祉，瞬间使蒙古民族达至他们荣耀的巅峰。

铁木真成为“成吉思汗”后，攻西夏、伐金国，并于 1219 年夏天亲自统领了蒙古人的“第一次西征”。此次西征兵分四路，第一路由大汗自己与幼子拖雷率领，直捣花剌子模中心城市不花剌和撒麻尔干；第二路由长子术赤带领，突往毡的和养吉干；第三路由二儿子察合台和三儿子窝阔台统掌，围攻讹答剌；第四路由大将塔孩带军，直扑忽毡。

蒙古军一路势如破竹，杀人无数，各个击破，终于灭了花剌子模，使得其国王最后像耗子一样卑微地死于里海的一个孤岛上。

三年多时间，花剌子模王国几乎所有境土（包括今天的乌兹别克斯坦、塔吉克斯坦、阿富汗、土库曼斯坦以及伊朗、伊拉克、印度等部分地区），皆飘扬着成吉思汗的旗帜。

1222年，成吉思汗率军东归。他的两名得力战将哲别和速不台率三万多兵士，继续往西北方向杀进，一路打败诸族部队，翻过高加索山脉，直扑俄罗斯大地。先前各怀鬼胎的基辅大公、莫斯科大公等人慌忙以“血浓于水”为号召，组成八万多人的“联军”，试图阻拦这支从天而至的风暴“黄”流。其结果，蒙古军以少胜多，凭借他们灵活机动的“曼古歹”战术和独有的大型混合弓，杀得八万“联军”人仰马翻。“三王七十侯”，一日之内皆被斩掉脑袋，悬挂于蒙古士兵的马鞍之上成为“战利品”。

杀戮抢劫之后，这支蒙古军沿里海北岸踏上归乡的征程。此次西征后的“分肥”结果，促成了日后蒙古“四大汗国”的诞生：成吉思汗自己统治如今的伊朗、阿富汗大部分地区；长子术赤获得原花剌子模中心地区，即今天的乌兹别克斯坦中西部，由此奠基了日后的钦察汗国（金帐汗国）；二儿子察合台占据今日的伊犁周围地区，即日后的察合台汗国；三儿子窝阔台得到了塔儿巴哈台（新疆塔城）周围地区，即日后的窝阔台汗国。

窝阔台继位大汗后，在加紧灭亡金朝的同时，继续向波斯一带发动进攻，并在1235年发动了蒙古第二次西征，准备踏平伏尔加河以西地区的反抗势力。拔都率领的蒙古士兵嗷嗷狂叫着，在漫天的鲜血中，莫斯科、基辅、匈牙利、奥地利等地的大公们的家族又遭受了一次“血劫”。幸亏醇酒、美人要了窝阔台大汗的性命，蒙古大军才结束了这耀武扬威的第二次西征。

蒙古人两次西征的影响极为深远。暂时不讲日后以中原地区为主要统治区的元帝国，仅仅金帐汗国就存在了近三百年，蒙哥汗的弟弟旭烈兀建立的伊儿汗国在波斯统治了一个多世纪，察合台汗国也延续了近两个世纪的时间。

铁木真于宋理宗宝庆三年（1227年）八月暴死于六盘山后，暂时由其第四子拖雷“监国”（代理大汗）。铁木真共六个儿子，分别是长子术赤（早死），二子察合台，三子窝阔台，四子拖雷，五子兀鲁赤，六子阔列坚。拖了两年，窝阔台才继承蒙古汗位。窝阔台得立，主要归功于大臣耶律楚材。正是他力劝“监国”拖雷“以（铁木真）遗诏召诸王毕至”，在和林奉窝阔台为大汗。

窝阔台在位十二年，于1241年因饮酒过度而死，庙号“太宗”。

窝阔台死前，本想立三子阔出的儿子失烈门为汗，但窝阔台的老婆乃马真不听耶律楚材劝谏，不遵遗诏，自己临朝称制。被削去实权的耶律楚材没过几年就“以忧卒”。乃马真皇后称制掌权，宠信佞臣奥都剌合蛮，“专政用事，权倾中外”。她竟然把一大堆盖有玉玺的空白制诏交予这个能敛财的权臣，内容任他填，一时之间朝政大坏。

1246年秋，在蒙古诸王推拥下，乃马真皇后不得不把自己与窝阔台所生的长子贵由立为大汗，但实际的朝权仍把持在乃马真后之手。贵由才立一年多即病死（庙号“定宗”）。之后的三年，蒙古汗位竟然一直是空置。蒙古内部肯定是上下违背，一片大乱。

贵由的皇后斡兀立海迷失怀抱幼子失列门临朝听政。由于厌倦了“太后临朝”，诸王、大臣多不服。

1251年，在大将兀良合台与诸王塔察尔等人的推立下，蒙古王公们把拖雷的儿子蒙哥拥为大汗，并追封先前死去的拖雷为帝（庙号“睿宗”）。

蒙哥汗很有魄力，他一方面培植自己的势力，以其弟忽必烈总治漠南事宜，另一方面诛杀不服诸王，连定宗皇后和失烈门之母也加以“厌禳”之罪赐死，清除后患。

率军猛攻南宋四川的蒙古大汗，正是这位“刚明雄毅”的蒙哥汗（庙号“宪宗”）。宋朝钓鱼城守将王坚力战，蒙军久攻不下。急火攻心，蒙哥汗亲自骑马督战。一块炮石从城头上抛下，把这位身穿黄金甲的大汗送上了西天。由此，蒙哥汗的去世消除了蒙古人第三次大规模西征的可能性，使得他们向西扩张的狂热终于收敛。

虽然那一块棱角锋利的石块让南宋又延长了二十年的国祚，但也把蒙古汗位的继承者忽必烈的目光完全引向广袤的汉人大地。幸或不幸，天道冥冥。

忽必烈回蒙地后，打败了亲弟弟阿里不哥与侄子昔里吉（蒙哥汗第四子），完全巩固了自己的地位。后来，他又相继击败辽东的乃颜（成吉思汗幼弟帖木格的玄孙）以及窝阔台的孙子海都（海都至成宗铁穆耳时代，才最终被平灭），在表面上基本维持了自己在蒙古各部的至尊地位。

1271 年，在汉臣的鼓励下，忽必烈把蒙古国号改为“大元”，“盖取《易经》‘乾元’之义”。相较前朝，秦汉“但从初起之地（而）名”，隋唐“仅即所封之爵邑（而）名”，“大元”这个国号确实大气磅礴，比北魏孝文帝改皇族拓跋氏为“元”氏又要高出一个层次。

“大元”军也够厉害，元朝汉将张弘范在 1279 年终于把宋军聚歼，逼得陆秀夫背着小皇帝赵昺跳海，南宋灭亡。

特别要指出的是，灭亡金国和南宋的元将是汉人，军队也以汉人为主。

成吉思汗攻灭诸国最盛时，手下蒙古军队也只有十来万。为蒙古人东征西讨、冲杀奋战的多是被征服各族的“雇佣兵”。

忽必烈获取汗位后，他手下真正的蒙古族兵将也只有六七万人，其数十万大军，大部分以汉族兵将为主。可以想见，蒙古人在成吉思汗归西时，整个民族的总人数不过一百万，兵士的数量仅仅占总人口的十分之一左右。

就靠这近十万人，蒙古铁骑横行天下，称霸欧亚，建立起一个令人瞠目结舌的庞大帝国，不得不让后人拍案称奇。

经济危机下的煌煌帝国

敛财三贼臣：阿合马、卢世荣、桑哥

乐极生悲。南宋政权终得消灭，但支撑大元帝国骇人军事行动的财源日渐枯竭。在年近古稀的肥胖帝王忽必烈眼中，谁能为帝国搜刮更多的金钱，谁就是真正的“忠臣”。

1279 年，元朝大军把南宋送进坟墓的同时，它自身千疮百孔的财政问题，也更显突出。

忽必烈在当王子时代及治国早期，对儒生比较亲近。1242 年，汉族和尚海云禅师携弟子刘秉忠至漠北。忽必烈召见二人，问：“佛法中，有安天下之法否？”海云禅师回答：“宜于天下大贤硕儒中，求问古今治乱兴亡之事。”忽必烈很高兴，遂留刘秉忠于身边为参谋。

刘秉忠虽释门中人，却通《易经》、儒术、天文，至于地理、律历等，无一不精。这样的人才，深为忽必烈所喜。

同年，汉族儒士赵璧、王鹗等纷纷加入忽必烈幕府，为他宣讲《孝经》《书经》等经书。特别是王鹗，乃被蒙古所灭金朝的末代状元、饱学硕儒，道德文章，皆有所观。青壮年时代的忽必烈很用功，常听王鹗授业至夜深，感慨说：“我虽未能即行汝言，安知异日不能行之耶！”可见，拳拳向儒之心，是忽必烈当时的真实状态。

1252 年，从前仕金的汉族士大夫张德辉、元好问二人觐进忽必烈，奉请他为“儒教大宗师”，作为“黄金家族”重要成员的忽必烈悦而受之。这一举动有两层意义：其一，蒙古贵族首次显现出对儒家思想的真诚向往；其二，儒士文人渴求蒙古贵族的政治保护。

而后，姚枢、窦默、许衡等汉人儒士也入忽必烈藩邸，成为这位蒙古王爷手下的得力参谋。

1260 年，忽必烈称帝于开平。汉族谋士，特别是刘秉忠，出力尤多。典章、制度、开国国号、都城兴建、官制章服、朝仪礼制，均肇自

蒙古人的生活　图出《史集》 绘于十四世纪

这位亦儒亦释亦道的汉族文士。当然，开国之时在“庶务”方面出力最多的，还有日后因亲家李璮造反被处死的汉人儒士王文统。可见，大元朝廷的儒家印记相当明显。

为了使以儒治国的政治方针得到贯彻和延续，忽必烈在培养接班人方面也下了很大功夫。七八岁开始，忽必烈的独生子真金即接受儒学教育。十岁时，汉族大儒王恂又被忽必烈派去教授真金学业。王恂不仅向真金灌输儒家传统经书，也向他宣讲“善恶得失”和亡辽、亡金的历史教训等“深切世用”的“案例”。少年时代所受的教育，是人生最重要的教育，这养成了日后皇太子真金纯粹的儒家理念，使他成为大元朝廷儒臣派的当然代表。

忽必烈出于切实考虑，对蒙古贵族后裔的儒家教育也没有放松。1265 年，蒙古贵族安童（木华黎四世孙）得任中书右丞相，忽必烈便派大儒许衡为安童之师。由此，安童日后也成为儒臣派的中坚分子。所以说，大元朝廷中的儒臣派，不仅仅有亡辽、亡金、亡宋的汉族知识分子，还包括真金这样的“储君”以及安童等蒙古勋贵。

忽必烈对儒臣特别是汉人臣士的信任危机，随着 1262 年山东“李璮之乱”的爆发而点燃。与李璮有姻亲关系的王文统被杀后，不少儒臣纷纷受到牵连。惊惶之下，汉人将领史天泽被迫交出兵权。由此，忽必烈对汉人、儒士的不信任感日益加剧。

由于灭宋战争以及对付西北蒙古宗室王爷的挑衅，忽必烈的银库日益枯竭。打仗要花钱，平乱要花钱，拉拢蒙古贵族血亲也要花钱，因此，“财臣”日渐任用。色目人阿合马等因能够为忽必烈敛财，日渐得到宠遇。这些人也成为忽必烈平衡朝臣权力的有力砝码。

特别是随着南宋的灭亡，大元已无任何真正有力的敌对势力，儒士不再具有昔日的重要性，黄金白银成为忽必烈最大的心头渴恋。所以，阿合马、卢世荣、桑哥三个敛财高手，陆续成为忽必烈的宠臣。他们为害二十余年，搜刮财富，横征暴敛，搞得天下骚然。

其实，忽必烈本人，早期十分憎恶贪婪暴敛之徒，并曾因反对“宪宗”蒙哥汗手下左丞相阿兰答儿的“钩考钱谷”而引祸上身。

自成吉思汗起，蒙古王公对中原汉地没有什么远大的政治构想，只知抢掠烧杀。窝阔台汗上台后，幸亏有耶律楚材上谏以收取赋税的方法代替杀掠和抢夺，中原汉地人民才有幸稍得休息。1239 年开始，巨商奥都剌合蛮买断中原汉地的课税权，实际上破坏了耶律楚材那种较为温和的搜刮方式。而后，花剌子模大商人牙剌瓦赤和奥都剌合蛮轮流上场，主管中原税赋及庶务，对当地人民进行敲骨吸髓式的剥削。

贵由汗死后，蒙古内部乱成一团，贵族阶层更是浑水摸鱼，你捞一笔我抢一笔，对中原汉地征求财货不绝。蒙古王公对汉族士大夫不信任也不熟悉，他们只喜欢大笔大笔奉上珍稀宝物的色目商人，任凭这些人到中原搜刮。只要商人能交上“份儿钱”，别的一概不管。

蒙哥汗继位后，在中原汉地大肆推行“包银”制度，向中原汉人按户收取“人头费”包银。在官府的催逼下，汉族人民畏于杀戮，只得向色目商人借高利贷“斡脱钱”。这种利滚利的高利贷，真正宰人，一锭银子，十年内可向上滚积成一千零二十四锭。家破人亡仍旧交还不起银子，大量汉人只能选择逃亡一路。

幸亏忽必烈是蒙哥汗的亲弟，他在汉人儒士的建议下，得到关中、河南等中原汉地作为封地，开府求治，广大地区得以有效治理。1256 年到 1258 年，忽必烈又在桓州以东、滦水以北的龙冈兴建开平新城，雄心勃勃地准备放手经营中原。

树大招风。当时，其他蒙古贵族以及色目商人这些“既得利益者”，眼红忽必烈手中的财权，纷纷在蒙哥汗面前说他的坏话，指责他有不臣之念，并诬称忽必烈王府手下人“多擅权为奸利事”。

蒙哥汗震怒，在削弱忽必烈兵权的同时，派出亲信阿兰答儿等人到陕西、河南“钩考钱谷”展开“清污”运动，想验明忽必烈是否有罪。

这群人如狼似虎，大兴案狱，严刑逼供，被拷打致死的当地官员就有数十名之多。汹汹逞威之外，他们还随意向当地官吏敲诈勒索，得不到钱就把人关进监狱迫害致死。

为了在中土树立更高的威望，一直居于漠北的蒙哥汗亲征南宋，一方面想彰显他的无上威权，另一方面想以灭亡南宋的胜利重新树立他本人在中原以及江南的影响力。

已经丧失军权的忽必烈幸亏有汉人儒士替他出主意，送妻女至皇兄处为人质以示自己无“异图”。毕竟手足情深，二人会面后，误会暂时消除，蒙哥汗也下令停止对中原一带钱谷财赋的“钩考”。

1258 年，进攻南宋的塔察儿一部蒙古军遭挫，蒙哥汗命令忽必烈重新率军征宋。转年夏天，亲征四川的蒙哥汗在钓鱼城下被一块炮石击毙。他不仅没能灭亡南宋，反倒死在了酷热潮湿的蜀地。

喜大于忧，忽必烈终得喘一口大气，纵马飞奔，飞也似的回到草原，与弟弟阿里不哥争夺大汗之位。

中国的古代政治，向来是屁股决定脑袋。位置一变，思维也随之产生变化。忽必烈坐上大汗宝位后，随着国土的扩大和战争的继续，昔日对于横征暴敛的反感，逐渐为对黄金白银的喜爱所取代。泱泱大元朝，真是太需要钱财了。

五百美女的“主人”——阿合马

阿合马，“回纥人也，不知其所由进”，《元史》中对他的早年叙述不详。从中亚、西亚的史籍研究发现，此人是花剌子模国费纳客忒人，青年时代依附忽必烈皇后察必的父亲，得以成为皇后斡耳朵下属侍臣。

忽必烈中统三年（1262 年），阿合马开始得到重用，“领中书左右部，兼诸路都转运使”，掌管财赋之务。忽必烈以“龙兴之地”开平为上都，任阿合马同知开平府事。

进入忽必烈视野后，阿合马很有一番作为，“兴煽铁冶，岁输铁一百三十万七千斤，就铸农器二十万事，易粟输官者凡四万石”。

由于敛财收赋干得好，至元元年（1264 年），忽必烈拜阿合马为中书平章事。又过两年，忽必烈下旨任阿合马以中书平章政事兼领使职，使全国财权皆集于他一人之手。

官升得快，阿合马的主意也越来越多。他一会儿上奏改铸金银，一会儿出主意禁止太原当地人煮盐贩卖得利，很得忽必烈欢心，又升为平章尚书省事。

阿合马并非一般巧言令色的佞臣，他为人多智巧言，以功利成效自负。此外，阿合马有辩才，常在与丞相安童等人争论时占尽上风。忽必烈对他大加赞赏，授以政柄，言无不从。

阿合马一朝权在手，就把令来行，并向忽必烈表示，“事无大小，皆委之臣，所用之人，臣得自择”，忽必烈允诺。

这样一来，阿合马把人事大权又抓于己手。

至元九年（1272 年），元廷并尚书省入中书省，阿合马又被任为中书平章政事。忽必烈 1260 年设的中书省，是当时元朝中央最高的行政机关。中书令由皇太子真金担任，但只是名誉头衔。而左、右丞相之位又常空缺，平章政事实际上就是真正的中书省主管，类似今天的国务院总理和首相。

元朝的尚书省，原先的名字是“国使使司”，类似今天的财政部。忽必烈曾把“中书六部”改为“尚书六部”，正是想突出“财臣”的重要性。

阿合马倒是挺“举贤不避亲”，转年就把儿子忽辛任命为大都路总管兼大兴府尹。

由于行事太过擅权，右丞相安童多次向忽必烈进言，皆无效用。阿合马蹬鼻子上脸，派枢密院的心腹上奏皇帝要以忽辛任同佥枢密院事，想让他兼任“国防部长”。枢密院的最高官员是枢密使，也是真金太子挂名。所以，如果忽辛得任同佥枢密院事，阿合马等于让儿子掌握了元朝的军权。那样一来，忽必烈、真金父子的“家天下”，就会成为阿合马、忽辛父子的“家天下”了。

这次忽必烈没有同意，因为老皇帝深知阿合马的草包儿子担当不了如此重任，他说：“忽辛连贾胡做生意的事情都不清楚，怎能负责机要大事！”（原文是“彼贾胡事犹不知，况可责以机务耶”，不少研究者望文生义或不看原文，以为忽必烈说忽辛是个“贾胡”，纵使“彼贾胡”断句，后面也连不上、说不通。）

此后，阿合马有所收敛。随着江南收为元朝所有，阿合马为忽必烈出主意，在南宋旧境行盐钞之法，并禁止官员私自买卖药材。为最大限度征利，他帮忽必烈设置诸路转运司，征利颇丰。

高兴之余，每遇财政问题，忽必烈都会说：“此财务事，其与阿合马议之。”

至元十五年，忽必烈对人感慨道：“夫宰相者，明天道、察地理、尽人事，兼此三者，乃为称职。阿里海牙、麦术丁等，亦未可为相。回回人中，阿合马才任宰相。”

可见，当时在元世祖心中，阿合马名列群臣第一。

大权独揽之下，阿合马日益贪横，援引奸党郝桢、耿仁等人，阴谋交通。这些人内通货贿，外示威刑。得知江淮行省平章阿里伯和右丞燕贴木儿不买自己的账，阿合马便奏称这二人擅支钱粮，很快以贪黩罪将二人杀掉。

元朝的“行中书省”简称“行省”，最早是中统年间忽必烈为了方便统治而设立的十个临时机构，当时叫“宣抚司”。

行省架构是中书省的“具体而微”，是中书省向全国的权力延伸，下辖路、府、州、县，权力很大。现在的“省”，正是由当年忽必烈的“行中书省”演变而来。

元廷宿卫中级军校秦长卿深知阿合马奸谋，慨然上书，发其奸谋，立即被阿合马下令逮捕入狱，酷刑折磨致死。

秦长卿上告信中有两句写得特别好：“现其禁绝异议，杜塞忠言，其情似秦赵高；私蓄逾公家资，觊觎非望，其事似汉董卓。”

纵观阿合马的搜刮手段和内容，无外乎以下几点：

其一，滥发交钞。忽必烈继位后，所颁定的中统交钞是以丝为本，交钞二两合银一两（银五十两为一锭）。1261 年年底，发行中统元宝钞，分为十等，以钱为准，一千文钱（一贯）相当于一两交钞。南宋灭亡后，元朝用中统钞代替南宋的会子、交子，使币制达成统一。1273 年以前，中统钞发行量相当有节制，每年不过十万锭。阿合马大权在握后，为了敛财，滥发钞币。自 1276 年开始，中统钞的币量每年都是大几十万锭，最高达一百九十万锭。如此，势必造成“物重钞轻”，最终使得“公私俱弊”，使元朝经济产生了严重的混乱。

其二，阿合马大兴“理算”（又称“打勘”“拘刷”），以检查清理政府财政收入为名实现敛财目的。其实，反贪反贪，越反越贪；理算理算，越理越乱。理算之法使得元朝各级官吏大鱼吃小鱼、小鱼吃虾米，最终吃大亏的还是基层官员和平民百姓。

其三，阿合马大搞官卖垄断，对银、铁、盐等实行垄断，又命官府铸造农器，使得农器品质相当粗劣又价格昂贵。同时，他巧立名目，增加各种税目，任意提高税金，甚至连死人也要收丧葬税，可以说是前无古人，后无来者。

阿合马致怨满天下，竭力排毁汉法以及儒士，使得儒臣与太子真金对他恨之入骨。但是，只要老皇帝忽必烈在位一天，真金太子就不敢拿他怎样。有逸史讲真金太子曾在朝上当面殴打阿合马，似乎不是实情。真金自幼受儒家教育，温良恭俭让，不可能在父皇面前做出如此“失礼”的举动。

对于阿合马被杀的过程，《元史·奸臣传》中这样写：

十九年三月，世祖（忽必烈）在上都，皇太子（真金）从。有益都千户王著者，素志疾恶，因人心愤怨，密铸大

> 铜锤，自誓愿击阿合马首。会妖僧高和尚，以秘术行军中。无验而归，诈称死，杀其徒，以尸欺众，逃去，人亦莫知。（王）著乃与合谋，以戊寅日，诈称皇太子还都作佛事，结八十余人，夜入京城。旦遣二僧诣中书省，令市斋物，省中疑而讯之，不伏。及午，（王）著又遣崔总管矫传令旨，俾枢密副使张易发兵若干，以是夜会东宫前。（张）易莫察其伪，即令指挥使颜义领兵俱往。（王）著自驰见阿合马，诡言太子将至，令省官悉候于宫前。阿合马遣右司郎中脱欢察儿等数骑出关，北行十余里，遇其众，伪太子者（王著徒众）责以无礼，尽杀之，夺其马，南入健德门。夜二鼓，莫敢何问，至东宫前，其徒皆下马，独伪太子者立马指挥，呼省官至前，责阿合马数语，（王）著即牵去，以所袖铜锤碎其脑，立毙。继呼左丞郝祯至，杀之。囚右丞张惠。枢密院、御史台、留守司官皆遥望，莫测其故。尚书张九思自宫中大呼，以为诈，留守司达鲁花赤博敦，遂持梃前，击立马者坠地，弓矢乱发，众奔溃，多就擒。高和尚等逃去，（王）著挺身请囚。

《元史》的《裕宗传》中也记载："盗（指王著一伙人）知阿合马所畏惮者，独太子尔，因为伪太子，夜入京城，召而杀之。"

种种记载，都讲真金太子与阿合马被杀案无牵涉。但是，"元之旧史，往往详于记善，略于惩恶，是盖当时史臣有所忌讳而不敢直书之尔"。

其实，杀阿合马的真正幕后指挥者，肯定是真金太子及其汉人高级幕僚，否则，张易那么一个枢密副使级的高官不会参与此事（虽然《元史》称其是被"矫旨"所骗）；王著一个千户，也没那么大能耐熟门熟路计划周详地杀掉当朝宰相。

真金太子之所以下决心杀掉阿合马，也与这位权臣先前诬杀御史中丞汉人崔斌有关。崔御史曾上章弹劾阿合马，阿合马很恼怒，便公报私仇，把崔斌排挤出中央后，仍然捕风捉影寻个罪名置崔御史于死地，使得太子及其手下诸臣忍无可忍。

所以，王著等人挺身而出，杀阿合马事成或不成，均不会真正把真金牵入案中。

大都乱起，中丞也先帖木儿跳上马，驰奏忽必烈。

当时，忽必烈正驻跸于察罕脑儿，距上都不远。听闻自己手下的“财神”宠臣阿合马被杀，忽必烈震怒，即日回到上都宫城，下令枢密副使孛罗等人率兵飞奔大都，去讨伐为乱的人。

阿合马已死，王著被擒，剩下的高和尚等人本来就是棋子，很快被悉数擒获。此时，忽必烈并没有意识到阿合马之死是由真金太子及其汉人幕僚策划，还令太子名义上主持会审王著案件。

当然，太子本人不办案，实际的主审官是孛罗。

孛罗不傻，自然不会跟“储君”真金过不去，加上他自己也憎恶阿合马的跋扈，心中对这个人的死，只有暗喜而已。

案件得以迅速审结，元廷杀王著、高和尚于市，皆处以醢刑，并杀张易。

醢刑，即把尸体剁成肉酱。此诏肯定是忽必烈亲自指示，可见当时他对宠臣被杀一事的悲愤。

至于张易是否有预谋主动参与杀阿合马的行动，并无确凿证据，杀掉如此高级别官员，实是老皇帝震怒下的诏令。

王著临刑大呼：“王著为天下除害，今死矣！异日必有为我书其事者！”

要仁得仁，可见王义士事前早已作好舍生取义的心理准备。王著被杀时，还不到三十岁。

阿合马被人杀死，忽必烈还不知道他有多坏，估计只是知道这位宠臣贪污多，念其旧功，下令中书省不要深究他的家人。

待孛罗面见汇报工作，忽必烈询问案件详情。

孛罗对王著、高和尚等人之事简略带过，大谈特谈审案间“讯得”的阿合马罪状实情。所谓“墙倒众人推”，阿合马已死，孛罗在推审中深刻感觉到太子真金的倾向性，自然把阿合马多年来的所为“实话实说”。

这可不得了，听完整件事情后，忽必烈激恼无比，拍案大怒：“王著杀掉他，干得好啊！”

于是，忽必烈下诏严审阿合马案，一定要把阿合马党人都从朝中清除。

抄家之后，金山银山不说，阿合马家里有小妻五十人，侍妾四百多人。

其实，权臣家中的金银美女不会招致忽必烈恼恨，阿合马最主要的罪状如下：

其一，阿合马爱妾有一人名叫引住，家里私藏两张鞣制过的完整人皮，“两耳俱存”，审问半天，也不知受害者是谁，引住招供说，“诅咒时，置神座其上，应验甚速”。其二,一位陈姓画师为阿合马画两幅帛画，“画甲骑数重，围守一幄殿，兵皆张弦挺刃内向，如击刺之为者”。其三，有位名叫曹震圭的人为阿合马“推算”过生辰，妄言休咎。其四，算卦人王台判为巴结阿合马，妄引图谶，称其有九五吉相。

忽必烈作为笃信密宗和萨满教的蒙古人，最相信“怪力乱神”，认定阿合马有诅咒自己早死之事。于是，在下令把四个人剥皮以外，忽必烈又下诏捕诛阿合马在朝中位列大官的子侄，没收其全部财产。

这还不解恨，忽必烈又命人把阿合马的尸体从坟墓中挖出，在通玄门外戮尸，然后纵放皇家猎狗群扑而上，把尸身吃得一块不剩。

百官士庶，聚观称快。

此次交手，真金太子派获得胜利，把七百一十四名阿合马党人从省部中清除了出去。由此，阿合马家族不仅灰飞烟灭，其党羽也皆上了

“黑名单”，大有永世不得翻身之势。

飘飘然之余，真金太子及其幕僚忽视了一个事实：阿合马擅取敛财近二十年，没有忽必烈在背后撑腰，他可能这样为所欲为吗？行事太过，老皇帝能不产生想法吗？

肆无忌惮的短命鬼——卢世荣

卢世荣是出生于大名府的汉人。阿合马掌权时，卢世荣行贿得官，为江西榷茶运使。贪污了几年，被人告发丢官。

阿合马被杀后，元朝大臣皆讳言财利事，朝廷收入大减，使得忽必烈日感不悦。

畏兀儿人桑哥时任总制院使，就向忽必烈推荐卢世荣，说此人“能救钞法，增课额，上可裕国，下不损民”。

忽必烈亲自召见汉人卢世荣，奏对称旨。老皇帝不放心，让卢世荣与右丞相和礼霍孙当朝廷辩，各论所为之事。

卢世荣乃阿合马爪牙，巧言能辩，又精熟蒙古语，在辩论中滔滔不绝，说得和礼霍孙及右丞麦术丁等人理亏词穷。

老皇帝看在眼中，喜在心里，立命他为尚书右丞，并罢去和礼霍孙的右丞相职位，起用先前被阿合马排挤出朝的安童为右丞相。

安童平定西北诸王之乱时，因蒙古贵族内讧被当作俘囚送往叛王海都处，此时被放还不久。

安童回朝后，虽然他属于真金太子的儒臣派，但也感受到老皇帝对钱财的渴恋，于是他“配合”卢世荣一起进行经济改革，整治钞法，禁止私下贸易，并对金银重新定价。

说句实话，卢世荣所采取的措施，起初非常有利于民，诸如减免江南农民的租课、给内外官吏适当加俸、收赎江南失业贫困人民卖出的妻儿、免除民间包银三年，等等。不久，针对钞法虚弊，卢世荣又提出要仿习汉唐两朝，在天下收铜铸成元铜钱，并在国内推行新的绫券，与纸钞同步使用。

看到卢世荣献上的崭新绫券样币，忽必烈大喜，马上说："有利之事，当速行之。"

见忽必烈如此支持自己的"改革"，卢世荣胆量倍增，脑子天天转得飞快，不久又上奏新的经济改革方案：

> 于泉、杭二州立市舶都转运司，造船给本，令人商贩，官有其利七，商有其三。禁私泛海者，拘其先所蓄宝货，官买之；匿者，许告，没其财，半给告者。今国家虽有常平仓，实无所蓄。臣将不费一钱，但禁权势所擅产铁之所，官立炉鼓铸为器鬻之，以所得利合常平盐课，籴粟积于仓，待贵时粜之，必能使物价恒贱，而获厚利。国家虽立平准，然无晓规运者，以致钞法虚弊，诸物踊贵。宜令各路立平准周急库，轻其月息，以贷贫民，如此，则贷者众，而本且不失。又，随朝官吏增俸，州郡未及，可于各都立市易司，领诸牙侩人，计商人物货，四十分取一，以十为率，四给牙侩（经纪人），六为官吏俸。国家以兵得天下，不藉粮馈，惟资羊马，宜于上都、隆兴等路，以官钱买币帛易羊马于北方，选蒙古人牧之，收其皮毛筋骨酥酪等物，十分为率，官取其八，二与牧者。马以备军兴，羊以充赐予。

忽必烈闻奏，连连点头称善，尤其对卢世荣所奏出官钱买马让蒙古人蓄养而后政府收利一事更是赞赏有加，夸奖道："此事亦善，太祖时欲行之而不果，朕当思之。"

听皇帝如此说，卢世荣喜出望外，忙叩头言道："为臣行事，多遭人嫉恨，日后必有上言说臣坏话的人，为臣十分害怕，请陛下做主。"

忽必烈闻言，忙为卢世荣打气："你别害怕朕对你有什么不利，还是小心爱卿你自己的饮食起居吧。善跑猎犬，狐狸肯定不喜欢，主人又怎能不喜欢！爱卿所行之事，皆出自朕意。现朕为你增加从人侍卫，爱卿可小心自卫门户。”

不仅言语上支持，忽必烈还亲自下旨安童给卢世荣增派侍从，可见这位财臣当时在忽必烈心目中的地位。

卢世荣为了增加自己在朝廷中的力量，奏升六部为二品官衔。而后，忽必烈依从卢世荣所奏，罢停行台，并改按察司为提刑转运司，兼任钱谷财赋之事。不久，卢世荣设立“规措所”新机构，选取的官吏皆是些“善贾”的买卖人。

忽必烈阅奏，不清楚“规措所”这个新增的秩五品机构是干什么的，卢世荣忙解释说此所用以“规划钱谷”。老皇帝立刻批准成立。

得寸进尺之余，卢世荣又上奏：“天下能理财者，从前皆奔走于阿合马门下，现在他们都被划入黑名单中，怎能因一人之故而尽废其才。为臣想从中择选一些有用之人，又怕有人说我是任用罪人。”

忽必烈觉得卢世荣言之有理，表示“可用者用之”。

于是，昔日与卢世荣同甘共肥的一帮阿合马死党，纷纷得到重新擢用。

卢世荣的理财改革，真正实施之后，好多事情根本行不通。

皇太子真金就明确表示反对：“财非天降，安得岁取赢乎！恐生民膏血，竭于此也。岂惟害民，（卢世荣）实国之大蠹。”

从前推荐卢世荣的桑哥，听闻真金太子如此说，也急忙中止了与卢世荣的密切联系。忽必烈却对卢世荣百依百从，非常放心地去上都巡游去了。

元朝在忽必烈时代实行两都体制，一般来讲，每年三月至九月，忽必烈住在上都（开平），其余时间，则居于大都处理公务。这种体制源于辽朝皇帝的五都“捺钵”。由于同为游牧民族，蒙古人把契丹人的这种四季捺钵制加以沿用，只不过是由“五都”改为“两都”。清帝王在承德修建避暑山庄，也类似这种“两都制”。

卢世荣居中书省才数日，倚恃皇帝委任之专，肆无忌惮，连宰相都不当回事。大臣有人与卢世荣意见稍不合，即被诬“废格诏旨”，旋即被杀。如此一来，朝中凛凛，无人敢说话。

丞相安童等人见卢世荣作为一个汉人，如此擅权越职，非常不满。而且，“经济改革”实施数月，安童等人发现根本不起效应，怕日后对自己有所拖累，就派御史上奏章弹劾卢世荣，罪状大抵如下：

> （卢世荣）苛刻诛求，为国敛怨，将见民间凋耗，天下空虚。考其所行与所言者，已不相符：始言能令钞法如旧，今弊愈甚；始言能令百物自贱，今百物愈贵；始言课程增至三百万锭，不取于民，今迫胁诸路，勒令如数虚认而已；始言令民快乐，今所为无非扰民之事。若不早为更张，待其自败，正犹蠹虽除而木已病矣。

忽必烈在上都接到御史大夫转呈的奏状，非常恼怒，即日派人带诏旨命右丞相安童召集官员大臣，研究弹劾卢世荣的奏章。而后，命人把卢世荣押至上都审讯。

经过审讯，卢世荣主要罪状如下：第一，不经丞相安童同意，私自支钞二十万锭；第二，擅升六部为二品；第三，未与枢密院商议，擅自征调行省一万二千人置济州；第四，擢用阿合马党人，害公扰民。

不久，皇帝和众臣廷对时，已为犯人的卢世荣在忽必烈面前一一款服。其实，他这招儿装可怜也是想自揽责任为皇帝“遮丑”，因为他罪名中的第二项和第四项都是忽必烈照准的。

别说，这招儿起先还真管用，忽必烈没有立即杀掉卢世荣，只是下令把他收押下狱。

由于得知真金太子深恨卢世荣，推荐卢上台的桑哥缄口不敢言，没有“挺身”而出搭救老卢。

延至年底，忽必烈见敛财无方，愈想愈气，就问身边蒙古大臣对卢世荣的看法。

大臣自是厌憎这位敛财损人的汉人，忙回禀说：“近日听新入中书省的汉官议论，说卢世荣已经认罪，件件罪名属实，却仍旧被养在监狱里，白白浪费粮食。”

皇帝闻言很是上火，立刻下令把卢世荣押到闹市开斩，并派人把老卢一身上下百多斤肥肉割下，带到御苑去喂驯养的飞禽和水獭。

阿合马便宜了狗肚子，卢世荣养肥了禽獭，二位“财神爷”的下场真可谓殊途同归。但阿合马荣华富贵二十年，卢世荣从上台到被处死才一年时间。

卢世荣被逮治，也触发了元廷中儒臣和财臣之间更加尖锐的矛盾。相互斗争之下，皇太子真金反倒成为牺牲品。

真金太子生母察必在 1281 年病死，忽必烈便于两年后立弘吉剌氏南必为皇后。由于年岁已高，忽必烈非重大事不见群臣，南必皇后频频现身。为此，江南行台监察御史封章上奏：“帝（忽必烈）春秋高，宜禅位于皇太子，皇后（南必）不宜外预。”

此种腐儒之见，在从前的汉族朝代尚可容忍，但对于蒙古帝王来讲，却是不可恕之事。

阿合马党羽塔即古等人得悉此事后，认为有机可乘，便借理算为名突然封存御史台奏章，将此事上报给忽必烈。

老皇帝一直担心自己被架空，听说有人要自己禅位于太子真金，怒火攻心，立刻派人前往御史台查阅奏章。

眼见纸包不住火，御史大夫月律鲁只得急忙向丞相安童求救，于是二人入宫面见忽必烈请罪，把事情原委一一奏明，并指出塔即古本来就是阿合马的奸党，想搞出事端来陷害皇太子。

经心腹大臣一番解劝，忽必烈怒火稍息。

但是，皇太子真金因数日忧惧，加上身体抵抗力奇差，不久即染病而亡，年仅四十三岁。元成宗继位后，追谥真金太子（自己父亲）为文惠明孝皇帝，庙号“裕宗”。

所以，元朝朝廷内儒臣派虽然取得暂时胜利，却丧失了他们的领军人物皇太子，损失不可谓不大。

自树“功德碑”的吐蕃人——桑哥

桑哥，吐蕃人，其发迹之起因，在于他能通诸国言语，是个有语言天赋的“高级翻译”。当然，在元朝仅仅是个“舌人”翻译是混不出名堂的，即使是会造抛石机的“高工”，攻城缺材料时也会被蒙古人扔入壕沟充当填充物。桑哥之所以能接近帝室，最主要的原因在于他是蒙古国师胆巴的弟子。

胆巴之名，现在几乎无人知晓，但在元朝时，他的大名仅次于八思巴。胆巴本人是“法王上师”萨班的高徒，中统年间（也可能是至元年间）由帝师八思巴推荐，得以面见忽必烈，得到信任，奉诏居于五台山主持佛事。由于他名气大，常往来京城间，为蒙古王公们授法灌顶，加上他能以藏药治病，很受器重。

胆巴的相貌很特别，长有两颗大而长的龅牙，露于唇外。这种大龇牙，在当时蒙古人眼中被视为“异相”。胆巴一张大脸虽然有些像鼹鼠，为人却很正直。

至于桑哥，由于一直狡黠豪横，胆巴对这个徒弟日益生出反感，斥责并与之疏远。但是，桑哥喜欢言财生利，正得忽必烈欢心。忽必烈把他升为总制院使，类似今天“宗教事务局”的主管，还有治理藏地的实权，地位越来越高。

他入相后，向忽必烈进谗言，把胆巴国师外贬，一会儿把这位高僧贬往临洮，一会儿又把他流往潮州，很想使胆巴在途中劳累得疾而死。

恶徒欺师，从此即可看出桑哥的卑劣人品。不过，胆巴命大，桑哥被诛后，终于活着回到大都。

其实，阿合马、卢世荣被诛后，忽必烈也意识到儒臣的重要性，并任命程钜夫（原名程文海，避元武宗海山讳，以字行）为侍御史，行御史台事，派他到江南招募汉族名儒。

台臣对奏，表示说程钜夫是“南人”，年纪又轻，“不可用”。忽必烈大怒，叱责道：“汝未用南人，何以知南人不可用！自今省、部、台、院，必参用南人。”

以此，忽必烈也想平衡色目“财臣”和汉人儒臣在朝中的政治势力。

行诏江南时，忽必烈一改昔日蒙古文书，特命以汉字传布。

程钜夫此次江南之行收获颇丰，为元朝网罗招致了叶李（曾在南宋上书指斥贾似道）、赵孟頫（宋太祖之子秦王赵德芳之后）等二十多位名儒。唯独南宋旧臣谢枋得坚守臣节，力辞不至。

虽然汉人儒臣得到任用，儒户御役也得减免，但元朝兵戈繁兴，维护帝国如许大的摊子，没钱万万不行。于是，吐蕃人桑哥又被忽必烈当成一位新“财神爷”。

至元二十四年（1287 年）年初，在麦术丁建议下，忽必烈任桑哥和铁木儿为平章政事，重新立尚书省，“改行中书省为行尚书省，六部为尚书六部”，更定钞法，在朝境内颁行“至元宝钞”。

桑哥这位吐蕃人翻脸不认人，上任后首先检核中书省账目，查出中书省“亏欠钞四千七百七十锭”，时任尚书省平章的麦术丁只得自认倒霉，承认罪状，心中暗悔日前荐引桑哥当“理财”大臣。

之后，桑哥雷厉风行，在省部及各地大行“钩考”，当众命从人殴打汉族大臣，杀了不少与己议不和的人立威。

由于桑哥敛财有道，在半年多的时间内为元廷增加了不少收入。汉人左丞叶李等人希旨，上奏忽必烈认为桑哥应该任“右丞相”。所以，同年十一月，元廷就诏任桑哥为“尚书右丞相兼总制院使，领功德使司事，进阶金紫光禄大夫”。桑哥乘机又擢升了好几个私人党羽。

纵观桑哥的“经济改革”措施，其实与阿合马如出一辙。其一，“以理算为事”，设征理司这样的新部门，对江淮、四川等六个行省财赋进行理算，“钩考”地方仓库，大肆搜刮，天下骚然。其二，更定钞法，发行“至元宝钞”新钞。新钞折中统旧钞一贯文折五贯文。其三，也是最重要的一条，增加课税，盐引由三十贯增为一锭，茶引由五贯增至十贯，商税方面更是大幅增收，江南地区由先前十五万锭增至二十五万锭，内地由五万锭增至二十万锭。

忽必烈对此，言听计从。

其实，桑哥“改革”重要内容之一的“钞法”，原意是想“新者（至元钞）无冗，旧者（中统钞）无废”，但岁赐和饷军等事皆以中统钞为准。

百官会议时，桑哥等人提出“至元钞二百贯赃满者死”。

众人唯唯之时，新入朝的赵孟頫年轻气锐，高言道：“始造钞时，以银为本，虚实相权。今二十余年间，轻重相去至数十倍，故改中统（钞）为至元（钞）；又二十年后，至元钞必复如中统（钞）。使民计钞（以钞额数量）抵法，疑于太重。古者以米、绢民生所须，谓之二实，银、钱与二物相权（相比较），谓之二虚；四者为直（值），虽升降有实，终不大相远也。以绢计赃，最为适中。况钞乃宋时所创，施于边郡，金人袭而用之，皆出于不得已，乃欲以此（钞额）断人死命，似不足深取也。”

这位宋朝王孙以刑名说事，实际上已经指出了桑哥“钞法”的虚弊。

大臣中有人为巴结桑哥，又欺赵孟頫是新入朝的“南人”，厉声指斥说：“现在朝廷推行至元钞，所以犯法者以此钞来计赃论罪，你这么一个黄口孺子，怎敢有异议，难道是想阻碍至元钞的颁行吗？”

赵孟頫气势仍盛，据理力争道：“法者，人命所系，议有重轻，则人不得其死。我此来乃奉诏参与议论，不敢不言其真。今中统钞虚，故改为至元钞，如谓至元钞终无虚时，岂有是理！您不与我相较财理，而空口陵蔑，可乎？”

一席话，说得对方愧然而退。虽如此，蒙、汉、色目大臣皆知桑哥有忽必烈撑腰，基本没什么人出头对“新法”说不字。

桑哥专政后，“财物部”吞并“组织部”，又兼“国务院”功能。桑哥把朝廷当成了市场，把官位当成了商品，卖官鬻爵，肆无忌惮。

当婊子不忘立牌坊。为相两年后，他差使手下谄谀小人上“万民书”，要求元廷为自己“立石颂德”。忽必烈得知此事，对这个能为他敛财的“大狼狗”很支持，吩咐说：“百姓想立碑就立，一定让桑哥高兴啊。”

为此，翰林院蒙汉高手奋笔疾书，详列桑哥功德，在中书省府院前竖立一巨石，上题“王公辅政之碑”，规模还不小。元廷在“桑哥辅政碑”的大石头外面又盖了色彩鲜艳的宏丽阁楼，雕镂精细，唯恐内外不知桑哥的“政绩”。

桑哥折腾了四年，弄得天下怨起，人不敢言。

最后，还是赵孟頫对忽必烈的高级侍卫（奉御官，怯薛的一种）彻里讲：“皇上论贾似道误国，常责留梦炎等宋朝大臣不能挺身而出。现今，桑哥之罪，有甚于贾似道！我等不言，他日何以辞其责！然我乃疏远之臣，言必不听。侍臣中，唯君为皇上所亲信，读书知义理，慷慨有大节。倘若您能不畏天威之怒，为百姓除此凶残之贼，真仁者之事，公必勉之！”

有赵孟頫一番激励，趁忽必烈在柳林打猎心情好的机会，彻里纵言桑哥误国害民，言辞激烈。起初，忽必烈闻言即大怒，责斥彻里“诋毁大臣”，命令左右卫士猛扇彻里嘴巴，打得他血涌口鼻。稍停，忽必烈又问彻里是否知罪，彻里辞辩愈力，朗声言道：“为臣我与桑哥无任何私怨，现不顾生死揭发他的罪状，实出于对国家的忠心。如果我害怕皇上震怒而不敢谏，奸臣何得而除，万民何得而息！”

闻此言，忽必烈沉吟。

随同忽必烈外出的蒙古贵族也里审班、也先帖儿等人见状，也一同跪下，劾责桑哥专权黩货等罪。

忽必烈还是不大相信，急召出使在外的翰林学士承旨不忽木来问情实。

不忽木在行宫营帐面见皇帝，痛心疾首地说：“桑哥壅蔽聪明，紊乱政事，有言者即诬以他罪杀之。今百姓失业，盗贼蜂起，召乱在旦夕。如不诛桑哥，恐此人将为陛下深忧！”

在场的贺伯颜等人也力证桑哥奸邪，越来越多的大臣附和，争相指责桑哥。

见这么多蒙古贵族指斥桑哥，害怕危及元朝的统治，忽必烈于是下决心把“财神爷”送入阎罗殿。他下诏御史台及中书省辩论桑哥之罪，并命人毁弃桑哥辅政碑。

怯薛，从职责看仅仅是皇帝身边的带刀侍卫，诸王贵族身边皆有怯薛。与历朝历代不同，元朝皇帝的怯薛源于蒙古旧制，其组成人员皆是蒙古或色目的高官贵族子弟以及各地地方长官子弟。这些人，皆是蒙古帝王最信任的贴心人，他们负责皇帝的日常起居和宫廷内事务，基本把太监该干的活计都干了，这也是有元一代没有太多宦官乱政现象的最主要原因。

怯薛不仅仅是充当皇帝禁卫军那么简单，他们常常出任地方高级官员，或口含天宪巡视地方，因此元朝才有“怯薛入仕”这个名词。当然，怯薛到了元朝后期，滥竽充数者不计其数，只要花钱就能买这个“身份”。

忽必烈时代，怯薛可说是除亲王、嫔妃外最接近皇帝的人员，所以赵孟頫才激身为怯薛的彻里前去说服忽必烈。如果换了汉人官员在忽必烈面前讲正当红的桑哥坏话，估计会立时被砍掉脑袋。

忽必烈不做靠山，桑哥肯定玩完。有司抄家，桑哥的家财竟然和皇宫差不多，皇帝首富，他第二。

几个月后，元廷有诏斩这个吐蕃人于闹市。金山银山，地狱里也享受不到分毫。

恼怒之下，忽必烈又派彻里到江南行省，把桑哥的妻党要束木以及忻都、王巨济等党羽押还大都，审问之后，均送闹市开斩。

从沙漠到大海

元朝的越海攻击

忽必烈继位后，于1274年、1281年两次东征日本，1282年进攻占城，1292年又出兵爪哇，同时，元军试图征服流求（台湾）。

所以，海上扩张，是忽必烈中后期的一个中心任务。这些进攻，基本上都以失败告终。

两次征倭台风败事

讲起元朝对日本的两次海上远征，不得不先叙述一下高丽。因为，两次征倭，都以高丽为重要的海军基地，合浦（今朝鲜釜山以西的马山浦）港口成为蒙古海军杀向日本的出发点。

所以，开讲海上征倭，首先要交代清楚元朝与高丽的关系。

《元史》中的《高丽传》，大多是因袭前史：

> 高丽本箕子所封之地，又扶余别种尝居之。其地东至新罗，南至百济，皆跨大海，西北度辽水接营州，而靺鞨在其北。其国都曰平壤城，即汉（朝）乐浪郡。水有出靺鞨之白山者，号鸭渌江，而平壤在其东南，因恃以为险。后辟地益

广，并古新罗、百济、高句丽三国而为一。其主姓高氏，自初立国至唐乾封初而国亡。垂拱以来，子孙复封其地，后稍能自立。至五代时，代主其国迁都松岳者，姓王氏，名建。

应该交代的是，这个王建，虽以“高丽”为国名，其实他的血统应该是岛上土著“三韩”，与昔日的高句丽王国皇族血脉根本不搭边，扯虎皮做大旗而已。不过，这老王家“高丽王”传承时间不短，自王建到王焘，二十七代，“历四百余年未始易姓”。

蒙古人最早与高丽人接触，是“太祖十三年”，即 1218 年，蒙古元帅哈只吉追击逃入高丽江东城的造反契丹人。高丽人正愁打不过占了自己地方的契丹人，见有人来“帮忙”，乐得送粮送物助攻，很快就帮蒙军消灭了契丹人。

眼见蒙古兵如狼似虎，高丽国王忙对蒙古使臣“迎拜设宴”，十分恭敬。蒙古贵族恃势，不断派人催促高丽王“遣使入贡”。

后来，见蒙古人索要的东西越来越多，高丽人思忖反正蒙古兵距离远，就派人把蒙古使臣杀死在半道，借口为盗所杀，连续七年断绝了与蒙古的关系。

窝阔台继位后，元太宗三年（1231 年）秋，派元帅撒礼塔出征高丽以报杀使之仇，在高丽境内横冲直撞，杀人无算。加上有高丽人洪福源充当向导，蒙古军如入无人之境。

胆破之余，高丽王王皞急忙求和，派其弟王侹为人质向蒙古称臣。蒙古军见好就收，临走在高丽地盘设七十二达鲁花赤监守，把高丽当成自己的地盘来管辖。

转年，高丽上层见蒙古军主力撤走，心生反复，竟然把蒙军留置的七十二个蒙古达鲁花赤全部弄死，然后，高丽王室大搬家，窜逃至海岛避祸。

撒礼塔不是吃素的，轻车熟路，率虎狼般的蒙古军又至。不过，这位元帅此次来高丽运气不好，在外仁城下被流矢射死，蒙古不得不退军，高丽人终于敢喘出一口长气。

两年多以后，已经端掉金国的蒙古军终于腾出手，蒙将源唐古率大军与洪福源一起杀向高丽。

打了近五年时间，高丽人自知不是对手，高丽王王皞只能上表乞降，并送宗室到和林当质子，成为蒙古藩属。蒙古人把高丽当成仓库，缺什么就伸手来要，稍有迟缓就派兵来攻，自元定宗二年至元宪宗八年四次出征高丽，攻拔其城十四座，杀人掠物，把高丽当成射猎场，每每满载而归。

被逼无奈，王皞只得在蒙哥汗在位的末年交出自己亲儿子王倎入蒙古为人质。

1260年，忽必烈即汗位后，正好赶上高丽王王皞病死，便立在蒙古军中充当质子的王倎为高丽国王，派兵护送这个傀儡归国，所颁制文，口气傲横。

王倎在蒙古待过，深知蒙古军的实力和杀人不眨眼的残暴，他当“国王”后，对蒙古心服口服，遣使入贡不说，又遣其世子王愖入朝贡奉，自己改名王禃，顺便通报忽必烈。

九年后，高丽内乱，大臣林衍废王禃拥立其弟王涡为王。忽必烈大怒，立派大军入高丽，拥王禃复位。

感激之余，王禃谨修贡献，恨不得把自己卖了也送往大汗处。他派儿子王愖等充当人质之余，又乞求忽必烈“赐婚”。

见王禃如此恭顺，忽必烈大喜，于1274年把皇女忽都鲁揭里迷失下嫁给高丽王世子王愖。这位公主命好，刚出嫁，老公公王禃就病死，老公王愖回国继位，她一下子从公主变成了王后。

通过裙带，低三下四的高丽小国王终于成了大元皇帝的乘龙快婿，从此之后，他才敢在与元朝官员见面时“分庭抗礼”。在王愖之前，元朝使臣，甚至是达鲁花赤，见高丽王时都是坐上首。以后，高丽王知道了当“女婿”的好处，王璋、王焘等国王都娶元朝宗室公主为妻，以此来维持他们在朝鲜半岛的统治。

所以，1274年元朝第一次远征日本，正是高丽与元朝关系“蜜月”期前夕，“忽必烈遣木速塔八、撒本合持诏使高丽签军五千六百人助征日本”。

早在忽必烈至元三年（1266年），他就派出国信使，持国书往日本“喻旨”。那当然，大汗并非想真的招远怀柔与小国“共荣”，只是想把日本当成另一个像高丽那样的“仓库”。

由于孤悬海外，蒙古人对倭国不甚了解，又有高丽人说那里遍地金银，很让忽必烈起垂涎之意。所以，国书辞意，看似冠冕堂皇，实蕴威胁恐吓：

> 大蒙古国皇帝奉书日本国王：朕惟自古小国之君，境土相接，尚务讲信修睦。况我祖宗，受天明命，奄有区夏，遐方异域，畏威怀德者，不可悉数。朕即位之初，以高丽无辜之民久瘁锋镝，即令罢兵还其疆域，反其旄倪。高丽君臣感戴来朝，义虽君臣，欢若父子。计王之君臣亦已知之。高丽，朕之东藩也。日本密迩高丽，开国以来，亦时通中国，至于朕躬，而无一乘之使以通和好。尚恐王国知之未审，故特遣使持书，布告朕志，冀自今以往，通问结好，以相亲睦。且圣人以四海为家，不相通好，岂一家之理哉。以至用兵，夫孰所好，王其图之。

特别是“以至用兵”四个字，剑拔弩张的恐吓，跃然纸上。

好事多磨，坏事也多磨。

大海波涛，元使一行竟渡了几次也没到达日本本岛。忽必烈命高丽国王派人转送，皆不得其要领而归。元使又往，在对马岛为倭人所拒，只得捆上两个当地人当“生口”回来禀命。最后，还是由懂日本话的通事曹介升等人引路，元使赵良弼一行才得达日本。

当时的镰仓幕府根本不知道蒙古人是什么来头，无知者无畏，连见也不见，把赵良弼一行晾在太宰府。

见日本方面无回音，忽必烈大怒，于至元十一年夏下令凤州经略使忻都、高丽军民总管洪茶丘二人为帅，在高丽造战船九百艘，载士卒一万五千，从合浦港出发向对马岛展开进攻。至于这次进攻日本的“战绩”，《元史》的《日本传》中很含糊，只有这么几句：“冬十月，入其国，败之。而官军（蒙古军）不整，又矢尽，惟虏掠四境而归。”

其实，这次攻击首战顺利，对马岛的倭军被全歼。蒙古军在肥前遭到顽强抵抗，但当蒙古军一摆出火炮轰击，手持大刀身穿大肥缅裆裤的倭兵倭将登时就傻眼了——在此之前，倭国从来就不知道世上还有火炮这种东西。

蒙军在博多湾登陆后，连日奋战，上下皆感疲累。特别令蒙古兵将失望的是，日本根本不是传说中的“遍地黄金”。如此贫瘠海岛，腥风劣土，且日本人长相也不咋样，个头比蒙古人还矮。

如此，元军贪欲一失，战斗力和求胜心立时下降。高丽将领劝忻都一鼓作气直杀太宰府，忻都不同意，下令全体士兵离岸上船，见好就收，准备班师。

不料，台风忽然在夜间来袭。睡梦之间，四分之三的蒙古军与被击碎的船体一起，连绝望都来不及，就在刹那间沉入漆黑的水下地狱。

消息传至幕府，忧惧不能进食的北条时宗喜出望外，连连叩头感谢上苍，嘴里不停地念叨：“神风！神风！”此役，日本称之为“文永之役”。

南宋遗民闻知此讯，很是幸灾乐祸，作诗道：“涉险应难得命还，倭中风土索蛮顽。纵饶航海数百万，不直龙王一怒间！”（郑思肖《元贼谋取日本》）

忽必烈有些郁闷，由于当时正处于进攻南宋的关键时刻，忽必烈腾不出手来再派大军进攻日本。而且，忻都在报告中掩饰败绩，吹擂元军把日本军打得落花流水，天气不好暂时撤军，已经大大地宣示了“国威”。

此后，高丽不敢“惦记”日本，日本反过来不断到高丽半岛沿岸骚扰。

至元十二年，忽必烈派遣礼部侍郎杜世忠等人为使，再去日本宣慰。忽必烈原本以为上次元军的进攻已经使日本像高丽那样吓得腿软，国使一到会马上送表称臣。不料，元使一行千辛万苦到达日本后，将军北条时宗愣了，他不是吓愣了，而是糊涂愣了：蒙古人上次被“神风”送进海底都喂了王八，现在怎么还敢派人来！

估计刚刚喝过几瓶清酒，北条一挥手，下令把这一群神色傲狠的元使皆押出去砍了。

消息传出，征东元帅忻都、洪茶丘二人立刻上表，申请率兵往讨。当时是至元十七年三月，元朝刚刚灭掉南宋，需要处理的事情千头万绪。

两个月后，忽必烈召见南宋降将范文虎，议征日本。

至元十八年正月，忽必烈设“日本行省”，以蒙古人阿剌罕为日本行省右丞相，以范文虎为右丞，并下令驻军在高丽的忻都、洪茶丘二人，共出兵十余万进讨日本。

对于蒙古人来讲，杀使臣是最不可饶恕的。花剌子模杀蒙古使臣，最终付出了国亡君死以及近千万的人命为代价。倘若元军二次征倭成功，估计“大和”民族现在只是一个历史名词。

忽必烈大举攻日的另一个原因，还在于“处理”那些刚刚投降的南宋新附军。近十万人的士卒军将，杀起来不仅名声不好听，也很费事。所以，让这些人充当“主力”，在攻日本时消耗他们，可谓一举两得。可见，忽必烈这个蒙古帝君，确实阴险巨奸。

元军第二次海上征倭，规模比第一次大很多。除忻都、洪茶丘及高丽主将金方庆率领的左路军三万人外，还有由范文虎统率的江南军七万多人为右路军。范文虎率军由庆元（今浙江宁波）出发，有战船近四千艘，渡海远航，浩浩荡荡杀向日本。依据原先的约定，两路军应在七月于壹岐岛合师，然后合军并力进攻日本。

蒙古将忻都贪功，自忖轻舟熟路，首先从合浦起航，拥千艘战舰打下壹岐岛。然后，他也不等江南军的到来，径自扑向博多湾。

到了地方，元军忽然发现日本人早已在沿海滩头砌筑了层层石坝，战舰根本靠不了岸。无奈，元军只得强攻志贺岛，得手后却无任何便宜可占。

由于补给困难，疫病流行，忻都只得又撤回壹岐岛，与范文虎的右路军会师，伺机再战。

范文虎方面，元军的“总司令”阿剌罕病死，军中无主。好大喜功的范文虎自专军政，不待新任“总司令”阿塔海到来，就发号施令，过足了一把手的瘾。

范文虎乃南宋大奸臣贾似道的女婿，是个人品超差的“百败将军”，忽必烈选他当“副总司令”，其实是最大的一步臭棋。诸将陛辞时，忽必烈也有所表示：“有一事朕忧之，恐卿辈不和耳。范文虎，新降者也，汝等必轻之。”

所以，战争真正开始后，由于无所统领，诸将确实心怀鬼胎。范文虎草包自不必说，高丽主将金方庆与老上司洪茶丘形同水火，忻都本人也是贪功冒进之辈，没有一个能主持大局。

双方合军后，进屯五龙山（今日本佐贺县西北伊万湾）。

由于诸将意见不一，大家都表示“研究研究”再说，加上江南军远航疲惫，确实也要休整一下。

日本人方面，也是听天由命，天天跪在地上叩头向上天祈祷。

八九月本来就是刮飓风的季节，虽然有将领提醒范文虎、忻都等人，二人根本不听。当时，海上山影浮波，恰如暗礁在海口，影影绰绰，水上青气直冒，海水中弥漫着琉黄气味，飓风的征兆已经非常明显。

为“保险”起见，元军命令诸将把海船结扎在一起。这种联船法，对付一般的海风尚可，遇到飓风，就等于是为自己做好了“连锅端”的准备。

欠缺对台风、飓风的心理准备，范文虎这个草包还可原谅；但忻都上次吃过一次大亏，竟然也好了伤疤忘了痛。

于是，一夜飓风来袭，元军大小船只倾覆殆尽，特别是高丽人所造的海船，大都是“豆腐渣”工程，拼木时为了省工采用“鱼鳞式”结构，大浪拍击即碎。范文虎江南军的战船质量不错，可惜大多是平底河船，遭遇如此大风，也十损八九。军士号呼，溺死海中者如麻。范文虎等人也落水，被手下救起。

捡得一命后，元军诸将想到的只有两个字：逃命！

范文虎等诸将各自挑了坚固好船搭乘，丢弃士卒，仓皇逃命。也就是说，元军虽被淹死万人，其实由于水营靠岸，剩下的还不少。如果以破釜沉舟之心背水一战，结果如何还真难说。

诸大将虽然逃跑，但元军士卒多有战心，推一名“张百户”为主帅，号其为“张总管”，听他约束号令。

由于人多食乏，元军体力消耗很快。大家于是伐木造船，准备乘这种“临时”船逃回。

风息之后，日本人来了精神，特别是“神风”再临，他们觉得天神青睐，挥着大刀嗷嗷冲杀过来。

元军力疲，大部分战死，最终剩下两万多人，皆为倭人所俘。

于是，这大群元军俘虏被押至八角岛依次甄别，凡是蒙古人、高丽人、北方汉人，皆就地杀头，只留下几千新附军。倭人认为这些江南人是“唐人”，不杀，充当奴隶使用。

范文虎、忻都等人领着残军回合浦，上报忽必烈说途中遇风，数将不听节制，暂时回军，隐瞒大败的实情。

不久，被倭人俘为奴隶的江南汉人于阊逃回，尽报实情，忽必烈这才得知，他的征日十万大军，被范文虎等人皆弃于波涛狂浪之间，得还者仅三人。这三个人，还在“青史”中留下姓名：于阊、莫青、吴万五。

此役，日本人称之为“弘安之役”。

忽必烈吃了如此一个大哑巴亏，很想三征日本。但不久元军发动对占城和安南的战争，内部儒臣派、财臣派斗争激烈，出现了阿合马被杀事件，使得元世祖不得不暂时放弃重新组织大规模的攻倭战争。至元二十年后，忽必烈数兴征倭之意，皆半途而废。这种尴尬结局，正应了范文虎等人起航前翰林学士王磐的一番谏言：“日本小夷，海道险远。胜之不武，不胜则损国威。”

奇怪的是，范文虎事后并未受严惩，仅被罢职而已。至元二十年，忽必烈还让他“立功自赎”，在扬州整治军械，操练人马。

日本方面，举国若狂。“神风”两次救了日本，再次使“神国”的理念在倭人的脑袋瓜里扎下根，觉得他们的蕞尔小岛是“天照大神”最眷顾的“神土”。这种盲目的“理念”，让他们的头脑一烧再烧，直烧到丰臣秀吉时代敢于主动出击明朝的藩属朝鲜。“二战”最后关头，日本人把他们最后的自杀性攻击飞机也命名为“神风”，透露出绝望中残存的希望。

宋遗民郑思肖听到元军败讯，仍旧大喜，作《元鞑攻日本败北歌》，此诗的前序简明扼要，除数字有出入外，简洁明了地勾勒了元朝二次征倭的史实：

元贼闻其富庶，怒倭主不来臣，竭此土民力，办舟舰往攻焉，欲空其国所有而归。辛巳（至元十八年）六月半，元贼由四明下海，大船七千只，至七月半，抵倭口白骨山，筑土城驻兵对垒。晦日，大风雨作，雹大如拳，船为大浪掀播沉坏，鞑军半没于海，船仅回四百余只。二十万人在白骨山上，无船渡归，为倭人尽剿。山上素无人居，唯多巨蛇，相传唐东征军士咸殒命于此山，故曰白骨山，又曰骷髅山。

此诗开头，即讲明倭国乃远方九夷之一，又相隔大海，不易攻取："东方九夷倭一尔，海水截界自区宇。"在描述倭国道远国瘠之后，诗人笔锋一转，指斥犬羊（元朝统治者）欲心过炽，徒取侮辱与失败：

厥今犬羊贪犹炽，瞠目东望心如虎。
驱兵驾海气吞空，势力虽强天弗与。
鬼吹黑潮播海翻，雹大于拳密于雨。
七千巨舰百万兵，老龙怒取归水府。
犬羊发怒与天敌，又谋竭力必于取。
已刳江南民髓干，又行并户抽丁语。
凶焰烧眼口竟哑，志士闷闷病如蛊。

占城爪哇铩羽而归

占城，中国古书中又称日南、林邑、占婆，位于今天的越南中部。隋炀帝时，曾派大将刘方大败林邑国的大象军团，攻入林邑国都，吓得林邑国王梵志逃入海中。隋兵凯旋，缴获林邑国王家庙内纯金铸制的金人十八座，振旅而还。林邑国王待隋兵回撤后，忙上表称臣。唐、宋以来，林邑王对中原王朝很恭敬，贡奉不断，每年都向中原帝王孝敬沉香、象牙、玳瑁、檀香、胡椒等土产方物。北宋时期，高产的占城稻种传入内地，使得宋朝的粮食增产不少。

元朝灭南宋后，占城国王忙不迭上表称臣，贡献金宝，忽必烈遂设占城行省，并封其国王为占城郡王，授以虎符。

占城王年老，其子补的专权，竟敢在中途扣留元朝派往暹国和马八儿国的国使船只。忽必烈大怒，于至元十七年（1280 年）年底派唆都率兵从广州出发，乘船进攻占城。相持日久，元军数次谕降，占城皆不听，并回信表示要和元军决一死战。

至元二十年（1283 年）正月间，元军大举进攻占城，击败占城象军，杀掉数千占城兵将。占城国王弃宫殿而逃，临行前烧毁仓库，并杀掉一直扣留的元朝使臣数人。

不久，出于缓兵之计，占城国王派其舅宝脱秃花一行三十余人，携金银布帛往元营请罪，表示国王病重不能亲自来营，世子补的三日后会亲自向元将道歉。一连数日，宝脱秃花均派人来借口拖延。

元将不知是计，待在原地傻等，丧失了一举歼灭占城王室的大好机会。后来，长期居于占城的南宋人曾延等人来报，说占城国王正在鸦侯山一带招兵买马，休整残兵，准备与元军再战。元将这才醒过味来，再派兵追剿时，占城国王已经聚拢了两万多军马严阵以待。

元军派万户张颙统兵进攻。占城军所建山寨险峻，易守难攻。元军撤退时，在密林中遇伏兵，死伤不少。元军主将唆都见情势如此，只得率军回国。

元朝江南行省不知情，仍旧派军队来助攻，由万户忽都虎率领。这支军队到达占城野眉莲港，见元军营舍在撤退前已自己放火烧尽，方知唆都已经撤军。

占城国王见好就收，派人持书献与忽都虎表示向元朝附降。忽都虎让占城国王父子亲自入朝谢罪并入贡，这位国王表示国穷无物贡献，并声称“来年当备礼物，令嫡子入朝”，狠狠地忽悠了元朝一把。

后来，元军想借道交趾再伐占城，事不果行。

爪哇，即今天印尼的爪哇岛，史载，“其人则丑怪，情性语言与中国不能相通”。但是，大元威名，声震世界，爪哇王在 1280 年和 1286

年曾两次派使臣来元朝，很想大打一阵秋风。不料，元朝的忽必烈不是爱面子的汉人君王，他惦记的是对方孝敬自己宝物，绝不会让对方“空手套白狼”，严命爪哇王亲自来大都觐见。

至元二十六年（1289 年）元使出使爪哇，见其国王后言语傲慢，责其献宝、称臣、遣质子往大都。本来想捞钱的爪哇王大怒，命人把元使按在地上并在脸上刺花纹以示侮辱。

不用说，忽必烈很生气。于是，元廷命福建行省集战船千艘、兵士两万多人，出征爪哇。此次出征，福建、江西、湖广三个行省皆出兵出船，在泉州集结后，大军扬帆直杀爪哇。

不巧的是，爪哇王当时正与葛郎国王对攻，并在战斗中被杀。爪哇王女婿拉登·韦查耶脑子活，忙向元军投降，并要奉献当地山川、户口及葛朗国图籍等，要求元军帮助自己攻打葛郎国军队。

元军大喜，立刻加入战场，葛郎国军队被杀死、淹死近两万人，其国王拉登·韦查耶也不得不出城向元军投降。元军挺宽大，扣留了他的妻儿及百余位官属，让他一个人回去了。

拉登·韦查耶见元军势盛，千恩万谢之余，表示说自己要回国都，准备正式的降表并搜罗宫内所有珍宝来献。元将不疑有诈，不仅马上放行，还派二百元兵护送他回城。

不料，拉登·韦查耶狼心狗肺，不得不边走边算计，一路派人秘密联络旧部，在半途中忽然变脸，杀掉护送他的元军将领数人，并掉转头带领爪哇军向猝不及防的元军发动进攻。

元军这下亏吃大了，加上地形不熟，不得不边打边撤，退到岸边后上船撤退回国。

此次征爪哇，最倒霉的当属葛郎国，本来杀掉了爪哇王取得大胜，不料半道被元军横插一杠子，人马军资损失无数外，国王的妻儿百官还被元军在撤退时带走，真正倒了血霉。

于元朝而言，爪哇征战，也是无功而返。

除此以外，元朝在1291年还派数千兵征战台湾，但最后只控制了澎湖列岛。

1292年，元军曾有二百多人登上台湾岛。由于人生地不熟，三人中当地土人的毒箭而死。元将不敢多待，忙登船离开。

西南森林的泥沼

安南战场的狼狈

安南，乃古交趾地。秦朝统一时，势力范围已经从今天的广东、广西延伸至安南。秦亡后，秦朝的南海尉赵佗对交趾发动进攻，击而并之。汉朝时，交趾成为正式的郡。征侧姐妹叛乱，大将马援（马革裹尸那位爷）率军击灭之，并立铜柱记功标界。唐朝时，交趾归岭南节度。至宋建国，敕封丁部领为交趾郡王。三世之后，其臣李公蕴篡位，宋朝做顺水人情，封李公蕴为交趾王。李氏安南共传八代，至李昷（惠宗）时，他的女婿陈日煚推翻老丈人的李氏王朝，自己为王，进入陈氏安南时代。

蒙哥汗时，忽必烈带领众将平定大理后，留大将兀良合台攻打诸夷未附之人。这位元将能战，见所遣信使未返，便在1257年秋发大军进攻安南。

时值蒙古兵盛锐之时，双方甫一交手，安南军震骇，水陆军大败。蒙古军杀人无算不说，还缴获大量战船，一鼓作气，直入安南国都。

国王陈日煚篡国在行，打仗不是很行，只好跑到海岛上躲避元军。蒙古军入城后，发现先前所派的两个信使被安南人关在狱中，浑身被破竹片绑成粽子，其中一个人已经被折磨至死。

蒙古人最不能忍受“杀使”之辱，马上做出他们最本能的反应：屠城。大杀九天后，蒙古军忍受不了当地的闷热气候，班师回军。行前，留下两个信使，持信招安南国王归降。

陈日煚回到国都，见满城死人，宫殿尽毁，悲愤至极。不过，他再不敢杀蒙古使者，只是派人把两个使者捆上遣送出去。

经过这次打击，陈日煚受刺激不小，转年即传位于自己的独生子陈光昺。陈光昺知道蒙古人不好惹，主动派人向蒙古纳款。

忽必烈即汗位后，马上派出使臣往谕安南，封陈光昺为安南国王，并准许其“三年一贡”。

果然，时隔三年，忽必烈十分“惦记”安南，降诏其国，让安南国王每三年都要进献苏合油、光香、金、银、朱砂、沉香、犀角、象牙等物品，并要各选儒士、医人、巫师及“诸色人匠”各三人。同时，忽必烈派讷剌丁身佩虎符充当达鲁花赤去监察安南。

陈光昺惊畏之余，派人带大量方物贡献，但上书请求忽必烈免索儒士、土匠等人。忽必烈“答诏许之”，随即想出更为苛刻的“六事”：一、君长亲朝（国王亲自入都朝见）；二、子弟入质；三、上呈编民户籍；四、出军役助蒙古军攻伐；五、输纳税赋；六、仍置达鲁花赤统治之。除此之外，忽必烈还要安南进献巨象数头。

安南国王很恼火，受诏时只是一揖而受，并未跪拜。同时，他采用一个“拖”字诀，除贡献土产外，“六事”之中其他过分要求一概敷衍了事，并声称象奴恋家，故而大象也不能及时贡献给元朝。

反正天高皇帝远，当时蒙古人又忙于攻伐诸国，安南人事情能拖就拖，东西能不给就不给，并于至元十二年上表，请求罢免派达鲁花赤。

忽必烈在“原则”问题上绝不让步，严诏安南依“六事”行事。

至元十四年，安南王陈光昺病死，世子陈日烜继位。元廷知悉后，马上遣使臣来。

陈日烜态度很恭敬，亲自到驿馆奉迎国使，拜读诏书。元使柴椿很不客气，对他说：“汝国内附大元二十余年，六事从未毕从。如果你不入朝面君，马上修城整军，以待大元天军来讨！”

陈日烜很会装可怜，哀乞道："先君弃世，我初继位，闻皇帝诏书来，喜惧交集。我生长于深宫之中，不习乘骑，不谙风土，如果上路往朝皇帝，恐怕会病死在路上。希望您回京转达，我们一定按时贡献异宝奇珍。"

柴椿不听这套，严斥道："宋主（被俘的宋恭帝）年未十岁，亦生长于深宫，如何能亲至京师！我等此行，只为召你入京，非为珍宝而来！"

陈日烜学他老爸，又用"拖"字诀，派三个大臣随柴椿等人还大都，进贡方物和两头驯象。他自己装病，上表忽必烈哀求说："孤臣禀气软弱，恐道路艰难，徒暴白骨，致陛下哀伤，而无益于朝之万一。伏望陛下怜小国之辽远，令臣得与鳏寡孤独保其性命，以终事陛下。此孤臣之至幸，小国生灵之大福也。"

忽必烈平生见硬口刚强的人不多，这种"可怜"装孙子的可是见多了。见到安南使臣后，他丝毫不为所动，认定陈日烜是饰辞托故，目的在于拖延，就表示说："陈日烜如果不能自觐，可以堆金以代其身，两珠以代其目，加以贤士、方技、美女、工匠各二人，以代其土民。不然，自可大修城池，以待大元来攻。"

话虽严厉，满含威胁，实际上也做出了让步，只要派子弟工匠带着与安南王身量一样大的纯金人来献，就饶你可以不亲来大都。

陈日烜当然不来，也不敢来，便派自己的叔叔陈遗爱来朝，自己在国内装病。

忽必烈不高兴，宣诏立陈遗爱为安南国王，准备发兵讨安南。

但安南并未明叛，元廷就以讨伐占城为名，要安南出兵出粮助战，还要"借道"安南。

占城是安南的附庸，陈日烜当然不干，他一面上表元朝哀求皇帝大慈大悲放过占城，一面暗中派两万兵及二百艘战船帮助占城抵抗元军。

见安南如此"执迷不悟"，元世祖决定用兵。不久，陈日烜的弟弟陈益稷向元朝荆湖行省写信，自愿纳款归降。

元军由忽必烈儿子镇南王脱欢率领，在至元二十一年向安南进发。当然，元军声称是借道安南攻占城，并要安南提供粮草支援。安南王不傻，下令其堂兄光道王陈峻提兵在边界戒候元军。

元军两路进击，安南人也调兵拒守丘温（今琼山北）、丘急岭等隘口险关，元军过可离隘，在油板隘大败安南军，杀其大将。不久，元军分六路攻击，陈峻不敌，慌忙遁逃，元军追至万劫，攻破诸隘，直逼富良江（今红河），并缚筏为桥，大败安南水陆军。

安南军抵抗一阵后，不敌，皆败走。元军乘胜，直抵其都城升龙（今河内），安南王弃都而逃。

这位安南王也很有意思，败逃之余，他先自称“大越国主宪天体道大明光孝皇帝”，改名为“陈威晃”，接着，他又做惊人之举，自称太上皇，禅位于自己的儿子。

逃跑途中，陈日烜还命人四处张贴告示，不许安南人投降。由于元军一向残暴，安南的百姓投降者甚寡，倒是王室宗亲及南宋败逃到这里的汉官有不少人入元营投降。

元军自入安南国境，大小七战，取地二千余里，占领王宫四所。陈日烜和他爸一样，不羞于逃跑，反正安南水阔林密，往来走匿，和元军捉起了迷藏。

最后，陈益稷率其本宗与其妻子、官吏向元军投降。

表面上看，元军形势大好，屡战屡胜，其实其处境非常不妙。时至夏季，大军深入，久战兵疲，给养困难。安南兵虽数次败散，但增兵转多。特别是当地的地形，崎岖湿滑，蒙古军马不能驰骋，昔日战无不胜的蒙古铁骑根本不能施展。

于是，诸将集议后，元军放弃升龙，渡江北岸，开始撤军。

回撤途中，安南军一路追堵截杀，元军或被杀或溺死，损失惨重。

特别值得一提的是，狼狈撤退中，元朝名将李恒、唆都二人皆丧命。李恒是为了保护镇南王脱欢，自告奋勇率兵殿后，被安南人用毒箭射死。唆都不知元军主力回撤，领兵趋奔乾满江附近时，为安南军邀击，力战不支被杀。

李恒本西夏皇族，七岁时城陷被俘，被蒙古宗王收为养子。后来，在灭南宋战役中，李恒数败宋将，特别是在江西等地，追杀文天祥一部宋军不遗余力，并在厓山充当张弘范副手最终灭了南宋，可称是蒙古人的最得力干将。李恒在安南撤退时，只是腿部中箭，但安南人使用了本地的“生物武器”，使得这位元将在思明州（今广西宁明）毒发身亡，时年五十岁。

唆都乃蒙古札剌儿部人，骁勇善战，禁卫军出身。他在元朝平宋过程中获功不小，曾大败宋将范文虎的水师，并随伯颜一路攻城略地，直杀到临安城下，也曾当过主要负责监视文天祥的“馆伴”。张世杰在福州等地抗元，唆都在福建大肆杀人，兴化、漳州等地的居民全部被他屠杀一空。而后，他率兵攻打潮州，城陷后故伎重施，遍屠当地居民。后来，元朝攻占城，唆都率战船千艘出广州，把号称有二十万众的占城兵杀得大败，首战得捷。占城人被斩首、溺死者五万余。如此元军百战良将，凶神恶煞，竟然也在仓皇撤军途中遭遇安南兵，浑身被捅成血窟窿。

从这两个大将之死，就可看出此次元军安南之役的损失之大。

本来，忽必烈已经设立征东行省，准备派众将三征日本，正是因为安南失利，忽必烈才不得已取消此次征日行动。元朝吏部尚书刘宣也力谏：

> 近议复置征东行省，再兴日本之师，此役不息，安危系焉。唆都建伐占城，（阿里）海牙言平交趾，三数年间，湖广、江西供给船只、军需、粮运，官民大扰；广东群盗并起，军兵远涉江海瘴毒之地，死伤过半，即日连兵未解。且交趾

（安南）与我接境，蕞尔小邦，遣亲王（脱欢）提兵深入，未见报功；唆都为贼所杀，自遗羞辱。况日本海洋万里，疆土阔远，非二国可比。今次出师，动众履险，纵不遇风，可致彼岸，倭国地广，徒众猥多，彼兵四集，我师无援，万一不利，欲发救兵，其能飞渡耶！隋伐高丽，三次大举，数见败北，丧师百万；唐太宗以英武自负，亲征高丽，虽取数城而还，徒增追悔。且高丽平壤诸城，皆居陆地，去中原不远，以二国之众加之，尚不能克，况日本僻在海隅，与中国相悬万里哉！

安南之役的失败和刘宣一席话，其实也是一轮真正的"神风"，又一次使倭国列岛免于灭顶之灾。

元军各行省军在潭州休整后，为雪"奇耻大辱"，在至元二十三年（1285 年）大举南伐，下令镇南王脱欢和左丞相阿里海牙平定安南后，扶投降元朝的陈益稷为安南国王。

六月，元朝大军一入境，安南王陈日烜立刻弃城遁走，逃跑成习惯。

由于太子真金的病亡以及卢世荣被杀后元朝财力的捉襟见肘，忽必烈对安南之征心存犹豫。为此，刘宣又上言，指出交、广炎瘴之地，毒气害人，出征浪费财力，不如休战，免蹈前辙。

元朝的湖广宣慰司也上奏说民力已尽，不胜其困，希望待来年天时地利人和条件好的时候再南伐。思考后，忽必烈同意，下诏止军，暂停伐安南。

但是，转年（至元二十四年，1286 年）正月，元朝发遣新附军千余人从阿八赤讨安南。元廷诏发江淮、江西、湖广三省蒙古军、汉军七万人，船五百艘，云南兵六千，海外四州黎兵五千，海道运粮万户张文虎、费拱辰、陶大明运粮十七万石，分道以进，设立征交趾行省，由镇南王脱欢节制。

此次元朝十万左右大军进攻安南，准备充足，水陆并进。除在思明州派人留守辎重外，脱欢自率一道兵马由东道女儿关入击，程鹏飞等人领兵从西道永平进攻，并令阿八赤率万余精兵为前锋军，直杀安南境内。

元军水军从海道出发，在安邦口遭遇安南水军战船四百多艘，首战告捷，斩首四千多，活捉一百多，获敌船百余艘。获胜后，直趋安南。程鹏飞一军连夺老鼠关、陷沙关、茨竹关，十七战全胜，杀伤安南军甚众。镇南王脱欢一军进逼茅罗港，安南的兴道王陈峻慌忙逃遁，元军攻克浮山寨。

脱欢稳扎稳打，留程鹏飞率兵二万守万劫，在普赖山至灵山沿线修筑木栅工事。然后，他下令乌马儿与阿八赤率水陆两路元军，直趋交趾都城。

陈日烜当然故伎重施，带着世子等人脚底抹油，弃都而逃，跑到敢喃堡固守。不久，元军攻克敢喃堡，陈日烜父子又乘船遁入茫茫大海之中。元军诸军齐追，在天长海口扎营，就是追不到陈日烜父子。

见追不上安南王陈氏父子，军粮马上要吃完，元军只得还军升龙，并派出乌马儿率水军出港迎接张文虎等人的粮船，同时，派数股部队入山，杀人搜粮。其间，元军各个击破，攻克个沉、魏寨、磨山等多个安南军战略据点。

至元二十五年三月，脱欢自己率军往万劫方向回军，命阿八赤为前锋，又破三江口，夺取安南屯兵据点三十多处，斩首万余级，获船二百多艘，得米十余万石。

乌马儿水军在海上遇安南水军千余艘，突前冲击，打败对方，获米四万多石。但是，元朝水军并未接应到张文虎等人的运粮船，只得掉头返回万劫。其实，张文虎那支运粮船队，在绿水洋（今越南广宁）遭遇大批安南水军，只得沉粮于水中，返回琼州。费拱辰粮队在惠州出发后遇大风，漂往琼州。而徐庆那一支运粮船队，同样是遇海风不得进，被吹至占城，最后也只得去琼州靠岸。

由此，元军的补给基本无望。

所以，元军在战争中虽获军粮十多万石，屡战屡胜，但进入安南的元军人数太多，人要吃马要喂，粮草后勤很快就成了大问题。更可怕的是，天气渐热，安南的气候对于蒙古人、北方汉人等兵士来讲是最大的敌人，疾疫很快流行，元军减员严重。与此同时，安南诸蛮复叛，所得险隘皆失守。

在这种情况下，诸将不得不向脱欢直言："交趾无城池可守，无仓粮可食，张文虎等人粮船又不至。天时已热，恐粮尽兵疲，不能久支。为避免朝廷蒙羞，宜全师而还。"

镇南王脱欢很郁闷，老父忽必烈给自己第二次机会来攻安南，正是想让自己戴罪立功挣回面子，殊不料又无功而返。

审时度势，脱欢也只能下令退军。于是，四月间，脱欢命乌马儿率水军先还，并派程鹏飞等人将兵护送。他本人率军从陆道回撤。

安南王陈日烜此时来了精神，集散兵三十万守御女儿关及邱急岭关，控扼元军归路。元军且战且行，每天都要打几十场仗。

撤军路上危险重重，安南兵在暗处，挖陷阱、放毒箭，元军死伤无数。脱欢运气好，从单已县走小路逃往盝州，最终得还思明州。但是，乌马儿一部水军就没那么好运气了，他们在白藤江正中安南军队的埋伏，又遭火攻，不是被杀死就是被烧死，命好的掉入江中淹死得全尸。乌马儿等将领都在交战中被杀，几万人的水军全被安南人消灭。

虽然取得大胜，安南王陈日烜也怕元军第四次重来，他得便宜卖乖，遣使来谢，进金人以代己罪，总算让忽必烈面子上稍稍过得去，有台阶可下。

损兵折将不说，耗费钱财无数，大元朝的脸面也丢得精光。

蒙古自起兵以来，灭国无数，驰骋无敌，偏偏在安南这小河沟一而再，再而三翻船，确实让忽必烈震怒不已。特别是对儿子脱欢，更是恨他不争气，下令他出镇扬州，终身不容到京入觐。

其实，安南之所以能击败元朝这个巨无霸，无非是地形、气候起了决定性作用。此外，元军残暴的声名也使安南内部团结起来，一致“抗鞑”，最终阻止了元军征服的步伐。

老皇帝忽必烈对安南之败耿耿于怀，一直想伺机报复，并在1292年部署兵力，准备四征安南。诏令未下，忽必烈病死，安南躲过大劫。

忽必烈死后，元成宗即位，罢征安南。当时，陈日烜已死，其子陈日燇在位，遣使入贡，双方关系保持得还算可以。安南使臣也胆大，趁朝贡期间私自绘制元朝宫苑图样，暗中购买元朝地图与禁书。到元仁宗时代，安南人更加放肆，遣数万军队进攻镇安州，杀掠居民，焚烧仓廪庐舍，大掠而去。不久，安南王世子亲自带兵进犯养利州，又杀掠两千余人。此时的元朝，早无昔日威风，特别“讲理”，最终双方在外交层面“解决”了问题，元朝吃下哑巴亏。但无论如何，在名义上，安南一直以元朝藩属存在着。

元朝帝王的“精神生活”

佞佛滥施

蒙古帝国兴起之后，施政残酷，赋税繁重，但在宗教政策方面却出奇的开放，允许“百花齐放”。当然，一切均有一个前提：为大元帝国服务！

刀光剑影之中，十字架、降魔杵、道锣、袄火，好不热闹。

蒙古人本身信奉的宗教，是一种多神的萨满教，即女巫跳大神的那种原始宗教，占卜烧骨，驱魔治病，祈祷“长生天”，信仰“三魂”，形式比较低级。成吉思汗时代，中原汉地的僧人海云和道士丘处机等人深得青睐。但并非是因为这些人的道行和佛法让铁木真开窍，主要是老可汗想从这些人身上得取“长生不老”术，典型的实用主义思想。

蒙哥汗时代，密宗高僧那摩获得信任，并在1255年于和林举办的僧道第一次辩论会上击败道士，蒙哥汗为此宣布，“佛门如掌，余皆如指”，把藏传佛教置于儒、道之上。

三年以后，僧道第二次辩论会——“开平之辩”，由忽必烈主持，由于他本人的“上师”就是吐蕃人八思巴，倾向性明显，自然佛教又获胜。

讲起元朝的藏传佛教，必定要讲八思巴这个人。此人是萨迦派首领萨班的侄儿，七岁时即能诵经数十万言，“国人号之圣童，故名曰八思巴”。萨班去世后，这位少年便被拥戴为萨迦派第五位教主。

1252年，八思巴在六盘山与时任总领漠南军事的蒙哥汗之弟忽必烈相见。由于行军要经过藏地，忽必烈把八思巴请来，想让他协助蒙古军到藏地征集军需物资。八思巴婉拒，说藏地地广人稀，财源稀少。忽必烈恼怒，便想马上打发八思巴回老家。但是，由于忽必烈的正妻察必信奉密宗，便劝夫君说，八思巴功德盛大，应该把他留下。此前，察必刚刚接受了八思巴的“喜金刚灌顶”。

“灌顶”本是古印度的一种宗教仪式，即取四海之水灌洒于国王头顶以致福运，后为密宗借用，常以此仪式向人行传法灌顶和结缘灌顶。女人喜欢这些奇怪的仪式，察必受灌后把自己价值连城的一粒硕大珍珠“贡献”给八思巴，崇敬得不行。

枕边风最硬，忽必烈传召八思巴觐见。为了保住萨迦派在藏的优势，八思巴历数自己宗族教派长期以来在吐蕃、西夏、印度等地的崇高地位。

派人查问，一切属实，忽必烈大悦，与八思巴日见亲近。

在老婆察必的撺掇下，忽必烈也想“灌顶”。关系好归关系好，八思巴非要忽必烈在仪式上跪受仪式，以弟子身份膜拜“上师”（即八思巴本人）。忽必烈不悦，蒙古人当时正在兴盛的巅峰，自然不愿意宗教凌驾于世俗王权之上。

最后，还是察必提出一个折中方法："听法及人少之时，上师可以坐上座。当王子、驸马、官员、臣民聚会时，恐不能镇伏，由汗王坐上座。吐蕃之事悉听上师之教，不请于上师不下诏命。"

这稀泥和得好，既让忽必烈脸面过得去，又给了八思巴在吐蕃事务上的"话语权"实惠。

皆大欢喜之余，1253 年初，忽必烈在大营中接受"喜金刚灌顶"仪式。当时，"弟子"三十八岁，"上师"才十六岁。

仪式结束后，忽必烈向八思巴"孝敬"了一块由巨大羊脂玉雕成的印玺，并赠黄金、白银、珍宝、袈裟无数。而后，八思巴经凉州返回西藏，但师徒二人精神上的关系十分亲密。

忽必烈支持密宗、推崇藏传佛教的最初出发点，无非是想"因其俗而（怀）柔其人"，统战手段而已。

但元人一直缺乏健全的、高级的"精神生活"，佛教又"博大精深"，忽必烈很快就成为真正虔诚的佛教徒。中统元年（1260 年），忽必烈继汗位后，马上封八思巴为国师，授其白玉大印，"任中原法主，统天下教门"。至元元年（1264 年），忽必烈又设总制院（至元二十五年改名宣政院），负责蒙古的一切宗教事务，并让八思巴负责。

所以说，忽必烈时代，八思巴成为元帝国一切辖地的"精神领袖"，真正的"教皇"。藏传佛教，终于奠定了他们在蒙古统治地区的无上地位。

八思巴对元朝做的真正有实际意义的一件事，是奉诏创制蒙古新字，这种文字，"其字仅千余，其母凡四十有一"。蒙古人兴盛后，曾依据畏兀儿字母拼写蒙古语言。所以，八思巴的"蒙古新字"，终于填补了元朝"立国规模"的一项大空白。

为表彰其功，忽必烈"升号八思巴曰'大宝法王'，更赐玉印"。八思巴"新字"，实际上是在藏文字母的基础上，又弄出整套方形竖写的拼音字母。由于他本人精熟梵语、蒙古语，且是学者出身，在弟子的帮助下，创造出这种文字方案，应该不是件很难的事情。但是，由于八思巴文难于习写，不能在帝国下层以及汉人中间推行，元末渐废弃不用。现在，对八思巴文的研究，反而成为不少中外学者的“饭碗”——因为忽必烈时代的不少公文、案牍、碑刻以及钱币上均有八思巴文，许多佛经也译成八思巴文。

1276年，八思巴回藏地。忽必烈依依不舍，一直把这位“精神导师”送到青海的阿尼玛卿雪山之下，二人才依依惜别。

四年之后，八思巴病死，年四十六。

忽必烈闻之震悼，赐号“皇天之下一人之上开教宣文辅治大圣至德普觉真智佑国如意大宝法王、西天佛子、大元帝师”。基本把能用上的好字都用上了。

从八思巴本人来讲，他不仅推动了蒙藏之间的关系，还加强了吐蕃藏地依附中原帝国的纽带，确实是个“好人”。而后，清朝帝王有样学样，进一步利用宗教关系强化了对西藏的统治，并推陈出新，确保了对藏地的统治。

此外，据元末明初学者叶子奇的《草木子》记载，忽必烈尊宠八思巴，还有以下的一个原因：

> 世祖（忽必烈）既定天下，从容问刘太保（刘秉忠）曰：“天下无不败之家，无不亡之国，朕之天下，后当谁得之？”刘（秉忠）曰：“西方之人得之。”世祖以八思麻（八思巴）帝师有功，佐平天下，意其类当代有天下。（忽必烈）思为子孙长久计，欲阴损其福，而泄其气。于是，尊其爵至于一人之下，万人之上。丰其养至于东南数十郡之财不足以资之，隆其礼至于王公妃主皆拜伏如奴隶。甚而为授记，藉地以发，摩顶以足，代马凳子以脊，极其卑贱。及其（八思巴）既死，复于西方再请一人，以袭其位，事之一遵其制。其所以待之

如此者，盖所以虚隆其至贵之礼，冀阴消其天下之福，以延其（忽必烈的元朝）国家之命。岂知历数不可以虚邀，福禄为彼之妄得？

这种记述，很有可能也是忽必烈的一种心理描绘，毕竟元朝皇帝都是大迷信之人。

由于八思巴受到如此宠遇，蕃僧在元朝国内的地位日益提高。这些人自恃能为蒙古帝王祈祷行愿，恃恩恣行，成为色目人中势力最大的一伙儿。

忽必烈即位不久即颁诏书，下令各级官员、军队对藏僧“皆不准欺凌，不准摊派兵役、赋税和劳役”。密宗的殿舍，连金牌使者也不能占宿，更不准向喇嘛庙索取饮食和派差役，并且详细列明密宗寺庙不能占用的财产名目。

至于施舍赏赐方面，元朝皇帝对密宗僧人的滥赏，数目之巨，骇人心目。仅忽必烈对八思巴一人的赏赐，就令当时的汉人大臣感慨：“国家财赋，半入西蕃。”

而且，元朝基本上每位皇帝即位前，都要接受形式烦琐的藏传佛教仪式，先受佛戒，再登帝位。由此，元朝皇帝对藏僧赐物赐田，不计其数。举例来讲，据虞集《道园学古录·刘正奉塑记》记载，寺内立有“大护国仁王寺恒产之碑”，据碑上文字，这一处寺庙，就在大都城外拥有水田近三万顷，旱田三万五千倾，并占有山林湖泊鱼荡竹场等二十九处；泰定帝时，大天源延圣寺仅在吉安、平江二地就有一千多亩田为“永业”；元文宗时代，川地的大承天护圣寺，一次就获赐十六万九千多顷土地为“永业”。

与之相较，云南一地，建孔子庙为学校，元廷仅拨地五顷。没过几年，这五顷地为当地的大德寺所侵夺。

由于地位尊宠，有地可图，藏僧来内地者络绎不绝。元朝大德年间，藏地每年平均有千名僧人来内地，其中除一些奉召为帝王宗室做佛事外，不少人是来中原和江南贩运货物求财的。他们往返的巨额费用不仅元政府要“报销”，连交通工具都是元朝政府全程提供。

由于贩运货物数目巨大，每年都累死驿马无数。为此，元朝的汉臣痛心疾首地讲：“佛以清净为本，不奔不欲，而僧徒（包括内地的汉僧）贪慕货利，自违其教，一事所需，金银钞币，不可数计……生民脂膏，纵其所欲，取以自利，畜养妻子，彼既行不修洁，适足亵慢天神，何以要福，比年佛事愈烦，累朝享国不永。”

特别可恶的是，不少藏僧身佩金字圆符，络绎道途，驰骑数百，驿舍都住不下那么多人。气焰嚣张之外，他们还常常霸占民房，奸淫妇女，没有一点儿佛家子弟气象。

可笑的是，元朝统治者，不仅帝王宗室男子受戒，妃主及贵臣妻妾，也常常延诏帝师入家中“受戒”。男人们自外归家，听说自己的娘子受戒，就闭户不敢入内打搅。如此，“受戒”竟成为贵族妇女与番僧淫乱的绝佳借口。

“妃王寡居者，间数日，则亲自赴堂受戒，往往恣其淫佚，名曰‘大布施’，又曰‘以身布施’。”（《草木子》）由此，他们又会得到更多的物质回报。

最嚣张时，藏僧不仅敢从监狱抢人，连宗王王妃也敢因争道而拉之下马，痛打恶骂。事情上报后，元廷皆诏释不问。元文宗时，还颁旨令“凡民殴西僧者，截其手；詈（骂）之者，断其舌”，对藏僧回护至极。番僧中最恶者，当属杨琏真迦。忽必烈时代，此人被任命为江南释教都总统。这位杨琏真迦怙恩横肆，穷骄极淫。他最大的“功劳”，是在元世祖的默许下，发掘南宋诸帝陵寝。穷刨深掘后，杨琏真迦盗尽南宋陵墓内的珍宝，然后把诸帝尸骨混在一起，又杂置牛马枯骨埋于地下，上筑一塔，名曰镇南塔。

而且，密宗习俗，如得帝王骷髅，据说可以厌胜致富。所以，南宋诸帝的头盖骨，均被杨“总统”挖出镶金嵌银当成法器和酒器。特别是宋理宗的尸体，由于传说中他嘴里有大粒夜明珠，被杨琏真迦派人倒悬于树上，沥干水银后，遍剖胸腔头部，探找那只大珠子。

除南宋诸帝陵外，杨“总统”连南宋旧臣的坟墓也不放过，共掘坟一百一十一处，彻头彻尾一个“掘坟贼”。

在杭州任上，杨琏真迦收受美女宝物无算，攘夺盗取财物，共计金一千七百两、银六千八百两、玉带、玉器大小百十有一、杂宝贝五十有二、大珠五十两、钞一十一万六千二百锭、田二万三千亩，私庇平民不输公赋者二万三千户（赋税直接交他）……这些“罪状”，只是他贪渎的很小一部分。对此，元廷的处理也只是对他抄家了事，没过多久就把杨琏真迦放了。现在，杭州灵隐寺内山上那些不伦不类的石佛像，皆是当年杨“总统”的“杰作”。

对于宗教，忽必烈其实也是一个彻头彻尾的实用主义者，只要对他“有用”。信奉什么都可以，前提是必须为蒙古统治服务。看似开明的宗教政策，实则蕴含勃勃杀机。

在宗教方面，忽必烈擅长在各教之间搞制衡。乃颜叛乱失败后，望见战场上遍地狼藉的顶端饰有十字架的乃颜部军旗，元军中有人欢呼：“看吧，跟随这种宗教的人，已经被歼灭了！”忽必烈闻言，坐在大象背上顿发雷霆，发表高论，指出乃颜的失败，正是他的叛逆之行激怒了上帝，所以才遭严惩。“上帝”是不能被冤屈的，上帝不会站在乃颜这种谋逆之贼的一边。所以，每逢复活节等节日，忽必烈总是装出一脸虔诚，与基督徒们一起举行宗教仪式，像模像样，收买人心。从他对马可·波罗一家的厚待，可以看出忽必烈对基督徒确实有好感。这些人不仅能向他贡献各种异宝奇珍，还能向他讲述各种奇闻逸事和蒙古人未到之地的风土人情。

忽必烈时代，中国的本土宗教道教最为沦落。丘处机死后，全真派随着教长的死亡一蹶不振。特别是二次佛道大辩论，倾向性明显的忽必烈彻查道教徒伪造道经之事，并下令当众剃掉参与辩论的道士头发，迫其为僧，狠狠羞辱了这些“仙风道骨”的道徒。

当然，道教中的正一道“天师”张可大由于在忽必烈攻南宋鄂州时献过媚言，称其王爷后二十年当一统天下，忽必烈记之于心，所以大元建立后，虽然张可大已死，忽必烈仍将其子召至大都封官晋爵，派他主持江南地区的道教事务。忽必烈本人身上萨满教的心性十分明显，对于谶言、巫术、烧骨、施咒等最感兴趣，教门义理倒成为次要。除正一道外，北方的太一道因能为皇帝“祠醮”，一度大受青睐。

总体而言，在元代，作为汉人本土宗教的道教颓势明显，连遭打击，一蹶不振。到了清朝，异族入统中原的帝王们与元帝一样崇佛，道教更是被排挤得几无立足之地。

特别重要的是，蒙古人对亚洲，特别是中西亚的伊斯兰化，做出了很大的“贡献”。以伊儿汗国为例，旭烈兀与其蒙古、突厥上层统治集团曾到处残杀迫害伊斯兰教徒。但是，到他曾孙合赞汗统治期间，为了能使宝座稳固，合赞汗下令全体上层蒙古统治集团及军队将领、士兵全部皈依伊斯兰教。由此，波斯大地彻头彻尾变成了伊斯兰地区。昔日存在的多种宗教，几乎全为一种宗教所代替。这种局面，如果不是蒙古人的铁血政策，单靠宗教本身的力量，不可能如此快地“立竿见影”。

在汉地，忽必烈并未被儒臣说动“以夏变夷”，而伊儿汗国和金帐汗国蒙古统治者却被当地征服者同化。被同化后，他们靠强力使广大地区泛伊斯兰化。

可悲的是，强力的合赞汗死后，伊儿汗国迅速衰落，军事帝国的弱点很快把汗国带入坟墓。而他推行的伊斯兰化，不过是为他人作嫁衣而已。

虚幻的“大一统”

忽必烈死亡时的政治现实

至元二十四年（1287年），东北宗王乃颜造反。

乃颜是成吉思汗弟弟斡赤斤的后代，其祖父乃著名的塔察儿国王也速不花。

忽必烈统治后期，为了抑制东北诸王的势力，罢去北辽东道等宣慰司，在东北置行省进行统治。由于利益受损，乃颜大为不满，便勾结以海都为首的西北诸王，发动叛乱。

当时西北诸王都跃跃欲试和乃颜联手，忽必烈深以为忧。由于侍臣出主意，忽必烈对骑墙的西北诸王大加赏赐，暂时分化了乃颜的联合阵营。虽如此，依旧有胜纳合儿、也不干等蒙古宗王与乃颜联兵，共同造反。

忽必烈军事方面很有一手，他派伯颜先占据和林，割断乃颜与海都等人的联系。然后，年逾古稀的老皇帝御驾亲征，从上都出发，往讨乃颜。

同为“黄金家族”，现在成为敌人。双方对阵，元军将校中不少是乃颜部人，或其亲旧，这些人立马相向，谈笑唠嗑，往往释杖不战。这种战场情景很滑稽，两部军队交阵之时，不打不杀，双方倒笑脸叙旧，真是罕见。

知此情状后，忽必烈大忧。最后，还是汉臣叶李出主意，让汉将李庭（其实是女真人）、董士选两个人统率汉军当前，列“汉阵”首先与乃颜部队开战，蒙古大军联断其后，以示死斗。趁乃颜军不设备，战斗间以大军压上。

忽必烈从之。

李、董二人作为汉军，百战之余，与乃颜蒙古人没有任何瓜葛，又有皇帝在身后坐阵，故而勇气百倍，无不以一当十，在火炮掩护下，高声呐喊，杀向遍树十字架旗的乃颜部蒙古军（乃颜本人信仰景教，景教是基督教的一个分支）。

乃颜败走，半路被抓。

忽必烈处死乃颜的方式很特别，由于这位王爷是皇室血统，不能让这么“高贵”的血胤滴沾于地。所以，元世祖给他安排了一种“安乐死”——用毛毡装裹起乃颜，派数名壮士猛摇猛抖，活活把乃颜摇抖至死。

此等死法，其实远不如一刀痛快。

至元三十年（1293 年），蒙古宗王海都侵逼和林。

已经快八十岁的忽必烈强拖病躯，又一次亲征。海都乖巧，闻讯退走，大有“逗你玩”之意。

当时蒙古诸汗国，实际上都已经处于事实的独立状态，根本再难重新统一。再者，其他蒙国汗国统治者认为忽必烈违背“国俗”，已经不是草原精神的代表。特别是他在汉地施行的那种“定居”政治，与蒙古人的本性格格不入。

名义上，忽必烈是伊儿汗国、察合台汗国、钦察汗国、窝阔台汗国的“共主”，实际上，那些“亲戚”，早与他貌合神离。

对于汉人来讲，忽必烈以儒术饰治，但最宠爱那些西藏的“帝师佛子”。自南宋灭后，忽必烈觉得对汉儒的利用已经完毕，根本就不再重用汉人，他所谓“信用儒术，用能以夏变夷”，实则是汉儒的白日梦，忽必烈根本没有“以夏变夷”，没有“因俗治用”，反而使汉人成为辽阔帝国的最低等民众，民族歧视极为严重。

统治方面，忽必烈嗜利黩武，宠用阿合马等人二十多年，流毒天下。元朝追歼南宋，两征日本，两征缅甸，三伐安南，又攻占城，攻爪哇，三十年间，兵事无岁不兴。忽必烈好大喜功，至死不悔。他内用聚敛之臣，视民财如粪土；外兴无名之师，戕民命如草芥。忽必烈能避免亡国丧身的下场，实赖蒙古暴力的余威。

忽必烈时代的“辉煌”，其实是下一个动荡时代的暂时休止期。帝国无数灾祸与动乱的祸根，皆于忽必烈时代深深种下。

至元三十一年（1294 年）春正月二十二，忽必烈崩于上都紫檀殿。在位三十五年，时年八十岁。

无论如何，元朝于中国，其赫赫荣光，不能不令人叹服。

帝国的荣耀，虽然已是过眼烟尘，但它的光芒，多少个世纪过去，依然让人慨然仰视。

活着或者死去

元帝国汉族知识分子的生存困境

【南吕·一枝花】不伏老

攀出墙朵朵花，折临路枝枝柳。花攀红蕊嫩，柳折翠条柔，浪子风流。凭着我折柳攀花手，直煞得花残柳败休。半生来折柳攀花，一世里眠花卧柳。

【梁州】我是个普天下郎君领袖，盖世界浪子班头。愿朱颜不改常依旧，花中消遣，酒内忘忧。分茶攧竹，打马藏阄；通五音六律滑熟，甚闲愁到我心头！伴的是银筝女，银台前、理银筝、笑倚银屏；伴的是玉天仙，携玉手、并玉肩、同登玉楼；伴的是金钗客，歌《金缕》、捧金樽、满泛金瓯。你道我老也，暂休。占排场风月功名首，更玲珑又剔透。我是个锦阵花营都帅头，曾玩府游州。

【隔尾】子弟每是个茅草冈、沙土窝初生的兔羔儿乍向围场上走，我是个经笼罩、受索网、苍翎毛老野鸡踏的阵马儿熟。经了些窝弓冷箭镴枪头，不曾落人后。恰不道“人到中年万事休”，我怎肯虚度了春秋。

【尾】我是个蒸不烂、煮不熟、捶不扁、炒不爆，响珰珰一粒铜豌豆，恁子弟每（们）谁教你钻入他锄不断、斫不下、解不开、顿不脱慢腾腾千层锦套头。我玩的是梁园月，饮的是东京酒，赏的是洛阳花，攀的是章台柳。我也会围棋、会蹴鞠、会打围、会插科、会歌舞、会吹弹、会咽作、会吟诗、会双陆。你便是落了我牙、歪了我嘴、瘸了我腿、折了我手，天赐与我这几般儿歹症候，尚兀自不肯休。则除是阎王亲自唤，神鬼自来勾，三魂归地府，七魄丧冥幽，天那，那其间才不向烟花路儿上走！

乍读关汉卿原文，人们肯定觉得这是老花花公子放荡不羁的自吹自擂。当然，有心人可能会思忖他风花雪月胡折腾，肯定幸福了一辈子。文人能做到"一世里眠花卧柳"，能饮东京酒，赏洛阳花，博得"浪子风流名"的，又能有几人！

果真这样吗？这位我国古代的"莎士比亚"（五十年后，随着中国国力的增强和文化影响力的上升，英国人介绍莎士比亚时可能会说他是英国的"关汉卿"），真的一辈子是那么潇洒走一回吗？真的没有闲愁到心头吗？真的从未"虚度春秋"吗？

如果能够深刻认识关汉卿所生活的时代，我们会真切地发现，文人们的字里行间，满是压抑重围，满是怀才不遇，满是沉郁酸楚，满是志不获展。

所谓不平则鸣，在那样一个于知识分子而言没有任何出路的出奇黑暗的年代，只有放浪形骸，才能不同流合污，才能勉强保全一丝人格。所以，我们会发现，关汉卿这位旷世奇才的笑声，总会被泪水打湿。

关汉卿，对于一般人来讲，仅限于历史教科书上学得的知识：元朝戏剧家，名作有《窦娥冤》……除此以外，印象最深的就是课本里那幅白描画象，头戴软巾，散坐锁眉，一副忧国忧民之相。

其实，与其说关汉卿是元人，不如说他是金人，金朝的汉人。有关其生卒年月，史书完全无考。推算来看，他应该是出生于十三世纪三四十年代金朝亡国前后，卒于十四世纪初元成宗年间。正史无文，笔记中有两则关于他的记述。其一是元人熊自得著《析津志》:“关一斋，字汉卿，燕人。生而倜傥，博学能文，滑稽多智，蕴藉风流，为一时之冠。”其二是元人钟嗣成所撰《录鬼簿》:“关汉卿，大都人，太医院尹，号已斋叟。”钟嗣成所载恐不可尽信，观关汉卿诗文，不像是一个曾经做过太医院尹的人。

如此身世模糊的文人，却创作出杂剧六十五种，泱泱煌煌，确为一代文豪。

在元朝，关汉卿虽然是汉人，是“知识分子”，他毕竟还不是社会最底层，他属于元代社会的第三等人“北人”。比起第四等人“南人”以及江南的“知识分子”，他的境遇要好得多。老关心中的无限压抑，毕竟还能有所排遣。

从天堂到地狱的幻灭

元代的民族界限与知识分子境遇

如果仅看《元史》，会觉得忽必烈得天下完全是依靠儒臣辅佐，他攻略南宋的主要功臣皆是北方汉人将领。

忽必烈在做宗王时，儒臣谋士确实给他帮了大忙，他也假惺惺做了一些诸如“诏军中所俘儒士听赎为民”的举措，无外乎是出于收买人心的目的。“李璮之乱”后，忽必烈杀掉与李璮有姻亲关系的汉臣王文统，对汉人疑忌心陡增。随着南宋在厓山的最终败亡，汉人儒生在这位大元皇帝眼中更是失去了任何利用的价值。过河拆桥，是帝王们常用的伎俩，更何况忽必烈本人是位不晓仁义礼智信的君主。

1278年，忽必烈就以“汰江南冗官”为口实，追夺宋朝旧官的“告身”(委任状)，把大批旧宋儒臣官员清理出去。

元朝大一统后，在全国范围内推行赤裸裸的民族分类政策。第一等，自然是蒙古人，包括数十种蒙古部落的“国人”，例如札剌儿、蔑儿乞、塔塔儿等部。第二等是色目人。“色目”一词原本起源于唐朝，取“各色名目”之意，我们不能望文生义以为是“眼睛有颜色的人种”。元朝色目人主要包括西域诸族、西北各族以及欧洲人。第三等是“汉人”，主要指中国北部特别是原金朝辖地的民众，包括了汉族、女真族、契丹族、高丽族等；除此以外，也包括较早被蒙古人征服的云南、四川大部分地区的民众（“无心插柳柳成荫”，“汉人”分等使契丹、女真融入了汉族，加速了“汉”族的融合，先前仇怨，慢慢消泯于身份一致的认同之中）。第四等，也是最后一等，是“南人”，泛指被元朝最后攻下的南宋辖境内的人民，他们被元朝统治者和前三等人蔑称为“蛮子”（蒙语“囊加歹”）。在元朝，“南人”泛称前面的三种人为“北人”。

元朝的民族压迫，十分残酷。据《元典章》记载：“诸蒙古与汉人争斗，汉人勿还报，许诉于有司。”蒙古人打死汉人，一般就罚数下杖刑或出兵役抵罪。反之，如果汉人打死蒙古人，根本不问原因，一律处死抵罪，并没收家产交予蒙古人处理。

自 1279 年开始，在平毁所有汉地城郭后，元廷又下令汉人士兵平时在军中也进行武器管制。过了五年，元朝下令汉人禁持弓箭，连各地庙宇神像手中的真刀真枪也被追缴入库。不久，元朝又在昔日女真和南宋辖地收缴所有武器，除把质量好的刀剑归蒙古人使用及上缴兵库外，其余一律销毁。元成宗时代，在元朝两都宿卫军中充值的汉人也不得持弓箭“上岗”，最后甚至规定汉人二十家（一甲）才能使用一把菜刀。

元朝的这种民族歧视和民族压迫，说穿了也是内心虚弱的表现。翻看《元史》中的《刑法制》，可以看到元廷对汉人种种武器限制的最详细记录：“诸都邑小民，造弹弓及执者，杖七十七，没家财之半……诸汉人执兵器者，禁之。惟为兵者，不禁。诸汉人有藏铁尺铁骨录及铁柱杖者，禁之。诸私藏甲全副（全套甲胄）者，处死。不成副者，杖七十七，徒三年；四件以上，杖七十七，徒二年；不堪使用者，杖五十七。弓箭私有十副者处死；五副以上，杖九十七，徒三年；四副以下，杖九十七，徒二年；不成副者，笞五十七。凡弓一箭三矢为副（元杖罪以‘七’为断，是出于忽必烈的‘仁慈’——天饶你一下，地饶你一下，朕饶你一下）。”

生活于汉人的“汪洋大海”中，作为统治者，蒙古贵族不能不“忧心忡忡”。当然，蒙古人在“以少治多”方面也有诸多妙计。“军户制”即是其中一种，以汉治汉，以“汉人”治“南人”，又派蒙古人和色目人监视后两种人，在一定时期内成功维护了元朝的统治。

“鼎革以来（元灭南宋），编二十家为甲，以北人（主要是蒙古人和色目人）为甲主。衣服饮食惟所欲，童男少女惟所命。”（徐大焯《烬余录》）元朝的这些基层“干部”，个个都是恶霸，连辖下人户女孩的“初夜权”也归其所有，简直到了令人发指的地步。不少良家妇女不堪淫辱，羞愤自尽。特别令人感叹的是，有不少美貌女子为避免遭受淫污，竟出下策充当“舟妓”（从事娱乐弹唱的船上卖唱女），“以舟妓不设甲主，舟妓得不辱身”。

元初以来，欧洲人或外来西域商人到了元朝大都或上都，会发现这样一种奇怪的现象：“南人仕于朝者，每当参礼既毕，必交手于背，作反接之状，虽（南人）贵官亦然，以示归顺之意。”（曹春林《滇南杂志》）不知实情的外来者还以为中国南方人喜欢背手站立以示有“风度”，其实他们是被迫做反剪被捆状向蒙古人表示服从。

至于官僚体系方面，“元制百官皆蒙古人为长”。各个部门的一把手，不是蒙古人，就是色目人。在元一代，汉人为相的，只有初期的史天泽和后期的贺惟一（太平）两个人。而此种特殊，也出于忽必烈时代需要依靠汉人灭南宋和元顺帝时代内部平衡权力的“不得已”之举。

至元二年，忽必烈下诏：“以蒙古人充各路达鲁花赤，汉人充总管，回回人充同知，永为定制。”除此以外，御史大夫“非国姓不授”，各道廉访司也必选蒙古人为使。至于元朝各行省的蒙古人官长，多为世袭，形同封建，同列汉人、“南人”莫敢仰视，在他们面前跪起禀白，如同小吏，实足的土皇帝架派。

蒙古人出身于奴隶制一般的低层文明，这就从“上层建筑”方面决定了他们对儒士的态度。游牧民族纵铁骑而来，摧枯拉朽一般灭金亡宋，自然视士人如奴隶。所以，“九儒十丐”是那个文明沦丧、礼崩乐坏时代最好的标签词（“文革”时“臭老九”一词正源于此）。

元朝对儒士的歧视，以下三个方面的资料可资佐证：其一是谢枋得《叠山集》中《送方伯载归三山序》中所述：“滑稽之雄，以儒为戏者曰：‘我大元制典，人有十等，一官二吏，先之者，贵之也。贵之者，谓有益于国也。七匠八娼，九儒十丐，贱之也。贱之者，谓无益于国也。嗟乎卑哉！介乎娼之下、丐之上者，今之儒也。’”其二，是郑思肖《铁函心史》：“鞑法（蒙古法令）：一官二吏，三僧四道，五医六工，七猎八民，九儒十丐。”这种说法的“七猎（户）八民（农民）”，与“七匠八娼”稍有出入；其三，元人笔记《初学集》有载，“蒙古分民为十等，所谓丐户，吴人至今贱之”，虽未提及“儒”排第几，但证明元朝的“等级”分类肯定存在。

今人治史，好兴“翻案”来博取点击率和注意力。为此，不少人撰文讲元朝对儒士没有所讲的那么坏，他们所持论据，无外乎把忽必烈早期“优待”儒臣等摆出来说事，要不就是列举元朝中后期恢复科举等“仁政”。

忽必烈利用汉朝文臣不必细讲。从科举方面看，元朝对科举制进行摧残，使得原金国占领地区长达八十年无科举，江南也有四十年左右没有开过科，直到元仁宗时才“装饰性”地恢复科举，其实也只有三年一科，到元亡仅仅开过十六科，每科取七十多人，“南人”仅占其半。从这个数字可以看出，元朝一代，汉族士人能走上仕进之途者至多五六百人而已，且终生沉沦下僚，完全是大元统治的点缀和装饰。

读书的士人，这些昔日的天之骄子、文人墨客，一下子沦为“贱民”，武夫豪卒诋诃于其前，庸胥俗吏侮辱于其后，书中再无黄金屋，书中再无颜如玉，圣人之徒，匠隶不如！

所以，儒士们在元朝“最好”的出路，一是做“吏”，二是走教职一途。吏道污俗，又要使上大把银两谋职位。因为在元朝，官吏贪污是常态，清廉反而是异态。教职方面，更是僧多粥少，学录、教谕、学正、山长等岗位数目有限，比现在的两院“院士”还要稀缺，待遇却极其低下，从“山长”考上“府州教授”，不过是“准正九品”的官。七品算“芝麻”，不知这九品算什么。所以，“九儒十丐”是元朝的社会现实，绝非遗民们激愤夸大的不实之语。

当然，还有人说，元朝文网疏阔，没有文字狱——以此来证明元朝对士人的“宽容”和“厚道”。如此，则大错特错。元朝统治上层，基本不通汉语。至于高级官吏，唯利是图，又多色目人，自然对“字里行间”之事不甚关心。元朝官吏中不少人目不识丁，他们对于书押文卷，只会攒起三指，染墨印于纸上，如同现在派出所按指纹，以三指印按文卷代替签名。稍好一点儿的，就以印章代签名。

据《辍耕录》记载：“今蒙古、色目人之为官者，多不能执笔画押，例以象牙或木，刻而印之。宰辅及近侍官至一品者，得旨则用玉图书押字。”就是这么一种简单的印章，成吉思汗自己并不知道是什么东西。《元史》中《塔塔统阿传》记载：“乃蛮大敭可汗，尊之（塔塔统阿）为（师）傅，掌其金印及钱谷。”（元）太祖西征，乃蛮国亡，塔塔统阿怀印亡去，“帝（元太祖）诘之曰：‘汝负印何之？’（塔塔统阿）对曰：‘出纳钱谷，委任人材，一切均用此为信验。’帝善之，命（塔塔统阿）居左右，嗣后每有制旨，辄用印章”。

可见，蒙古大汗当时脑子里连玉玺、私章等的要领一丝皆无。这些人崛起沙漠，毡裘存旧俗，尚巫信鬼，连字都不会写，自然不会寻章摘句大搞“文字狱”。

所以，元朝文网之宽疏，是由于蒙古统治层没有“侦破”手段，并非是大元的什么“有容乃大”。至于其治下的汉族“辅佐者”，他们沉抑下僚，郁郁不得志，自然不肯向蒙古人告发同胞在诗文中的牢骚和发泄。到了日后的满洲皇族，个个高度汉化，连有人写“清风不识字，何故乱翻书”，也会被诬为讥讽清廷而被提进囚牢杀头。同满族人统治下的清朝相比，元朝的文禁几乎不存在，谢枋得可以一口一个“胡虏”，郑思肖可以一口一个“犬羊”，并高题诗句：“大军四十万，谈笑却胡尘。”

可笑的是，甚至元朝贵臣自己也不忌讳词语，色目人贯云石乃色目世臣出身，其诗《筚篥乐》中竟有“胡尘不受紫檀风”之句，而他此诗的墨宝真迹流传到清朝，收藏者害怕遭受当局迫害，竟把“胡尘”两个字挖去，使“文物”受损不浅。

至于显摆清帝文治的《四库全书》，与其说是修书不如说是毁书，“虏”“胡”等字皆删改，“胡尘”改为“烟尘”，“腥膻”改为“狼烟”，实在不好删改的就用空格来代替，把汉文化典籍和图书弄得百孔千疮。

元朝时期，中国第一次进入了不仅仅亡国也是“亡天下”的时代。“易姓改号，谓之亡国。仁义充塞至于率兽食人，人将相食，谓之亡天下。”（顾炎武语）

顶笠左衽，衣冠尽变，短衣辫发，这些“形式”尚可容忍，最重要的是华夏文明也被逼到了“厓山”。汉族士子自隋唐以来以科举图仕进的康庄大道，忽然变成了死胡同。春风得意的向往，随着马蹄声声和膻风阵阵，皆幻化为末路穷途的哭声。

生存或者死去，确实成为一个重大的人生问题。是做孤臣义士，还是做朝廷鹰犬？是同流合污，还是高蹈隐遁？是大义凛然，还是谄肩媚背？

谢枋得和赵孟頫，就是南宋遗民中两个截然相反的典型人物。

宁可枝头抱香死　何曾吹落北风中

谢枋得

谢枋得，字君直，号叠山。信州弋阳人。为人豪爽，读书五行俱下，一览终身不忘。“性好直言，一与人论古今治乱国家事，必掀髯抵几，跳跃自奋，以忠义自任。”可见，谢枋得真乃性情中人，非我们想象中迂腐的读书儒士。

谢枋得在南宋宝祐年间参加进士科考，因在文章中极力攻击宦官董宋臣等人误国，被排于乙科，只得授司户参军一类的微官。愤怒之下，谢枋得弃官不做，转年参加兼经科考试，得任建宁府教授。

宋将吴潜经略江西时，辟谢枋得为幕僚，由此他得以训练兵丁，筹集粮钱，干了不少实事。后来在建康任主考官时，他以贾似道的时政为考题，又讲“兵必至，国必亡”，激怒了当朝的贾似道党人，被追夺两官，发配到兴国军“劳改”。

而后，南宋国势江河日下，叛将吕文焕身为向导，带着元军蹂躏江南，四处驰突。谢枋得与吕文焕的侄子吕师夔是多年文友，应招拒敌之间，上书朝廷，以自己家族性命力保这位吕爷可信，并要求宋廷任命吕师夔为治江屯兵镇抚使。同时，他还自告奋勇，要亲自去江州见叛贼吕文焕，想说服对方反正。

南宋危难之际，急欲用人，便授谢枋得为江东提刑兼信州知州。

听说吕师夔率兵前来，谢枋得还以为这位老友将要与自己会师报效国家，赶忙带部队前去迎接，并让前锋兵高呼：“谢提刑来！”殊不料，没见着吕师夔的笑脸，迎接谢枋得的是对方所率叛军的一阵箭雨。由于无备，谢枋得大败，最终导致信州也落入元军手中。

情急之下，谢枋得变姓易名，逃往建宁唐石山，在市中卖卜为生。而后，逐渐为人所识，争相延请，请他做家庭教师。元灭南宋后，谢枋得定居闽中。

至于他以家族性命担保的吕师夔，实则一无赖奸猾小人。元军到江州，他不发一矢，立刻献城投降。特别无耻的是，为了巴结攻宋的元军主帅伯颜，吕师夔在江州掠得两个美貌的宋朝宗室女子，盛饰以献伯颜。结果，碰了一鼻子灰。伯颜怒斥道："我奉天子之命吊民伐罪，岂敢以女色沮我志！"

谢枋得交友不慎，遇见吕师夔这种奸徒，也是"知人知面不知心"吧。

谢枋得在福建期间，以教书为业，时时不忘恢复大业，交结了大批守节不屈的读书人，结成诗社，日相吟诵，怀念故国，激励后人。

至元二十三年（1286 年），忽必烈让汉臣程钜夫推荐南宋可用的名士，谢枋得名列第一。

闻此讯，谢枋得以居母丧为名，拒不见召，并写信给程钜夫，陈说自己的心志。此信义理分明，义正词严，是不可多得的"另类"正气歌。

转年，元朝江南行省丞相忙兀台携忽必烈圣旨，亲自到谢枋得住处，恭请他出山。谢枋得说："上有尧、舜，下有巢、由（巢父、许由，传说中的上古两位大隐士）。枋得名姓不祥，不敢赴诏。"坚辞不出。忙兀台虽是个蒙古人，也很佩服谢枋得的气节，没有勉强他。

至元二十五年（1288 年），元朝福建行省参政管如德持忽必烈诏旨又来江南寻访"人才"，自然想到谢枋得，并求降元的前南宋宰相留梦炎写信要谢枋得入朝为官。

见信后，谢枋得复书一封，字里行间讥斥留梦炎，并申明自己誓死不为贰臣的决心。

同年秋，元朝福建行省参政魏天佑"欲（以）荐（谢）枋得为功"，派已经入朝为官的赵孟頫来劝谢枋得入朝。赵孟頫硬着头皮来见，谢枋得对其大骂魏天佑："这厮在福建为官，没做一件有利于民的德政，天天敲骨吸髓，唯知盘剥。他推荐我辈入朝，是想给他自己脸上贴金罢了。”

软的不行，魏天佑来硬的，派兵士把谢枋得强“请”入建宁路治所（今建瓯）。相见之时，谢枋得“傲岸不为礼”，根本不搭理魏天佑。羞恼之下，魏天佑责斥说：“封疆之臣当死封疆，你信州之败，当时为何不死？”谢枋得淡然一笑，回答说：“程婴、公孙杵臼二人皆忠于赵氏，一人死于十五年前，一人死于十五年后，万世之下，皆为忠臣。王莽篡位十四年，龚胜到后来才绝食而死，也不失为忠臣。司马迁尝言：‘死有重于泰山，有轻于鸿毛’，这种天下大道理，岂是魏参政你这种人能知晓的。”

怒极之下，老魏这个败类把谢枋得拘禁于道院之中，准备强行把他押往大都。

铁骨铮铮，谢枋得只食菜果，不进米面，开始绝食前的准备。

福建、江西一带的南宋遗民，听闻此讯，纷纷前来看望谢枋得。他们到来只有一个目的：劝死！

南宋虽亡国，士人心中的凛凛生气并未灭亡。所以，他们衷心希望谢枋得能作为民族精神的象征，慷慨成仁，绝不能玷污他自己不事两朝的清名。文天祥临刑前，也一直有邓光荐、汪元量和张弘毅三位老友相继“劝死”，激励他殒身求仁。

为此，谢枋得怡然允诺，临行前，他赋诗一首：

雪中松柏愈青青，扶植纲常在此行。
天下岂无龚胜洁，人间不独伯夷清。
义高便觉生堪舍，礼重方知死甚轻。
南八男儿终不屈，皇天上帝眼分明。

张叔仁作为谢枋得往来酬唱的诗友，热泪涌动，也赠诗道：“打硬修行三十年，如今证验作儒仙。人皆屈膝甘为下，公独高声骂向前。

此去好凭三寸舌，再来不值一文钱。到头毕竟全清节，留取芳名万古传。”

言语之中，他们唯恐谢枋得一步走错，活着回来做官。倘如此，一世清名，尽付东流。握着老友的双手，谢枋得淡然一笑。他眼神中的坚毅，使得张叔仁坚信这位诗友定能求仁得仁。

送行人群中，还有晚辈蔡正孙。看见白发恩师即将走上不归路，这位青年士子深为其凛然、傲然的姿态所感动，赋诗送别道：“山色愁予渺渺青，平生心事杜鹃行。霜饕雪虐天终定，岁晚江空冰自清。肩上纲常千古重，眼前荣辱一毫轻。离明坤顺文箕事，此是先生素讲明。”

谢枋得含笑颔首。

为效仿古人伯夷、叔齐不食周，宁可采薇最终饿死而保节操，谢枋得在被押送至大都的途中仅食蔬饮水，有时竟然一天只吃五粒枣子，由于一股英雄气在，仍然能不死，一直活着到达大都。

途中，路过郓州，恰值寒食节，谢枋得又作《沁园春》一词，以彰心志：

> 十五年来，逢寒食节，皆在天涯。叹雨濡露润，还思宰柏，风柔日媚，羞看飞花。麦饭纸钱，只鸡斗酒，几误林间噪喜鸦。天笑道，此不由乎我，也不由他。
>
> 鼎中炼熟丹砂，把紫府清都作一家。想前人鹤驭，常游绛阙，浮生蝉蜕，岂恋黄沙。帝命守坟，王令修墓，男子正当如是耶。又何必，待过家上冢，书锦荣华。

谢枋得自德祐元年任江西招抚使，至今已有十三年，其间国家灭亡，四处飘零，可谓百苦千辛。岁月迁延人易老，人间几度又寒食。特别是下阕，表现出他视死如归的信念，把从容赴义当成是上天成仙，气概豪迈。最后几句“又何必，待过家上冢，书锦荣华”，讥笑了那些衣锦还乡祭扫祖墓的贰臣。

至元二十六年（1289 年）五月，谢枋得虚弱至极，终于抵达大都。他先问押解元军谢太后柩所及宋恭帝被软禁地点的方向，再拜恸哭，一片耿耿臣子心，依依不忘故主情。

元朝方面，当即有不少人来“看望”，包括入朝为元官的赵孟頫等，谢枋得皆闭目不见。众人看得分明，见谢枋得骨瘦如柴，气息奄奄，知道勉强不得，商量过后，就把他迁移至大都的悯忠寺内软禁。

其间，谢枋得见寺庙壁间有“曹娥碑”，感泣道：“小女子犹能如此，我难道还不如她！”更坚定了必死之心。曹娥是传说中的东汉孝女，为救父亲于五月初五投江，五日后抱父尸漂于岸上。东汉名士度尚闻知此事，将曹娥改葬，命其弟子邯郸淳撰写碑文，纪念曹娥的孝义（端午节除纪念屈原外，也有民间传说是纪念曹娥）。

故友兼降臣留梦炎亲自带大夫煮药及米汤，想医活这位老友。谢枋得大怒，弃之于地，骂道：“我就是要死，你要让我活，是何居心！”

如此，迁延数日后，谢枋得终于绝食而亡，继文天祥之后，终全臣子之节操，为煌煌大宋又添加了一个巨大的惊叹号！

时至今日，谢枋得的名字和他的诗集《叠山集》已经很难有人知晓。北京宣武区（现西城区）法源寺后街的一个大杂院，是原谢枋得祠庙的旧址所在。

明清两代，皆大张旗鼓地祭祀过这位耿耿忠臣。到了今天，摇曳木楼中谢枋得的神牌碑文均不见踪影，它们早被经济时代的中国人拆除了。

我曾与一个“聪明识相的”青年人谈起谢枋得。听了他的故事后，青年人不屑地说：“什么糟老头子嘛，南宋都亡了十多年，还不和大元合作，抵抗历史潮流，死了活该！”闻此言，我只感锥心之痛！与此同时，我忆诵起谢枋得的一首诗：

十年无梦得还家，独立青峰野水涯。
天地寂寥山雨歇，几生修得到梅花。

昔为水上鸥　今如笼中鸟

赵孟頫

说到赵孟頫，总会想起他笔下细腻描摹的工笔画和柔媚的书法字体。昔日皇宋旧王孙，凡成新朝贵臣，总有人处处回护，翻出他《罪出》一诗，证明他的仕元之举是不得已而为之：

在山为远志，出山为小草。古语已云然，见事苦不早。
平生独往愿，丘壑寄怀抱。图书时自娱，野性期自保。
谁令坠尘网，宛转受缠绕。昔为水上鸥，今如笼中鸟。
哀鸣谁复顾，毛羽日摧槁。向非亲友赠，蔬食常不饱。
病妻抱弱子，远去万里道。骨肉生别离，丘垅谁为扫。
愁深无一语，目断南云杳。恸哭悲风来，如何诉穹昊。

其实，此诗是赵孟頫自江南入大都后，政治上遭受蒙古人、色目人打压，加之生活困窘，故而于牢骚盛时愤然而发。如果此诗是他在入大都路上写就，自然可以当作是其被迫心志的写照。

官场斗争中饱受挫折，文人最爱鼓捣出此类诗文宣泄，实际上与气节操守全然无关。同时代人杨载曾经说过：“（赵）孟之才颇为书画所掩，知其书画者，不知其文章；知其文章者，不知其经济之学。”所谓“经济之学”指其经纶世务的“政绩”。

所以，于赵孟頫而言，特别是其入朝早期，兢兢业业，知无不言，言无不尽，很想在政治上有所作为，成为新朝的栋梁之臣。

赵孟𫖯，字子昂，宋太祖十一世孙，乃太祖之子赵德芳之后。“幼聪敏，读书过目辄成诵，为文操笔立就。”十四岁时，他以父荫补官，任真州司户参军。基于南宋对宗室子弟的“照顾”，加上赵孟𫖯确实有才，少年时代的他便早早进入官员候补梯队。如果南宋不亡，一步一个台阶，赵书生很可能度过安静而又乏味的一生。

但是，十三世纪后期的南宋王朝处于风雨飘摇之境地，1279 年的厓山之役，元将张弘范把赵家皇族送进了大海。宋朝，终于画上了一个哀伤的句号。

国家将亡未亡之时，青年赵孟𫖯也曾心似火煎，愁怀满腹，恨自己不能成为王猛、谢安那样的人物。这种情绪，在其《和姚子敬秋怀》其三和其五中，表现得淋漓尽致：

搔首风尘双短鬓，侧身天地一儒冠。
中原人物思王猛，江左功名愧谢安。
苜蓿秋高戎马健，江湖日短白鸥寒。
金樽绿酒无钱共，安得愁中却暂欢。

野旷天高木叶疏，水清沙白鸟相呼。
胡笳处处军麾满，鬼哭村村汉月孤。
新亭举目山河异，故国伤神梦寐俱。
黄菊欲开人卧病，可怜三径已荒芜。

元朝大一统后，百废待兴。为装点门面，忽必烈听从程钜夫建议，派这位汉臣到江南搜求“遗贤”。

程钜夫是汉人，蒙古攻宋时，他叔父程飞卿是南宋的建昌（今江西南城）守官，未待元军攻打，辄主动献城投降。而后，程飞卿携程钜夫入觐。为彰显这位老贼的“孝顺”之功，忽必烈把他留在身边任怯薛，即皇家禁卫军一员。怯薛不仅仅是为皇帝简单地站岗放哨，它还是元朝一支非常重要的政治力量，乃元帝亲近的集团人员。所以，程钜夫这样一个“汉人”，可称是汉人皮蒙古心。

南行之前，忽必烈特意向程钜夫提及两个名字，一个是赵孟适，一个是叶李。前者是赵宋宗室，非此辈不足以藻饰太平；后者是曾经力抨贾似道乱政的南宋“忠臣”，非此人不足以显扬大元纵揽贤才的心胸。当然，受荐名单中第一名是谢枋得，还有就是赵孟頫、孔洙（孔圣人后裔）、胡梦魁、万一鹗等二十多人。结果，除谢枋得等少数几个人坚辞不出外，大部分皆欣然出仕，皆被忽必烈“擢居清要之职”，也就是弄入朝廷当当摆设。

赵孟頫入京时，年三十四，正是盛壮之年。启程前，他的文学前辈兼诗文好友方回送诗一首，赞扬加鼓励：“文赋早知名，君今陆士衡。真能辨龙鲊，未可忘莼羹。剩喜修途辟，深防俗目惊。时闻黄耳信，缓步取公卿。”从方回这首真挚欢快的“马屁”诗中，可以想见当其时赵的欢喜心情。

赵孟頫的这位忘年交，在宋元之际很“有名”，一是由于他的文才（此人乃“江西诗派”集大成者，其文学评论专著《瀛奎律髓》是中国文学批评史上一部重要作品），二是由于他的臭不要脸。

方回，字万里，号虚谷。其父南游岭南，与婢通奸，回乡后生子，故名其为“回”。贾似道当权时，他赋《梅花百咏》献媚，得授美官。贾似道遇贬，方回怕受牵连，又上《贾似道十可斩》之疏大骂恩公。“时贾（似道）已死，识者薄其（方回）为人。”方回所说老贾的“十可斩”，即斥其幸、诈、贪、淫、褊、骄、吝、专、谬、忍十事。由此，朝廷中贾党的对手们认为方回可用，任他为严州知州。不久，元军大至，方回慷慨激昂，逢人就说他要死于官守。待元军逼近严州，方回忽然消失，众人皆以为他践诺，找个静地暗处去自杀了。不料，方回迎降元军于三十里外，而后，他忽然“鞑帽毡裘，跨马而还”，一身蒙古人打扮，扬扬自得，顾盼傲然，郡人无不唾骂。受元军将领指派，方回在严州到处搜掠，括数十万百姓金银入私囊。到杭州后，方回更是出尽了丑态，在蒙古将领的家妓前口称小人，跪起迎拜，完全不知羞耻为何物。有杭州老吏恶其为人，奋笔疾书，揭发方回有“十一可斩”之罪（比贾似道还多一斩）。这“十一可斩”贴出，哄传一时，方回丢尽老脸。

如此声名不堪之人，与赵孟𫖯“惺惺相惜”，确实让后人感到可惜。

忽必烈召见。他见赵孟𫖯“才气英迈，神采焕发，如神仙中人”，大喜之下，便让他坐于右丞叶李的上位。叶李时任尚书右丞，官职正二品。赵孟𫖯青年才俊，相貌堂堂，忽必烈也有“以貌取人”的倾向，又是前宋宗室，自然高看他一眼。

当然，赵孟𫖯得授的官并不大，兵部郎中，从五品而已。但相对其余二十多人来讲，赵孟𫖯得留朝中任职，这种待遇已是不低。别的江南“遗贤”，所得的“清要”之职，大都是被外派到地方任按察官员，做名义上的“纪检”工作。当时元朝地方官皆是蒙古、色目世臣的地盘，形同土皇帝，可以想见，这些“纪检”人员到了当地，不过是摆设。

相较之下，赵孟𫖯得近天颜，已是“破格”提拔了。因此，兴奋之余，立作诗一首，恭谢天恩：

> 阊阖曙光生，觚棱瑞霭横。治朝春有象，严跸物无声。簪笏千官列，箫韶九奏成。彤墀簇仙仗，翠树拂霓旌。绝域梯航至，来庭玉帛盈。皇图天远大，圣德日高明。兵息知仁布，民熙见化行。耄倪齐鼓舞，率土其升平。（《元日朝贺》）

此诗铺陈不少，实无新意，不过是王维“九天阊阖开宫殿，万国衣冠拜冕旒”的蹈袭之作。

同样是他，后来做了元朝的官，又有一首《述太傅丞相伯颜功德》，把屠城“流血有声”、最终灭掉宋朝天下并擒俘宋恭帝和谢太后入京的元朝元帅伯颜吹捧到天上。宋朝，对赵孟頫而言，不仅仅是父母之国、身家之邦，他身上流淌的可是真正一滴不掺假的帝室血液啊。但是，颂德诗中，灭宋的屠夫却变成万世景仰的不世元勋：

> 授钺得人杰，止戈代天工。铁马浮渡江，坐收破竹功。草木纷震动，山川变鸿蒙。地利不复险，金城何足攻。市廛易肆忧，兵无血刃红……老稚感再生，遗黎忘困穷。归来一不取，匹马走北风。九域自此一，益见圣世崇。

满纸谎言，遍篇谄媚，把伯颜这个刽子手描写成人民的“大救星”。

至于叶李此人，之所以能深得忽必烈青睐，在于他在前宋时敢直言骂贾似道的声名。宋理宗时代，叶李作为“京学生”，就伏阙上书揭批贾似道“变乱纲纪，毒害生灵，神人共怒，以干天谴”。上书后，贾党报复，叶李被逮捕下狱诬以罪名，贬窜漳州。宋亡之后，叶李归隐富春山。忽必烈在蒙古第一次进攻鄂州时任主帅，因蒙哥汗死后要争夺汗位，弃之而去，由此，贾似道便以“鄂州大捷”上报，贪为己功。叶李揭批老贾的奏章中，对此事有如下评价：“前年之师（指鄂州大捷），适有天幸，克成厥勋。”忽必烈读过间谍送来的叶李奏章的翻译本，当时就拊掌称叹，对他印象极深。江淮行省的元朝官员想让叶李出任郡教授，被拒。后来，元朝官员带着丞相安童的亲笔书信，说忽必烈喜欢他的人品。一听忽必烈赏识自己，这位南宋“直臣”动了心，北向再拜，飘然出山。

面见忽必烈后，叶李纵论历朝帝王得失，深得赏识。他所做的“好事”，主要有两件：第一，奏免儒户徭役；第二，忽必烈本来想迁江南宋宗室及大户入北方，叶李称江南已听命，无故迁徙会引致内乱，忽必烈听从其议。

忽必烈待叶李甚厚，至元二十五年，要任他为平章政事。叶李固辞，得赐玉带一条以及良田四千亩，秩一品。不过，大贼臣桑哥入相，实由叶李推荐。同事之时，叶李对桑哥的弊政不能匡正。桑哥被杀后，叶李大惧，称疾回江南养病，有人上书要忽必烈斩叶李以谢天下。至元二十九年二月，叶李南返，在路上真的发起重病，不久一命呜呼，时年五十一岁。他曾诫嘱儿子把御赐田地金银物品皆还于官府。这位老儒，谨慎到死，仍不得好死。老叶也不容易，南宋时得罪贾似道被贬窜蛮荒；元朝时在朝内卷入政治旋涡，最后被活活吓死，一辈子没过过几天消停好日子。

赵孟頫初入元廷，很想有一番作为以报答忽必烈的“知遇之恩”。桑哥新钞法出台，众臣刑部会议，“欲计至元钞二百贯赃满者死”，赵孟頫力排众议，直言以钞计法是草菅人命，为此得罪了不少人。后来至元新钞“滞涩不能行”，他受派到江南行省问验当地官员的“慢令之罪”。依他当时的“钦差”身份，可以任意对地方官员加以笞刑，但他一直谨慎依理行事，不笞一人，丞相桑哥认定他办事不卖力。又有一次，桑哥先至省中视事，赵孟頫因故迟到，被引入后堂受笞刑。士人挨板子，奇耻大辱，他马上向都堂右丞叶李告状：“古者刑不上大夫，所以养其廉耻，教之节义。且辱士大夫，是辱朝廷也。”桑哥怕事情闹大，不得不亲自向其道歉。

当然，在官场浸淫有日，赵孟頫也学得乖巧了，不再直接顶撞桑哥等人。至元二十七年大都地震，人民死伤数十万。赵孟頫劝忽必烈降旨大赦天下，减免赋税，以应天灾。

桑哥见诏书妨碍他敛财，怒诘赵孟頫：“此诏必非帝意！”赵孟頫回答：“天灾人死，钱粮也无从征收。如果今日不免，日后有人把赋税不足之罪归于尚书省，丞相您必受牵累啊。”桑哥闻言，转怒为喜，逐渐把赵孟頫当成自己人。后来听闻赵孟頫每天上班都要骑马经过宫墙东面一条临御河的小道，一次因道窄马失前蹄堕入河中，桑哥特意上报忽必烈，把宫墙往后移两丈多，以方便其上下班。不久，他又言赵孟頫家贫，撺掇忽必烈赐钞五十锭给赵孟頫。这笔赏赐数目，相当于他月俸的四十倍。

忽必烈很喜欢与赵孟頫聊天。一次，他问赵孟頫，叶李、留梦炎两个大臣孰优孰劣。

赵孟頫说："留梦炎乃我父执辈，其人厚重，笃于自信，好谋而能断，有大臣器体；至于叶李，其所读之书，臣皆读之。其所知所能，臣皆知之能之。"

忽必烈摇头："你认为留梦炎比叶李好吗？留梦炎在宋朝为状元，位至宰相。贾似道欺君惘上，留梦炎谄附取容。叶李一介布衣，敢于伏阙上书，显然他要贤于留梦炎。当然，留梦炎是你父亲的朋友，你不敢指摘他的过错。不过，你可以替朕赋诗讽刺他一下。"

这差事不好办，但皇帝金口玉言，赵孟頫又不能不写。于是，提笔踌躇，写下四句诗："状元曾受宋家恩，国困臣强不尽言。往事已非那可说，且将忠直报皇元。"

好一个"往事已非那可说"，这未尝不是他自己的尴尬心境写照。

忽必烈叹赏，而留梦炎得诗后，暗恨终身。

不过，赵孟頫对叶李的评价也失于厚道。相比于荐他入朝的程钜夫（只比他大五岁），因有荐举之恩，赵孟頫终身以恩师视之。叶李与他一起入大都，赵孟頫就不把他当盘菜。

后来，赵孟頫巧妙说服忽必烈侍卫近臣彻里，让他进言，尽道桑哥误国，最终导致了桑哥的被杀，为敛财而设置的中书省也被罢废。元法尚严，桑哥案株连人众，连叶李都几乎不免。眼见朝中政治凶险，赵孟頫力求外任。

至元二十九年，他出任同知济南路总管府事。由于当地没有一把手，他这个"同知"，独署府事，官事清简。四品官外放，又无顶头上司，他一时落得清闲。

诸葛亮像　元　赵孟頫

忽必烈死后，巡按当地的蒙古“纪检”官韦哈剌哈孙见赵孟頫怠慢自己，不向自己孝敬金银，就上书诬称他有罪。虚惊之下，赵孟頫数日难以安眠。幸亏新继位的元成宗没有理会此事，下诏召他入京修撰《世祖实录》，又逃过一劫。

入京不久，赵孟頫深感仕途凶险，京城人事复杂，便借口有病，返回湖州休养。其间稍小小反复，大德三年（1299年）他从集贤侍讲学士身份转为任行浙江等处儒学提举，这是一个清显之官。

十年任上，赵孟頫生活闲适，其诗画书法作品，有不少完成于这个时期。当然，江南胜景，人生如梦，赵孟頫有感慨作诗道：

二月江南莺乱飞，百花满树柳依依。
落红无数迷歌扇，嫩绿多情妒舞衣。
金鸭焚香川上暝，画船挝鼓月中归。
如今寂寞东风里，把酒无言对夕晖。

（《纪旧游》）

惆怅归惆怅，逍遥还是这一时期的主基调。从其《渔父词》中，可以看出他的悠哉之心：

渺渺烟波一叶舟，西风木落五湖秋。盟鸥鹭，傲王侯，管甚鲈鱼不上钩。

其妻管仲姬也是大家闺秀，夫唱妇随，在其《渔父图》画卷上写小词：“人生贵极是王侯，浮名浮利不自由。争得似，一扁舟，弄月吟风归去休。”

志得意满，世间的一切，于赵孟頫而言，都是快乐满眼了：

江湖渺何许，归兴浩无边。忽闻数声水调，令我意悠然。莫笑盆池咫尺，移得风烟万顷，来傍小窗前。稀疏淡红翠，特地向人妍。

华峰头，花十丈，藕如船。那知此中佳趣，别是小壶天。倒挽碧筒酾酒，醉卧绿云深处，云影自田田。梦中呼一叶，散发看书眠。(《水调歌头》)

元仁宗当太子时就很崇拜这位大师。即位后，他马上召赵孟頫入朝，授其中奉大夫之职。延祐三年（1316年），又拜其为荣禄大夫，这可是从一品的大官。

元仁宗眷之甚厚，把赵孟頫与李白和苏轼相提并论。特别值得一提的是，元仁宗有一次赐赵孟頫钞五百锭，怕中书省以国用不足为借口不支钱，派人特意从普庆寺皇帝的“私房钱”中取钞相赐。不久，见赵孟頫有一个月未入宫，元仁宗问左右侍从原因，对以“年老畏寒”。听说此事，元仁宗马上派人取御库中上好貂鼠皮大衣送给赵孟頫。

元仁宗喜欢赵，不仅仅他是世祖旧臣，也并非借他之名来藻饰文治，最重要的一个原因，是这位皇帝本人是个书画爱好者，拿赵真当大师看待。艺术家中的“业余者”对“大腕”的崇拜，那可不得了。

荣华富贵安享晚年，赵孟頫诗词之中再无悲切、哽咽与忧愁：

瑞日当天。对绛阙蓬莱，非雾非烟。翠光覆禁苑。正淑景芳妍。采仗和风细转。御香飘满黄金殿。喜万国会朝，千官拜舞，亿兆同欢。福祉如山如川。应玉渚流虹，璇枢飞电。八音奏舜韶，庆玉烛调元。岁岁龙与凤辇。九重春醉蟠桃宴。天下太平，祝吾皇，寿与天地齐年。(《长寿仙》)

相比青壮年时代的仕途蹭蹬，词境不可同日而语：

昏晓相催，百年窗暗窗明里。人生能几，赢得貂裘敝。

富贵浮云，休恋青绫被。归欤未，放怀烟水，不受风尘眯。

（《点绛唇》）

元英宗至治二年夏，赵孟頫善终于家，享年六十九。元廷追封他为“魏国公”，谥“文敏”。

三十多年元廷宦海浮沉，喜多忧少。离乱旧王孙，终作太平犬。

据赵孟頫老朋友杭州人叶森讲，赵老年贪婪、吝啬，看人下菜碟。一次，有两个白莲教和尚上门求字，门人通报，说：“有两位居士求见相公。”赵怒骂道：“什么居士？是香山居士（白居易）还是东坡居士？这种嘴吃素腰无钱的东西，也敢称居士？”其妻管氏一旁忙相劝：“相公不要这么焦躁，只要来人有钱，总能买些东西吃。”赵仍旧不乐。一会儿，两位和尚入见，从袖中掏出交钞十锭，道：“求相公您为本寺书匾，以此作润笔之费。”见到钞票，赵大喜而呼：“来人，送茶来，居士看坐！”宾主欢笑，逾时而去。

这个故事，出自赵孟頫老友之口，应该非常真实。人到老年，戒之在贪。当然，赵孟頫人格再卑微，我们也不得不提及他最“脍炙人口”的一首诗，即《岳鄂王墓》：

鄂王坟上草离离，秋日荒凉石兽危。
南渡君臣轻社稷，中原父老望旌旗。
英雄已死嗟何及，天下中分遂不支。
莫向西湖歌此曲，水光山色不胜悲。

“鄂王”乃南宋追封岳飞的封号。此诗简明、直白，语气沉痛，对岳飞之死表达出无限的叹惋和追惜。正因此首小诗，后世人在对赵孟頫鄙薄之余，还能剩下一丝赞许。

歧路茫茫空望眼　兴亡滚滚入愁肠

汪元量

醉歌

其一

吕将军在守襄阳，十载襄阳铁脊梁。

望断援兵无信息，声声骂杀贾平章。

其二

援兵不遣事堪哀，食肉权臣大不才。

见说襄樊投拜了，千军万马过江来。

其三

淮襄州郡尽归降，鞞鼓喧天入古杭。

国母已无心听政，书生空有泪成行。

其四

六宫宫女泪涟涟，事主谁知不尽年。

太后传宣许降国，伯颜丞相到帘前。

其五

乱点连声杀六更，荧荧庭燎待天明。

侍臣已写归降表，臣妾佥名谢道清。

其六

衣冠不改只如先，关会通行满市廛。

北客南人成买卖，京城依旧使铜钱。

其七

北师要讨撒花银，官府行移逼市民。

丞相伯颜犹有语，学中要拣秀才人。

其八

涌金门外雨晴初，多少红船上下趋。

龙管凤笙无韵调，却挝战鼓下西湖。

其九

南苑西宫棘露芽，万年枝上乱啼鸦。

北人环立阑干曲，手指红梅作杏花。

其十

伯颜丞相吕将军，收了江南不杀人。

昨日太皇请茶饭，满朝朱紫尽降臣。

汪元量，字大有，号水云，杭州人，世为宫廷琴师。南宋灭亡后，他随赵宋皇族一起被掳北迁，写了大量成组的诗歌，有“诗史”之称。

汪元量本人不是士大夫，其节操感和民族感却比好多士大夫还要强。其诗句平白易懂，朗朗上口，是那个亡国亡天下时代的“纪实文学”。

除《醉歌》以外，他还有《湖州歌》组诗九十八首，主要描述元军攻降临安、进占湖州以及掳迁南宋宗室的历史史实。其一至其六描写元兵逼压临安，宋廷投降；其七至其六十八写他随宋室赴大都途中的见闻；其六十九至其九十八写宋室人员及随从抵达大都后的生活场景。整组诗歌刻画细腻，描摹鲜活，真实再现了南宋亡国前后宫廷宗室的生活遭遇与巨大变迁。

特别值得称道的是，文天祥被押送大都后，他时常去看望这位丞相，互赠诗文，悲歌唱酬。他一直激励文天祥："君当立高节，杀身以为忠。"

文天祥就义后，汪元量悲痛之下，作《浮丘道人招魂歌》九首，现录其中一首如下：

有客有客浮丘翁，一生能事今日终。
啮氈雪窖身不容，寸心耿耿摩苍空。
睢阳临难气塞充，大呼南八男儿忠。
我公就义何从容，名垂竹帛生英雄。
呜呼一歌兮歌无穷，魂招不来何所从。

北国飘零，汪元量无时无刻不思念家乡。惆怅之余，他作《一剪梅》寄怀：

十年愁眼泪巴巴。今日思家，明日思家。一团燕月照窗纱。楼上胡笳，塞上胡笳。玉人劝我酌流霞。急捻琵琶，缓捻琵琶。一从别后各天涯。欲寄梅花，莫寄梅花。

至元二十五年，在大都羁旅十多年后，汪元量得元廷允许，以道士身份得返江南。

到了南宋故都临安，面对残败不堪的故京，汪元量心如刀割，写下《钱塘》诗以抒怀：

踯躅吞声泪暗倾，杖藜徐步浙江行。

青芜古路人烟绝，绿树新墟鬼火明。
事去玉环沈异域，愁来金盌出佳城。
十年草木都糜烂，留得南枝照浅清。

此外，他还有《六州歌头·绿芜城上》一词，感叹家国兴废，以隋炀帝拟宋度宗：

绿芜城上，怀古恨依依。淮山碎，江波逝，昔人非。今人悲。惆怅隋天子，锦帆里，环珠履，丛香绮。展旌旗，荡涟漪。击鼓挝金，拥琼璈玉吹。姿意游嬉。斜日晖晖，乱莺啼。销魂此际，君臣醉。貔貅弊，事如飞。山河坠，烟尘起。风凄凄，雨霏霏。草木皆垂泪。家国弃，竟忘归。笙歌地，欢娱地，尽荒畦。惟有当时皓月，依然挂，杨柳青枝。听堤边渔叟，一笛醉中吹。兴废谁知。

而后，汪元量游历江、浙、湘、赣、川等地，创立诗社，与刘辰翁、刘将孙等南宋遗民赋诗往来，抒发亡国之悲，感慨去国之苦，互相激励，拳拳不忘故国旧君，一直坚守大义凛然的民族气节。

一改南宋末期诗坛秀婉颓靡的风格，汪元量的大量白描式诗词沉郁悲伤，尽凝苍凉，哀愤之情，跃然纸上。国家虽亡，忠恨难消：

金陵故都最好，有朱楼迢递。嗟倦客，又此凭高，槛外已少佳致。更落尽梨花，飞尽杨花，春也成憔悴。问青山，三国英雄，六朝奇伟。

麦甸葵丘，荒台败垒。鹿豖衔枯荠。正朝打孤城，寂寞斜阳影里。听楼头，哀笳怨角，未把酒，愁心先醉。渐夜深，月满秦淮，烟笼寒水。

凄凄惨惨，冷冷清清，灯火渡头市。慨商女不知兴废。隔江犹唱庭花，余音亹亹。伤心千古，泪痕如洗。乌衣巷口青芜路，认依稀，王谢旧邻里。临春结绮。可怜红粉成灰，萧索白杨风起。

因思畴昔，铁索千寻，漫沉江底。挥羽扇，障西尘，便好角巾私第。清谈到底成何事。回首新亭，风景今如此。楚囚对泣何时已。叹人间，今古真儿戏。东风岁岁还来，吹入钟山，几重苍翠。（《莺啼序·重过金陵》）

举世无人识　终年独自行

郑思肖

笔者数年前曾游历美国耶鲁大学，见其艺术陈列馆中有一幅中国宋元时期的《墨兰图》，用笔劲朗，意调萧疏，实为神逸之品。时隔八百年左右，似乎仍可嗅到那傲放兰花的古旧馨香。仔细辨认上面字句，有如下内容：“一国之香，一国之殇。怀彼怀王，于楚有光。”落款是“所南”二字。

惘惘之余，当时以我有限的宋元通史知识，并不清楚“所南”为何人，以为只是宋朝某个不知名的文人画家的名号或者斋名。

时隔两三年，笔者去日本大阪。参观博物馆时，又见一幅类似的墨兰作品，形神俱逸，不同凡响。由于画面上文字是草书，笔者努力半天，也看不出个所以然来。往下看，忽然见有印刷体的日文作者介绍，其中汉字很多，虽然无法全看懂，却让人恍然大悟：所南，原来就是南宋遗民郑思肖。

郑思肖（1241—1318），字忆翁，号所南，福建人。其父郑叔起乃南宋苏州地方书院的山长（类似今日大学校长）。因此，郑思肖自幼受

"忠孝节义"的儒家思想熏陶。南宋末，郑思肖应试博学鸿词科，得授为和靖书院山长。

南宋沦亡后，他隐居于苏州寺庙中，耿耿精忠，不忘故国，改名为"思肖"（"肖"乃皇宋"赵"姓繁体字的右半部分，意思为"思赵"）；忆翁，忆念故国之老者也；所南，心存南国江山，一生坐卧不向北方。同时，他把自己的书斋取名为"本穴世界"，"本穴"二字相交叉，乃"大宋"之意。

郑思肖乃一诗文儒士，画事非其所长，只是擅画兰、竹、梅、菊"四君子"，忠精气节，皆凝于画中。他所画兰，皆不画土、根。人问其故，答曰："国土已为胡人所夺，怎忍在画上着之！"

隐居期间，郑思肖吟诗作赋，并著《心史》七卷，据称死前以铁盒封缄，当时不传。明末，大概是崇祯年间后期，有人在苏州承天寺中发现了这部书，因此《心史》又有《铁函心史》和《井中心史》两个书名。当时正值明朝败亡前夕，情境恰与南宋末期相仿。于是，儒生出钱，把此书刊刻于世，大儒顾炎武有《井中心史歌并序》。据清朝学者研究，这一部从水井中搜出的《心史》或许是后人伪托，真伪至今待考。但是，郑思肖所作诗文，流传下来的也不少。相较之下，其书画真迹存世罕见。元朝大画家倪瓒有诗《题郑所南兰》：

秋风兰蕙化为茅，南国凄凉气已消。
只有所南心不改，泪泉和墨写《离骚》。

郑思肖的个人身世极其坎坷，国亡之后（指宋恭帝北迁），不久即遭母丧。哀痛之间，儿子又病死。在此之前，其父、妻也都弃世，所以说，无家无国大悲之人，非郑思肖莫属。

现代文人把郑思肖的"狂癫"说成是精神病范围的"变态"反应，认为他属于"偏执狂"人格。此种妄自揣测，实际上反映出一些人的浅薄与无知，以当代小人之心，度古代烈士大丈夫之腹。汉族士大夫在国家民族沦亡时期的撕心裂肺之痛，现在的锦衣玉食、不学无术之徒何以能感知！

其《画菊》一诗，正是郑思肖人生理想和气节的最佳写照：

花开不并百花丛，独立疏篱趣未穷。
宁可枝头抱香死，何曾吹落北风中。

郑思肖以宁愿枯死枝头的菊花自比，傲骨凌霜彰显儒士学人的高尚节操，表达出他宁死不肯向元朝（北风）投降的决心。

读其所撰“自画像”式自传《一是居士传》，我们也能感觉到他“永为大宋之臣”的诚诚之心。

可见，在佯狂作癫的背后，是孤峭悲愤，是教诲万世天下皆为忠臣孝子的决心。所以，无论精神上多么痛苦，郑思肖仍旧十分清醒。他这样描写亡国之后孑然一身的生活：

（吾）癖于诗，不肯与人唱和。懒辄数岁不作，一（诗）兴动，达旦不寐。作讽咏，声辞多激烈意。诗成章，数高歌（吟咏），辄泪下，若不能以一朝自居。每弃忘生事，尽日遂幽闲之适，遇痴浊者则急去之。多游僧舍，兴尽即飘然，惬怀终暮坐不去，寡与人和，间数月毫无至门者。独往独来，独处独坐，独行独吟，独笑独哭。抱贫愁居，与时为仇……常独游山水间，登绝顶，浩歌狂笑，气润霄碧。举手掀舞，欲空其形而去……破衣垢貌，昼行呓语，惶惶然有求而弗获。坐成废物，尚确持“一是”之理，欲衡古今天下事……

观此悲狂，只有明代徐渭差可比拟，然亡君丧国之痛，更甚一层。

狂癫之下，郑思肖不避嫌疑，不怕杀头，有时几乎是破口大骂："此地暂胡马，终身只宋民"；"此身虽坠胡尘里，只是三朝天子臣"。对于蒙古统治者，他极力丑诋，"胡""虏""犬羊""腥膻"不绝于口，并公然愤然狂呼：

> 欲死不得为孝子，欲生不得为忠臣。
>
> 痛哉擗胸叫大宋，青青在上宁无闻！

莫道书生空议论，头颅掷处血斑斑！

南宋虽亡，汉族士气不亡，民族精神不亡，儒家理念不亡。正所谓：

> 桑海英风不可攀，南朝寂历旧江山。
>
> 惟余几辈才人在，诗卷长留天地间。

百炼难柔铁石肠

甘为鹰犬的元朝初期汉人：张弘范、史天泽、郝经

磨剑剑石石鼎裂，饮马长江江水竭。

我军百万战袍红，尽是江南儿女血！

这首气概“豪迈”的诗，乃元朝鹰犬汉将张弘范所作，题目是《过江》，见题思义，正是他率元军跨过大江击灭南宋征途中有感而发。

可笑的是，大屠夫气吞日月的兴高采烈，竟被后世一些“人道主义”腐儒解释为作者的“反省和忏悔”。咄咄怪事！望见元军战袍为江南汉人鲜血所染红，张弘范心中只有兴奋，甚至是亢奋，这位蒙古鹰犬，又怎能生出丝毫的忏悔之意？

死而后已的灭宋帮凶

张弘范

说起张弘范，一定要提他的父亲张柔。张柔，字德刚，易州定兴人，是金末河北地区汉人土豪。

金朝末年，蒙古军大举攻伐，盗贼四起，张柔以聚众自保为名，拉起一支队伍，号称保乡卫国。金国的中都经略使苗道润很赏识他，保奏

其为定兴令，后来金国朝廷又加封他为昭毅大将军、权元帅左都监，高官美职，想让张柔为金朝效力。

不久，苗道润为其副使贾王禹所杀。恰逢蒙古军队突袭紫荆口，狼牙岭一役，张柔马蹶被俘，立刻向蒙古兵投降，并掉头率众猛攻贾王禹，以为苗道润报仇为名，把金军杀得大败。执俘贾王禹后，张柔生剖其心，以祭奠恩公苗道润。此举，看似为老上司报仇，实则是向老东家开刀，贾王禹手下兵将毕竟都是金国所属。

投降蒙古后，张柔愈战愈勇，大败金国真定主帅武仙，攻克三十余座城池，被蒙古授予荣禄大夫、河北东西诸路都元帅。日后，蒙古军围攻金国都城汴京，张柔居功甚大，最终把老东家灭族歼种，把金国送上了不归之路。

灭金后，张柔又为蒙古进攻南宋卖力，并派出他手下最得力的诸将随蒙哥汗进攻蜀地。他本人跟从忽必烈进攻鄂州，屡立战功。忽必烈北还与阿里不哥争汗位，下令张柔率军入卫，并调派其手下汉族劲卒数千人拱卫大都，可见张柔是多么让元世祖“放心”。

至元五年，张柔病死，年七十九，善终于床榻，谥“忠武”，日后还被追封为“汝南王”。

他有十一个儿子，个个心向蒙古，其中以张弘范最知名。

张弘范，字仲畴，乃张柔第九子。“善马槊，颇能为歌诗。”张柔自己是土豪、军将出身，河北地区的好学风气使他极其注重子弟教育，曾延请大儒郝经教授儿子们学业。所以，张弘范文武双全，并非是什么稀罕之事。观张弘范年轻时的诗作，根本不能让人与日后杀人百万、流血成河的刽子手联系起来：

闲逐东风信马蹄，一鞭诗思曲江堤。
行行贪咏梨花雪，却被桃花约帽低。

（《游春》）

出行图　元壁画

霜满溪桥月满山，哦诗驴背怯清寒。
哪知年少青楼客，醉拥芙蓉梦未阑。

（《霜月早行》）

乍看二诗，还会让人误以为是一个清癯瘦弱的书生所作。与之相类的，还有其《临江仙》词：

千古武陵溪上路，桃花流水潺潺。可怜仙侣剩浓欢。黄鹂惊梦破，青鸟唤春还。回首旧游浑不见，苍烟一片荒山。玉人何处倚阑干。紫箫明月底，翠袖暮云寒。

正所谓“清词丽句，不减晏（殊）、欧（阳修）诸贤”（清朝陈廷焯语）。

此外，青年张弘范遍览中国古代典籍，对汉朝大英雄李广也殊为钦佩：

弧矢威盈塞北屯，汉家飞将气如神。
但教千古英名在，不得封侯也快人。

（《读李广传》）

张弘范一举成名的武功，是元世祖中统三年讨伐李璮之叛的济南攻城战（李璮是忽降宋、忽降蒙的原金国“红袄军”将领李全之子，这父子皆不是好人，叛贼本性，谁势大就依附谁。趁蒙哥汗新死，忽必烈与阿里不哥等宗王争位，李璮又“降”宋，实则首鼠两端，想割据一方为王）。

临出军，老奸巨猾的张柔对儿子说：“你围城时勿避险地。立营险地，你自己肯定无怠心，如此，手下兵士也会有必死争胜之心。军中主帅知道你坚守险地，也一定从全军利益出发，敌人来攻，他当然会倾力赴救，如此，你正好可因之立大功！”

张弘范把老子的一番话牢记心中，跟随蒙古宗王合必赤围济南，他自告奋勇，果然立营于地势最险的城西。李璮派兵出城突营，唯独不冲击张弘范一军。

文韬武略，将门之子，张弘范不傻，他嘱诫手下说：“我军营于险地，李璮独向我们示弱，不以军来犯，定会趁夜突袭。”言毕他命军士筑起长垒，埋伏兵士，并在垒外挖深壕，并大开军营东门。

天刚黑，张弘范又让兵士把白天所挖的壕沟加深加宽近两倍。

果不其然，大半夜，李果然派人来偷营，叛军抬飞桥和长梯，蜂拥而至。李璮军人白天看见张弘范兵士挖壕沟，根据目测，他们赶制了尺寸差不多的攻具。结果，因张弘范趁黑让兵士加深加宽了壕沟，突袭的李璮军收不住脚，连同云梯、飞桥等物一并栽入沟中，登时摔死不少人。即使没摔死的，也被埋伏的蒙军砍死。就这样，还是有数百人跃上壕沟，未近垒门，皆被元军伏兵张弩射杀，一个不剩。

李璮手下数千人一夜被杀，二主将被擒。张柔闻知，掀髯大笑，高叫“真吾子也”！

因此功，忽必烈亲自召见张弘范，授他为顺天路管民总管，“佩金虎符”。转年，又让他坐镇大名。

张弘范不仅能杀伐，也有治理之才。大名突发大水，未经上报，张弘范就擅自免掉当年大名居民的赋税。忽必烈恼怒，召其入大都，责问他为什么擅免赋税。张弘范表示：“今年大水，颗粒无收，如果非要居民交赋税，必定死人不少。民死民逃，明年赋税从何而出？不如暂免今年，来年视情况加收，如此，大名岂非陛下之大粮仓吗！”

忽必烈大喜，忙说：“卿甚知大体！”

而后，元军攻宋，张弘范一直作为先锋将，特别是襄阳、樊城的关键战役，他既出力又出谋，身先士卒，最终克樊城、降襄阳，并陪南宋降将吕文焕回大都入觐忽必烈，获赐锦衣、宝鞍以及白银无数。

江南战役中，张弘范胆气倍豪，创作其代表作《鹧鸪天围襄阳》：

> 铁甲珊珊渡汉江，南蛮犹自不归降。东西势列千层厚，南北军屯百万长。弓扣月，剑磨霜。征鞍遥日下襄阳。鬼门今日功劳了，好去临江醉一场。

为此，邓光荐夸他说："公（张弘范）天分英特，虽观书大略，率意吐辞，往往踔厉奇伟。据鞍从（纵）横，横槊酾酒，叱咤风生，豪快天纵，类楚汉烈士语。"

至元十一年开始，元军统师伯颜领军打响灭宋最后一战，渡江前锋，正是张弘范。至元十二年夏，张弘范率元军相继击败贾似道、孙虎臣所率南宋的水陆大军，长驱至建康。忽必烈有旨，想制止元军的一再前进，怕暑气引发疫病，降低战斗力。张弘范向伯颜力谏，希望元军"乘破竹之势"一鼓作气，并亲自回大都向忽必烈陈说进攻形势。得到首肯后，他飞驰回作战最前线，又分别击败南宋大将姜才等人，并在焦山决战中出奇兵，把张世杰与孙虎臣所统的南宋水师杀得血染大江，夺南宋战舰上百艘。最终，与伯颜一起，他率大军兵临杭州城下，迫使谢太后与宋恭帝出降。

至元十五年，得知与自己同宗的南宋大将张世杰在海上立广王赵昺为帝，张弘范又自告奋勇，统兵向闽广之地，准备为元朝拔掉最后一颗眼中钉。

忽必烈深嘉张氏父子的"忠勇"，诏令其为"蒙古汉军都元帅"。

陛辞时，张弘范还假意推辞主帅一职："汉人自本朝之始，无统蒙古军者，请陛下命一蒙古宗臣为主帅，为臣副之。"忽必烈又喜又叹："汝能以汝父为榜样，为朕尽心，何辞主帅！"马上派人赐张弘范锦衣、玉带。张拒受花里胡哨的锦衣和玉带，表示说自己喜欢宝剑与铠甲。

忽必烈爽快，马上命人赐其尚方宝剑并下谕道："剑，汝之副也。有不用命者，以此处之。"也就是说，忽必烈授予张弘范绝对威权，无论蒙古还是汉人等诸族大将，有不听命者都可以立时处斩。

有忽必烈撑腰，张弘范抖擞精神，飞驰至扬州，择选将校及二万水陆精兵，以其弟张弘正为先锋将，分道南征。

其间，元军连战连捷。张弘范擒文天祥、败张世杰，最终在厓山一役中彻彻底底把南宋灭亡掉，"岭海悉平"，成为元朝的不世功臣之一。

奇功告成后，归京途中，张弘范豪情万丈，又作《木兰花慢》四首，兹录其二：

> 功名归堕甑，便拂袖，不须惊。且书剑蹉跎，林泉笑傲，诗酒飘零。人间事、良可笑，似长空，云影弄阴晴。莫泣穷途老泪，休怜儿女新亭。浩歌一曲饭牛声，天际暮烟冥。正百二河山，一时冠带，老却升平。英雄亦应无用，拟风尘、万里奋鹏程。谁忆青春富贵，为怜四海苍生。

> 混鱼龙人海，快一夕，起鲲鹏。驾万里长风，高掀北海，直入南溟。生平许身报国，等人闲，生死一毫轻。落日旌旗万马，秋风鼓角连营。炎方灰冷已如冰，余烬淡孤星。爱铜柱新功，玉兰奇节，特请高缨。胸中凛然冰雪，任蛮烟瘴雾不须惊。整顿乾坤事了，归来虎拜龙庭。

乍看内容，以为是汉族王朝封侯拜相的哪位爷精忠怀国之作。一腔浩气之中，竟也有淡淡的忧愁散见于词意之内。

不知是天谴还是报应，灭宋的同一年年底，张弘范在大都即患重病，应该是因劳成疾，没几天，他就卧床不起。忽必烈心焦，派御医探诊，并诏令御林军为这位“能臣”守门，禁止杂人打搅。

一日，病入膏肓的张弘范回光返照，沐浴后换上新衣，至中庭面阙再拜。退坐后，命酒作乐，与亲故言别。杂事交代后，他拿出御赐的剑、甲，对其子张珪说：“汝父以此立大功，汝佩之，勿忘为大元尽忠。”

表演完毕，他“端坐而卒”，时年四十三岁。

元廷赠谥，先为“武烈”，后改谥与其父张柔一样，同为“忠武”。

延祐年间，元廷追封他为“淮阳王”，改谥“献武”。为蒙古人狼奔豕突一辈子，张弘范称得上“死而后已”。

张弘范死了，还不算完，其子张珪也是元史中一个十分重要的人物。纵览《元史》，张柔、张弘范、张珪祖、父、孙三人，分列第三十四、第四十三、第六十二列传中，可见这三个人对元的“贡献”有多大。

张珪，字公端，少年时代从其父张弘范入林中射猎，有猛虎扑前，张珪抽矢直前，一箭而洞其喉，一军尽惊。可见也是将门虎子。

平定广海之时，张弘范生俘了南宋礼部侍郎邓光荐这个大儒，便命其为儿子张珪当老师。邓光荐大儒，谆谆教导，果然把张珪教成一个日后出将入相的人物。

张珪十六岁，即“摄管军万户”，已经是师级干部。至元二十九年，忽必烈念张柔父子旧功，拜张珪为枢密副使（国防部副部长）。蒙古贵族、时为太傅的月儿鲁那演劝谏说：“张珪年轻，先让他做枢密佥书（国防部司长），果可大用，日后再擢升他不迟。”忽必烈马上摇头：“张家为我大元灭宋、灭金，三世尽死力，岂可吝惜官职！”立拜张珪为镇国上将军。

日后，张珪事元数帝，尽忠尽力，皆以辅政为功，知无不言，言无不尽，只能以“鞠躬尽瘁”四字来形容。

可悲可叹的是，张家三代世为元朝鹰犬，文治武功，似乎应该留得万世名。但是，时至今日，人们记住的，只是张弘范厓山灭宋、杀人百万的屠夫行径，只依稀知道那两句明儒的讽刺诗文："勒功奇石张弘范，不是胡儿是汉儿。"

更值得一叙的是，张弘范这一支系的后代下场极惨。

泰定帝崩后，元明宗、元文宗兄弟与天顺帝争位，两派支持者大打出手，上都诸王在紫荆关把大都诸王一派军队打得大败。大都诸王军队撤退的时候，肆意剽掠，张珪的儿子张景武（当时张珪已死）时为保定路的武昌万户，仗恃自己是当地数世豪强和三世尽忠大元的底气，率手下民兵手持大棒，打死数百溃退时抢劫剽掠的大都诸王派元兵，保家卫乡。

如果上都诸王一派获胜，估计张景武肯定要得到大大的表彰。结果，大都诸王派最终获胜，王爷额森特率大军路过保定，冲进张家大院，把包括张景武在内的张弘范的五个孙子（皆是张珪之子）尽数抓住，酷刑处决，家产全部抢空。然后，把张家女眷一律交与元军轮奸后杀死。

张家唯一留下的活口，是张弘范的一个孙女。额森特见她貌美，奸污后纳为妾室。

要说也真够惨，老张家为蒙古人卖命数世，最后换来这个下场。可悲，可叹，可怜，可恨！

最后，录张弘范《点绛唇》一首。其人乃屠戮杀才，其文着实丽质清新，意境独特。细嚼慢品下，竟能让人有森然孤冷之感，体味出词中年寿不永之谶：

独上高楼，恨随春草连天去。乱山无数，隔断巫阳路。
信断梅花，惆怅人何处，愁无语。野鸦烟树，一点斜阳暮。

急流勇退

史天泽

与张柔、张弘范、张珪相仿，史天泽上有其父史秉直，下有其子史格，一家三代，皆是元朝耿耿忠心的“大功臣”。

史家同张家一样，也是河北土豪出身。他们的籍贯为永清，多年来一直处于金国统治下。史天泽的曾祖史祖伦是个盗墓贼，史臣为之涂金，说史祖伦“少好侠，因筑室发土得金，始饶于财”，盖房子挖地基，竟能掘出一窖大元宝，真是天上掉馅饼的好事情。

到史天泽父亲史秉直这一辈，正赶上金国末年蒙古军队攻入金境杀人劫财毁城的乱世，听闻蒙古的“太师国王”木华黎统兵南伐，杀人无数，吓破胆的史秉直召集族人，裹挟当地数千民众，径自到涿州向蒙古军投降。

河北的汉人一直很顽强，木华黎看见这么一个汉族人如此孝顺，大喜，想提拔史秉直当官。史秉直年事已高，就把自己的儿子史天倪、史天安、史天泽三人推荐出来。于是，木华黎授史天倪为“万户”，又令史秉直在霸州管理降附汉人、女真人、契丹人的家属，为蒙古军做“后勤”工作。

史秉直兢兢业业，括银造甲，收敛赋税，源源不断地向蒙古军输送银粮。蒙古初期占据中原的念头还不大，不久，蒙军与金国暂时讲和，军队回撤，就让史秉直把他诱集的十余万户汉民迁往漠北当奴隶，一路之上，饥寒交迫，缺吃少穿，加上凶残蒙古兵士的折磨殴打，十余万户能活着到达漠北的汉人，百不存一。

后来，蒙古又兴兵，攻打金国“北京”，史秉直仍旧为蒙古军主持“馈饷”等后勤工作，使蒙古“军中未尝乏绝”，保障有力，服务到位，最终“光荣”退休，归老于家，安死床上。

史秉直三子，长子史天倪和次子史天安同史同传，其三子史天泽自己单独一传。

史天倪很为蒙古卖命，在木华黎手下东杀西伐，连克城池，杀人数万，把金国“九公”之一的武仙打得也不得不“投降”。为此，木华黎任命史天倪为河北西路兵马都元帅，以武仙为副（史天倪堂兄史天祥“孤胆英雄”入武仙营中劝降此人）。二人开始挺配合，把趁金乱进入河北的南宋将领彭义斌一部在思州杀得大败而去。

乱世多变。不久，武仙老哥们的老部下数千人据二山寨“反正”，重新换上金军旗号。史天倪闻讯，亲自率军直捣山寨，把数千人杀得一个不剩。惭怒之下，武仙设宴“邀请”史天倪，表示说一来为昔日部下“造反”谢罪，二来为史天倪庆功。当时史秉直还活着，向儿子密言武仙有诈，劝他别去。史天倪觉得自己英明神武，不听，老史只得捎上两个孙子离开军营回老家。

结果，史天倪一去不回。刚入酒席，武仙当面就给了他一刀。埋伏兵士群上，把史天倪剁成肉酱，并杀其三个幼子。其妻程氏闻乱，惊惶下也投缳自杀。

史天倪的弟弟史天安听闻大哥被杀，马上与三弟史天泽会军，满怀悲愤地向武仙发动攻击。武仙不敌，败走。

而后，史天安在蒙古国灭金过程中出力不少，并为蒙古军消灭了河北梁满、苏杰等不少汉族地方武装。此人命短，壮年病死。其子史枢也是蒙古得力鹰犬。

蒙哥汗伐蜀，史枢自荐为前锋，在剑州苦竹崖率数十精兵，缒绳入数百尺绝涧，攻取南宋一处咽喉要地。庆功大宴中，蒙哥汗命自己的皇后亲自酌酒给史枢喝，并向在座的“新附渠帅”们讲：“我国自开创以来，未有皇后赐臣下酒者。特以（史）枢父子世笃忠贞，故宠以殊礼。有能尽瘁事国者，礼亦如之！”

得到主子如此赏识，史枢跟随其三叔史天泽败吕文德，讨李璮，伐南宋，哪里有战斗，哪里就有他的身影。征伐攻杀了大半辈子，史枢于至元二十四年病死，时年六十七岁，其二子仍为禁卫军将一类的元帝心腹。

史天泽，字润甫，乃史秉直第三子。此人“身长八尺，音如洪钟，善骑射，勇力绝人”，是块天生的冲杀料子。其兄史天倪被武仙诱杀后，史家部众多亡散。史天泽报仇心切，搜罗大笔金银驮于马上，招兵买马，又得三千蒙古援军，击败武仙手下有名的骁勇之将葛铁枪，乘势破中山，掠无极，拔赵州，与二哥史天安会兵一处，并力赶跑了武仙，克复真定治所。

而后，史天泽在蒙古灭金的战斗中胜绩连连，特别是金哀宗弃汴京逃跑以后，史天泽一路率军紧追不舍，并在蒲城歼灭了金国宰相完颜白撒所率的八万兵，给金王朝以灭顶一击。

蔡州之战，史天泽“血战连日”，最终逼得金哀宗在幽兰轩上吊自杀。

蔡州灭金战中，史天泽与张柔等昔日金国臣民，打起仗来比蒙古人还要卖力百倍。

灭金后，史天泽与蒙古军杀向南宋。峭石滩一战，杀溺宋兵数万；寿春之战，他率蒙古军把数万宋军驱入淮水中淹死；蒙哥汗伐蜀，史天泽亲统水军，在嘉陵江三败南宋援蜀的大将吕文德，顺流纵击，夺得战舰数百艘。

忽必烈继位后，史天泽扈从北进，得拜中书右丞相，从征阿里不哥，立功甚多。李璮据山东反叛，史天泽亲受忽必烈诏旨，率军讨伐，最终攻克济南，活捉李璮。因怕李璮被押送大都后胡乱牵扯自己及河北的汉将，史天泽未经忽必烈批准，即刻剐杀了这位“造反”的地头王。

回大都后，怕忽必烈猜忌汉人（实际上忽必烈对汉人地方势力已经大起疑心），史天泽主动要求解除兵权，史氏子侄即日解兵符者，共有十七人。此举，大得忽必烈欢心，也为史家赢得了更大的“生存空间”。

至元元年，元廷加其为光禄大夫，依旧拜右丞相。至元三年，史天泽任枢密副使（太子真金持衔为正使，所以他实际上是主事的“国防部常务副部长”）。至元四年，改授中书左丞相。

至元十一年，忽必烈下诏派史天泽与丞相伯颜一起统领大军，发起对南宋的最后一击。行至郢州，史天泽患病，返至襄阳休养。

忽必烈闻讯，立刻派近侍携葡萄酒相赐，并慰勉说：“卿自朕祖以来，躬擐甲胄，跋履山川，宣力多矣。又，卿首事南伐（宋朝），异日功成，皆卿力也。勿以小疾阻行为忧。”

于是，忽必烈派人护送史天泽回真定老家，派去数批御医为其治病。

史天泽回真定后很快就病死，时年七十四岁，元帝震悼，赠太尉，谥“忠武”。后累赠太师，进封镇阳王。

可称道的是，史天泽四十岁的时候，才开始读书，尤熟于《资治通鉴》，立论多出人意料。倘使司马光地下有灵，知道自己的巨著变相协助了元朝灭宋，非气得地下翻身大叫不可。

正是由于读书明史，史天泽出将入相五十年，上不疑而下无怨，时人以其比于郭子仪、曹彬。

这位元朝的“郭子仪”，可谓一生谨慎，善始善终。

有其父必有其子。史天泽之子史格自少年时就为元朝效命，灭宋战役中常常不避箭矢，纵马前冲，一身战疮无数。特别是跟从元朝大将阿里海牙进攻广西、广东，破十八州，杀人无算。宋恭帝出降后，陈宜中、张世杰等人拥益王在福州为帝，准备复兴宋朝。当时，元朝在广东、广西等地的将领多年在外征战，常思北归，纷纷上言要求元廷放弃肇庆、德庆、封州等“蛮荒”之地，并兵合力在梧州设置戍守即可。如果这样，南宋很有可能苟延岁月，没准过几年又会出现个“中兴”奇迹。

当时，正是史格“高瞻远瞩”，他上表坚称不可撤备。在他的要求下，忽必烈“益增兵来援”，最终没给南宋留下最后的一丝喘息机会。

由此可见，史氏祖父孙三人，既是蒙古灭金的“大功臣”，又是灭宋的“大功臣”。元朝的汉族鹰犬中，老史家无疑是最得力的一个族群。而史天泽所得的“右丞相”高职，在元朝历史上可称是“前无古人，后无来者”。

史天泽明哲保身最高的一招是“交兵权”，无形中解决了一直困扰忽必烈的汉族世侯问题。

金末以来，河北等地汉族地方势力结众自保，分族群地投附蒙古。蒙古人对这些人，基本上采取“争取”的政策，招降纳叛，不仅大授美职，还模仿漠北蒙古传统制度让这些汉人土豪世袭官职。当然，每处均会派出达鲁赤花行监督之职，汉人世侯们也要送子弟入蒙古为人质。汉人势力最盛者，除张柔、史天泽两家外，还有西京的刘黑马、东平的严实、济南的张荣、大名的王珍、太原郝和尚以及益都的李全之子李璮。这几个汉人家族各拥重兵，子弟为将，每家的统治范围都有千里之广，地位十分重要。

最后，正是由于拥兵近十万、占据山东数十城的李璮叛乱，才使得元朝下决心收回汉族世侯手中的权力，结束了他们为时数十年的“藩镇割据”。

所以，史天泽既首先带兵平定李璮，又使元廷兵不血刃收回世侯的权力，忽必烈不能不对他委以重任。

被遗忘的“使节”

郝经

雁啼月落扬子城，东风送潮江有声。

乾坤汹汹欲浮动，窗户凛凛阴寒生。

……

起来看雨天星稀，疑有万壑霜松鸣。

又如暴雷郁未发，喑呜水底号鲲鲸。

……

虚庭徙倚夜向晨，重门击柝无人行。

三年江边不见江，听此感激尤伤情。

……

这首《江声行》，并非哪个幽怨的妇人所作，乃元朝汉人郝经出使南宋被拘时，在真州的囚所感慨而发的诗作。

郝经，字伯常，泽州陵川（今山西陵川）人，乃金朝大文豪元好问的弟子。金亡后，郝经一家迁于顺天府，由于家贫，他白天干活，夜晚读书。

后来，蒙古国汉将张柔、贾辅知其名，请他到家里教子弟读书，由于两家藏书万卷，郝经趁机博览群书，无所不通。这一来，真正的“教学相长”，他不仅教出了张弘范这样的“人才”，自己的儒业也取得长足进步。

蒙哥汗时代，忽必烈在金莲川以宗王身份开府，延请郝经当幕僚，献计献策，忽必烈大悦，遂留他于王府。

后来，他跟从忽必烈攻鄂州。蒙哥汗在钓鱼城下受伤身死，忽必烈犹豫不决，正是郝经一席话，坚定了他北返争夺汗位的决心。

最后，郝经为忽必烈出主意：

先命劲兵把截江面，与宋议和，许割淮南、汉上、梓夔两路，定疆界岁币。置辎重，以轻骑归，渡淮乘驿，直造燕都，则从天而下，彼之奸谋僭志，冰释瓦解。遣一军逆蒙哥汗灵舆，收皇帝玺。遣使召旭烈、阿里不哥、摩哥及诸王驸马，会丧和林。差官于汴京、京兆、成都、西凉、东平、西京、北京，抚慰安辑，召真金太子镇燕都，示以形势。则大宝有归，而社稷安。

忽必烈依计，一步一个脚印，果然以鱼化龙，由一个蒙古宗王变成了“元世祖”。

郝经立马受重用，得授翰林侍读学士，佩“金虎符”，充“国信使”，带大批从人出使南宋，通告忽必烈为帝的事情，商谈和议。

临行，郝经一腔忠心，上奏立政大要共十六事。

郝经行至宋境，贾似道怕自己在鄂州私下与忽必烈议和纳贡之事被宋帝知晓，命李庭芝派人把郝经软禁在真州。

这一囚，不是一两年，也不是三五年，而是整整十六年。其间，元廷也不知道他到底是死是活。

如果换了别人，可能早就郁闷而死，幸亏郝经大儒出身，善于处变。在囚所，他常常给从行者讲课授经，使得从者皆通于学。而他本人，日以节操自诩：“心苦天为碎，辞穷海欲干。起来看北斗，何日见长安。”

以长安拟“大都”，郝经日夜思归元京。

据《元史》载：

（郝）经还（大都）之岁，汴中民射雁金明池，得系帛，书诗云：“霜落风高恣所如，归期回首是春初。上林天子援弓缴，穷海累臣有帛书。”后题曰：“中统十五年九月一日放雁，获者勿杀，国信大使郝经书于真州忠勇军营新馆。”

也就是说，郝经被拘几年后，在1274年从宋人供食的活大雁中挑出一只健壮能飞的，系蜡书于雁足，放飞大雁。“中统十五年”实为“至元五年”，郝经被拘于宋，不知元朝改元的事，所以他依此推之为

"中统十五年"，据此，可以想见这个"传奇"故事倒八分有真。

遥想当年汉武帝时，苏武受囚时间比郝经还多三年，总共十九年。文史的力量真大，郝经据此演出"真人秀"，把昔日汉使所编的"故事"演绎成真。

贾似道败后，至元十二年，郝经才被宋人放归。

倒霉的是，他在归途中染病，回到大都即一病不起。濒死之际，郝经仍不忘作诗效忠：

百战归来力不任，消磨神骏老骎骎。
垂头自惜千金骨，伏枥仍存万里心。
岁月淹延官路杳，风尘荏苒塞垣深。
短歌声断银壶缺，常记当年烈士吟。

（《老马》）

他以马喻己，不服老，很想再为大元朝干上几十年。可惜，几十天过后，这位元朝"苏武"便一命归西，时年仅五十三岁，一辈子没过上几天好日子。

如此死心塌地服务元朝的一个儒生，死后虽被谥为"忠武"，仍不免遭人遗忘。

假若问起当今青年人，苏武是谁，一百个中大概有六十个知道，毕竟有羊肉饭馆名叫"苏武牧羊"嘛。如果问他们"郝经"是谁，估计一个也答不出，"郝经"为何人，着实让人惘然。

如果郝经在今天的被遗忘是"悲剧"，元朝还有一伙汉人是更大的"悲剧"。

蒙古灭金后，大汗窝阔台曾派月里麻思为正使，率七十多人的使团出使南宋。行至江南，即被宋军扣留。这伙人比郝经一伙人还冤，从1241年起，一直被秘密扣押了三十六年之久。

其间，正使月里麻思因病而死。其属下有位汉人名叫赵成，出发时是个毛头小伙子，与其父一起作为月里麻思随人的身份使宋。正使死，父亲死，赵成直到元军平灭南宋后才被“救出”。当时，元军将士自己都糊涂：宋军关押的这个“蒙古使臣”是什么人，啥时啥人派他来干啥的？

确实，三十六年过去，物是人非，赵成一行不仅被宋人“遗忘”，也被元朝“亲人”（不知元朝是否视此汉人为“亲人”）遗忘。悲夫！

挣开人性的枷锁

《窦娥冤》的背后

我们身之所处，是一个调侃的时代。“靠，我比窦娥还冤！”这句顽皮话，八十二岁以下、十二岁以上的中国人，几乎每个人都曾絮叨过。文化“档次”高一点儿的，可能还会双眼望天故作沉痛状，加上一句：“六月盛夏，咋不下雪呢？”以此表示他“冤”得可以。

窦娥，昔日关汉卿笔下那个贪婪、无耻社会的牺牲品形象，在中国人力避沉重的天性中，逐渐消解了。剩下的，只是一种充满轻松俏皮的言语皮屑。在无知无畏的时代，庄严、悲沉皆沦为浮薄的滑稽、调笑。

我们是个喜欢矫枉过正的民族。数十年前，《窦娥冤》不仅仅“反映封建社会普通人民与封建统治阶级的矛盾”和“反映被压迫妇女的反抗意识”，还“反映出在元朝残酷压迫下亡国的中国人对现实社会的几种不同态度”。阐而发之，有的学者还把窦娥的悲剧提高到“民族气节”的高度，大加鞭挞“封建主义”“民族败类”“投降恶势力”，等等。

所有这些牵强附会，无外乎是“那个”时代的产物，文学分析沦为庸俗社会学与政治学的教条分析。这种看似“崇高”的议评，其实与今天的口头禅“我比窦娥还冤”，只是五十步与百步之分。

时代，生活，人性，才是《窦娥冤》真正的精髓所在。

文学史上的冤案

关汉卿

关汉卿的“户籍”记录十分可疑，不仅居住地不清楚，生卒年月也模糊无据。出生地方面，有说他是大都（今北京）人，又有说他是河北祁州（今河北安国）伍仁村人。当然，当时祁州其实也属于“大都”范围内（元代祁州属中书省保定路），关汉卿的出生地应该分歧不是很大（又有一说他乃解州人，即今天的山西运城）。

最模糊不清的，是他的生卒年月问题。元末杨廉夫称他为“大金优谏”，另一位元末的朱经（《青楼集序》作者）也称他为“金（国）之遗民”，大多数介绍性文字皆称关汉卿青年时代（二十岁左右）经历了金朝的亡国之痛，所以认定他的卒年最迟不会超过1300年。这是因为，钟嗣成所著《录鬼簿》成书于1300年，把关汉卿列为已经“西归”的才子第一人。可以肯定的是，关汉卿在南宋亡国时的1279年左右仍很健朗，并作《杭州景》描述临安风貌：

> 普天下锦绣乡，环海内风流地。大元朝新附国，亡宋家旧华夷。水秀山奇，一到处堪游戏，这答儿忒富贵。满城中绣幕风帘，一哄地人烟凑集。

此外，证明关汉卿在1297年还活在人世的“证据”是，他曾作《大德歌》十首，而“大德”是元成宗在1297年的年号。在《大德歌·夏》中，关还神气活现地唱道：“俏冤家，在天涯，偏那里绿杨堪系马。因坐南窗下，数对清风想念他。”

但是，细心钩沉的中外学者悉心推究，又“推翻”了关汉卿卒于1300年以前的说法——研究元史的学者所凭据的最重要的历史笔记之一《辍耕录》（元末陶宗仪著）上讲了一个“掌故”：

拢袖女俑　元

诗人王和卿临死时，其老友关汉卿去生祭他，看见正在学和尚临死趺坐的王和卿鼻孔中垂下两条大混鼻涕。文人喜诌，有人就嚷嚷说王诗人坐化了，他的大鼻涕乃佛家所称的“玉筋”，只有道行高的信者坐化时才出现。关汉卿不以为然，拿这位一脚已经踏入鬼门关的王诗人大开玩笑，说他那鼻涕不是“玉筋”，而是牲口得疫病要死时流出的“嗓”涕。众人闻言皆笑，关汉卿很是“无厘头”了一把。

有据可考的是，诗人王和卿死于1320年，那时距金国灭亡已过去了八十六个年头。即使金亡时关汉卿只有十几岁，推算下来，王和卿死时他也有百岁高龄了。百岁的“无齿之徒”还能开这么生猛的玩笑，大可令人生疑。

恰恰因为陶宗仪的《辍耕录》很权威，学者们便又展开遐思，并大胆论证出：应该有两个关汉卿，一个是由金入元的关汉卿，一个是活跃在元代中前期的关汉卿。这两个人都写杂剧，都行为纵荡，所以后人便把二人合而为一。

笔者揣测，上述“论断”，过于拘泥《辍耕录》的记载。其实，“两个关汉卿”之说根本站不住脚，虽然天下无巧不成“书”，却也巧不到有两个老关都以写杂剧著名。

陶宗仪所载，有些是史实，有些是梨园内从前辈艺人那里道听途说的“轶事”。可以这样讲，到王和卿家吊丧之事就属于“轶事”。依关汉卿的性格，这样的事情他做得出，但对象不一定是王和卿。王和卿死时年近八十岁，其儿子又是当朝司天监这样体面的官员，那种场合下不可能出现任由关汉卿“搞笑”的情况。极有可能的是，有一位姓名类似“王和卿”的诗人或梨园人物入殓之际，关汉卿前往生吊，才演出了这么一出活报剧。陶宗仪不知就里，把“死人”安在了他所知道的“王和卿”身上。

所以，我认为钟嗣成《录鬼簿》中的记载可信，关汉卿应是死于1300年之前，确乃金亡入元的人物。

关汉卿确实是艺术大家，创作力惊人，比莎士比亚和巴尔扎克都不遑多让。他一生写出六十三本杂剧（比莎士比亚多出近一倍），可惜的是，后世留存的关汉卿剧本仅有十八本，除掉三本误归入他名下的，其实只有十五本。所以，在这一点上，英国的莎士比亚比“东方莎士比亚”要幸运好多，他的东西基本保存了下来，甚至还有手稿。

此外，莎士比亚生活于欧洲文艺复兴时代，即使是写戏的“戏子”，也有吃有喝风光无限。反观我们的关汉卿，正处于中国知识分子最黑暗的年代，仕进不得，又位列“臭老九”，故而他们只能向市井瓦肆勾栏的“劳动人民”投靠，写些剧本或传奇赖以糊口。

蒙古灭金后，曾因耶律楚材的建议一度恢复过科举，但很快就因蒙古人、色目人的反对而罢止。这一停就停了八十年，元仁宗延祐元年才恢复科举。所以，亡金、亡宋的汉族士大夫们，或沦为刀笔吏，或卖身入蒙古、色目大户人家做账房先生，实在混不上一口饭的就只能一手提灰一手拎竹枝在闹市中画字行乞。

与上述几种“士人”相比，关汉卿们其实混得还算不错，称得上是汉族士人群中的“天王巨星”。如此心气，才能写出这样放荡不羁的“自诉状”：

> 我是个蒸不烂、煮不熟、捶不匾、炒不爆、响珰珰一粒铜豌豆，恁子弟每谁教你钻入他锄不断、斫不下、解不开、顿不脱、慢腾腾千层锦套头。
>
> 我玩的是梁园月，饮的是东京酒，赏的是洛阳花，攀的是章台柳。我也会吟诗、会篆籀、会弹丝、会品竹；我也会唱鹧鸪、舞垂手、会打围、会蹴鞠、会围棋、会双陆。
>
> 你便是落了我牙、歪了我嘴、瘸了我腿、折了我手，天赐与我这几般儿歹徒候。
>
> 尚兀自不肯休。则除是阎王亲自唤，神鬼自来勾，三魂

归地府，七魂丧冥幽。天哪，那其间才不向烟花路儿上走。

（《南吕·一枝花·不伏老》）

北宋以来，中国的都市发展迅速，手工业和各种行会组织雨后春笋般兴起。蒙古人的铁蹄虽蹂躏中原、江南数十年，但横跨欧亚的大元帝国的建立，使得海上、陆路交通四通八达，辐射南北东西，城市发展逐渐恢复了元气。大都、苏州、杭州等地商业繁华，人头涌动，昔日已经风行一时的瓦肆勾栏中的说唱、杂技、戏剧，在元朝这样一个畸形时期忽然更加发达。

随着南宋王朝的覆灭，大批蒙古、色目、汉人等“北人”随着军队蜂拥到中国南方，或行戍，或做官，或经商，战尘落定，这些人也需要适合自己口味的娱乐。于他们而言，北曲歌吟为主并以北方方言为基础的杂剧，最符合他们的欣赏需求。由此，供需关系形成。本来应该“学成文武艺，货与帝王家”的士人们因科举停摆，只能走“形而下”道路。为了谋生糊口，他们“屈尊俯就”地与昔日的“俳优”之流合作，写话本、弄杂剧，甚至自编自导自演，又是“梨园领袖”，又是“杂剧班头”，总算在社会中找到了自己的“位置”。

如此一来，南方的知识分子逐渐知道了整天吟诗作赋会饿死，也开始模仿北方作家的杂剧等体裁进行“创作”。例如杭州沈和甫，因戏本写得好，名气渐大，被人称诩为“蛮子汉卿”，即“南方关汉卿”。

在这种社会氛围中，昔日吟风弄月的士大夫在串场走穴中不仅挣得了活命饭，物质生活越过越滋润，放下身架后，他们还能在戏曲中抒发胸中块垒，自然日渐投入，并逐渐把剧场和书会发展成行会组织。元代的汉族大官赵孟頫很熟悉关汉卿等人的“动作”，朱权引赵语云：“良家子弟所扮杂剧，谓之‘行家生活’；娼优所扮者，谓之‘戾家把戏’。良人贵其耻，故扮者寡，今少矣，反以娼优扮者谓之‘行家’，失之远也。或问其何故哉？则应之曰：杂剧出于鸿儒硕士、骚人墨客所作，皆良人也。若非我辈所作，娼优岂能扮乎？推其本而明其理，故以为‘戾家’也。”故关汉卿以为：“非是他当行本事，我家生活；他不过为奴隶之役，供笑殷勤，以奉我辈耳。子弟所扮，是我一家风月。”虽复戏言，甚近于理。

由此，也可见他们对士人作者的拔高。当然，与供调笑的“戏子”相比，关汉卿等人的艺术修养自然与他们判若云泥。

关汉卿的杂剧流传至今的有以下十五种：《元曲选》中有八本，包括《望江亭中秋切鲙》《感天动地窦娥冤》《杜蕊娘智赏金线池》《包待制智斩鲁斋郎》《包待制三勘蝴蝶梦》《赵盼儿风月救风尘》《钱大尹智宠谢天香》《温太真玉镜台》；《孤本元明杂剧》中有两本，《山神庙裴度还带》以及《邓夫人苦痛哭存孝》；《古今杂剧》中有四本，《关张双赴西蜀梦》《闺怨侍人拜月亭》《关大王独赴单刀会》《诈妮子调风月》；《元人杂剧全集》中有一本，即《钱大尹智勘绯衣梦》。可以这样讲，在中国古代戏曲创作方面，关汉卿前无古人、后无来者，即使是戏曲巅峰的明清时代，也没有哪个戏剧家的成就能与之比肩。

关汉卿的杂剧，大致可分为三类：

第一，为讨好市民阶层，自然是以男女风情为主要内容，代表作有《诈妮子》《拜月亭》《救风尘》等；第二，历史故事“新编”剧，如《单刀会》《哭存孝》《西蜀梦》等；第三，“现实主义”作品，《窦娥冤》《望江亭》《救风尘》等。由于杂剧是以“唱功”来加以表现，因此对剧作家的文学修养要求甚高，好在关汉卿这类人才皆是文章圣手、诗词大家，平日里“兴观群怨”玩得炉火纯青，自然是以诗入戏，浪漫主义与现实主义相结合，道白方面又从市民口语加以精心提炼，生动活泼，意味隽永，难怪让人流连忘返。

关汉卿青壮年时代，除写出一些市民“喜闻乐见”的剧本外，多着墨于历史人物剧，其中最典型的当数《西蜀梦》和《单刀会》。

《西蜀梦》是讲关羽、张飞被害后的鬼魂复仇故事，两个幽魂共去迢迢蜀地见大哥刘备，商议复仇大计，要“杀得那东吴（孙权）家死尸骸堰住江心水，下溜头淋流着血汁”，高呼着“杵尖上排定四颗（仇人）头，腔子内血向成都市里流”，整出戏里的对白和唱词，激愤幽沉，杀气重重，戾暴之语随处可见。这些，皆是那个残酷时代的烙印。

金朝末年以来，数千里间，人民被杀戮几尽。蒙古人在战争中所犯的残暴罪行，令人发指，不可胜数。屠戮成风之下，人民百不遗一，致使“遗民心胆破，讳说战争初”。

至于中国北方的昔日大儒世家，其后世子弟更是沦落到成为文盲“犬与猪”的悲惨境地。擅画梅花的元代大画家王冕有《冀州道中》一诗，真实表现了他路上所遇一个世代书香家庭而子孙已经目不识丁的状况：

> 我行冀州路，默想古帝都。水土或匪昔，《禹贡》书亦殊。
> 城郭类村坞，雨雪苦载涂。丛薄聚冻禽，狐狸啸枯株。
> 寒云着我巾，寒风裂我襦。盱衡一吐气，冻凌满髭须。
> 程程望烟火，道旁少人居。小米无得买，浊醪无得酤。
> 土房桑树根，仿佛似酒垆。徘徊问野老，可否借我厨？
> 野老欣笑迎，近前挽我裾。热水温我手，火炕暖我躯。
> 叮咛勿洗面，洗面破皮肤。我知老意仁，缓缓驱仆夫。
> 窃问老何族？云是奕世儒。自从大朝来，所习亮匪初。
> 民人籍征戍，悉为弓矢徒。纵有好儿孙，无异犬与猪。
> 至今成老翁，不识一字书。典故无所考，礼义何所拘？
> 论及祖父时，痛入骨髓余。我闻忽太息，执手空踌蹰。
> 踌蹰向苍天，何时更得甦？饮泣不忍言，拂袖西南隅。

由此可见，金宋的汉族遗民在悲伤沉郁之下，内心之中仍然抑制不住勃勃复仇的怒火。一切的一切，只能以戏剧形式得以宣泄。报仇雪恨与至死不屈，皆被关汉卿移植于剧中主人公身上，浓墨重彩地塑造他心中百折不挠的大英雄。

除《西蜀梦》以外，关汉卿最成功的历史剧本还有《单刀会》。亡国亡天下之余，汉族士庶只能把精神寄托于昔日的英雄豪杰身上，以他们的刚烈勇猛投射心中映象。阶级仇、民族恨，平素口中道不得，只能借戏中人物一展雄豪。

因此，关羽单刀赴会，在关汉卿笔下千锤百炼，终于成为脍炙人口的不朽传说。不管敌营“千丈虎狼穴”，只要凭关羽“大丈夫心烈”，无视“大江东去浪千叠”，好男儿只“引着数十人驾着这小舟一叶”，手持单刀，长髯飘洒，潇洒无畏地直赴“鸿门宴”。至今，笔者仍然记得高中时代背诵《单刀会》中关老爷那一段悲沉慷慨的豪迈唱词：

> 水涌山叠，年少周郎何处也？不觉的灰飞烟灭，可怜黄盖转伤嗟。破曹的樯橹一时绝，鏖兵的江水犹然热，好教我情惨切！这也不是江水，二十年流不尽的英雄血！（《驻马听》）

不朽的名剧
《窦娥冤》

> 有日月朝暮悬，有鬼神掌着生死权。天地也！只合把清浊分辨，可怎生糊突了盗跖，颜渊？为善的受贫穷更命短，造恶的享富贵又寿延。天地也！做得个怕硬欺软，却原来也这般顺水推船！地也，你不分好歹何为地！天也，你错勘贤愚枉做天！哎，只落得两泪涟涟。

一位贤德、忠贞、温良的年轻女子，火山爆发一般，忽然喷泻出如此激烈的怨愤之情，更彰显出元代社会的真实境遇：贤愚不分，善恶颠倒，残暴贪婪，人欲横流，暗无天日！

《窦娥冤》的剧情，当代人，特别是年轻一代，只是影影绰绰地知道她蒙冤被杀，怨气冲天，六月下雪。至于戏中真正曲折的剧情和人物刻画，大概没有多少人能晓得。曾经如日中天的戏剧，早已成为明日黄花。

但是，只要我们能静心一刻，翻开那脆黄的书页，肯定会立即被关汉卿笔下的人物和剧情吸引住，并能感同身受，浸沉于窦娥的世界：

窦娥原名窦端云，其父窦天章流落楚州（今江苏淮安）时曾因贫向高利贷者蔡婆婆借了二十两银子，一年下来，本利共四十两。窦秀才一贫如洗，又要前往大都应试科举，便只得把年方七岁的女儿端云“送”给蔡氏做童养媳（其子八岁）。小姑娘三岁丧母，七岁时父亲又舍她而去，命运确实够惨。端云长大后，改名窦娥，嫁与蔡婆婆之子为妻。两人青春恩爱，但两年不到，丈夫就害弱症而死，窦娥年纪轻轻守了寡，与婆婆相依为命，一起度日。

蔡婆婆仍操旧业，放贷为生。这是一种高风险职业。山阳县南门开药铺的行脚医生赛卢医（卢姓医生）借十两银子一年期到，无法偿还，见蔡婆婆来索债，便以同去家中取钱为借口，骗蔡婆婆上路。赛卢医半路杀心顿起，掏出条绳子想把蔡婆婆勒死以赖掉该还的银子。恰巧的是，无赖流民出身的张驴儿父子路过，赛卢医被吓跑，蔡婆婆总算活得一命。听蔡婆婆叙述前因后果，张驴儿会算计，对他老爸说：“婆子家还有个媳妇，如今我父子救了她性命，少不得要谢我们，不如你要这婆婆，我回去要她媳妇，两相配对，绝对稳赚的生意。”张老儿觉得儿子说的是，便向蔡婆婆提出父子娶婆媳的“计划”，蔡婆婆惊魂未定，表示拒绝。张驴儿凶相毕露，大叫：“如若不肯，这绳子还在，我仍旧勒死你罢了！”

蔡婆婆无奈，只得把这虎狼般的“恩人”父子领回家中，把事情原委告知儿媳。窦娥贤良女子，也忍不住嗔怪婆婆六十好儿的人还做出这样“枉教人笑破口”的荒唐事，规劝婆婆不要招惹这种村佬和“半死囚”的无赖父子上门。蔡婆婆以报活命之恩为由，劝媳妇答应婚事。张驴儿见窦娥美貌，魂飞天外，动手动脚，被窦娥怒斥推倒于一边。蔡婆婆心烦意乱，只得让张氏父子暂时住在家里。因烦生病，蔡婆婆很快就歪在病榻上不能起身。张驴儿见蔡婆婆害病，便想弄点毒药毒死她，然后好逼奸窦娥。

这无赖行至南门找药铺买毒药，正好遇见畏罪欲逃的赛卢医，连蒙带吓唬，从赛卢医手中讨来了毒药。胆寒之下，赛卢医潜逃到外地卖鼠药为生。

婆婆病后，窦娥贤惠，里外伺候，做羊肚汤给她喝，并乘间劝说：“我们与张氏父子非亲非眷，收留二人同住，街坊邻里会说闲话。”正劝解间，张驴儿回来，拿过羊肚汤就尝了一口，只说汤水少味，支开窦娥去取些盐醋，并趁机把毒药倒进汤内。张老儿人老嘴馋，闻味走近，张驴儿就让老爹把汤端给蔡婆婆喝。蔡婆婆病重欲呕，就把汤让给馋嘴的张老儿喝。老头儿仰脖，一口气把整碗毒药汤灌入腹中，登时身死。

张驴儿没料到毒错了人，马上诬告窦娥药死自己老爹，表示说，只要窦娥顺从与自己为妻，就按下此事不报官。窦娥愤怒：“你自己药死亲爹，还要吓唬谁！”蔡婆婆解劝不成，张驴儿把窦氏婆媳告至楚州太守桃杌处。

桃太守乃大贪官一个，收受张驴儿银两，任凭窦娥辩白喊冤，一口咬定婆媳二人下毒，重刑拷打窦娥。为免婆婆受刑讯，窦娥只得诬承自己下药毒死张老儿，最终被判斩刑。

临刑，窦娥发誓：自己含冤被杀，颈血要上喷于高挂旗枪上的丈二白练之上。同时表示，自己冲天怨气，定要激上天于盛夏降雪，遮掩倒卧黄尘中的清白之身。不仅如此，还要“着这楚州亢旱三年”。监斩官不信，令下刀落，鲜血溅处，六月冰花滚似锦，一腔热血冲白练……

窦天章在大都中举做官，步步高升，以两淮提刑肃政廉访使身份行按地方，到楚州查验案卷。窦娥冤魂出现，百端解释下，告明父亲，自己正是他的亲生女儿窦端云，受诬蔑被杀。

窦天章派人抓住张驴儿、桃太守一干人犯，又把逃至涿州的赛卢医也擒拿到衙，终于使女儿沉冤得雪。最后，窦天章贬了桃太守、流了赛卢医、剐了张驴儿，并收养了蔡婆婆。

此剧结局有些俗套，借窦天章之口唱道："从今后把金牌势剑从头摆，将滥官污吏都杀坏，与天子分忧，万民除害。"——这些，在黑暗的元朝，只不过是白日梦罢了。元朝社会，人民流离失所，社会秩序极度混乱，杀人抢劫，买卖人口，盗抢奸占，是随时随地可见的"常态"。

元代社会，官贪吏污是"正常"的政治生态。蒙古、色目阶层作为征服者，杀人掳掠，无恶不作。特别是元朝前期地方官并无正式俸禄，他们的贪污受贿就成为赚取薪水的"正当"手段。仅大德七年（1303年）一年，御史随便"普查"一次，就钩考得贪污官吏近两万人，没得赃钞四万五千余锭，发现冤案五千余件，真个是"金鼓看来都一样，官人与贼不争多"。

《窦娥冤》中的桃太守，就是个丑角形象。当差役押张驴儿、窦娥等入衙时，一干"人犯"跪地申诉，桃太守竟也向"人犯"下跪行礼。差役问原因，桃太守明白言道："你不知道，但来告状的，就是我的衣食父母！"此话虽令人发噱，却一语道破了数千年中国官场的黑暗生态。因此，张驴儿手中的银子就是桃太守的惊堂木，明明知道窦娥冤屈，他仍下令让衙役大刑拷讯这位无辜的年轻寡妇。

关汉卿深得戏剧情节安排之妙。世间传奇戏，虽以"现实"为基础，但最主要的是拼凑"现实"造成"无巧不成书"的细节来打动人。愈激烈、愈打动人的戏剧，在座观众稍稍一"清醒"，就会立刻察觉戏肉的安排太"巧合"，人物情节太做作，从而头脑中的"批判"就会占于上风。看一些言情剧，在男女主角大喊大叫的噪声中，观众最能感受下九流戏剧虚伪结构的苍白。

但是，关汉卿正是能从人物性格与人物语言上出戏，使理想与现实之间的衔接非常巧妙，高度掌握了戏剧的结构与戏剧的“冲突”，让人在道德升华的同时，感觉到戏剧“荒诞”的可信。

《窦娥冤》一剧，以“楔子”开端，借蔡婆婆自述，详细讲明了窦天章父女与她一家全部因缘的来龙去脉。如此，化冗繁为简约，一下就展现了元代社会的普通生活场景。窦天章书生出身，又携一幼女，在下层社会苦苦挣扎，只得把女儿变相卖给蔡婆婆才能使自己的“功名”之路有起点。蔡婆婆虽是高利贷者，却也不是多么凶恶的妇人，良心未泯。此种塑造，避免了人物的平面化和程式化。

赛卢医与窦天章相较，显然是个恶人。同样是欠钱不能偿还，他想到的竟然是杀掉债主，由此可以想见元代是怎样一个人相鱼肉的混乱社会。

此外，窦娥与蔡婆婆之间的关系，也不是那种被卖童养媳与恶婆婆之间的斗争关系，而是相依为命、互为温情的人世婆媳关系。

蔡婆婆一步走错，引狼入室，害了儿媳一条性命，但她表现出的真诚痛悔，让我们对这个高利贷婆怎么也恨不起来。

《窦娥冤》剧本的原始母体，当是“东海孝妇”的传说。据晋人干宝的《搜神记》：

> 汉时，东海孝妇，养姑甚谨。姑曰：“妇养我勤苦。我已老，何惜余年，久累年少。”遂自缢死。其女告官云：“妇杀我母。”官收，系之，拷掠毒治。孝妇不堪苦楚，自诬服之。时于公为狱吏，曰：“此妇养姑十余年，以孝闻彻，必不杀也。”太守不听。于公争不得理，抱其狱词，哭于府而去。自后郡中枯旱，三年不雨。后太守至，于公曰：“孝妇不当死，前太守枉杀之，咎当在此。”太守身祭孝妇冢，因表

其墓。天立雨，岁大熟。长老传云：“孝妇名周青。青将死，车载十丈竹竿，以悬五幡。立誓于众曰：‘青若有罪，愿杀，血当顺下；青若枉死，血当逆流。’既行刑已，其血青黄，缘幡竹而上，极标，又缘幡而下云。”

当然，原传说中没有多少戏剧冲突，“诬告”周青的小姑子非是出于恶意陷害；官员杀周青，也是误断误判，非出于收贿枉法。但这个故事中的“热血逆流”与“三年大旱”，确实有很浓烈的戏剧性效果。

至于“六月雪”，灵感当源于战国时代燕惠王手下大臣邹衍被冤入狱，五月盛夏之时（阴历五月等于阳历六月）霜从天降。在关汉卿笔下，“五月飞霜”发展成为“六月大雪”，戏剧效果更进一步。

关汉卿笔下的妇女人物，性格特征分明，一人一面，绝不雷同。窦娥虽是个贤良的媳妇，但也气性高傲，俐齿能言，泼辣不屈。乍听说婆婆答应张驴儿父子与自己婆媳二人“匹配”，窦娥倔强气恼，数落婆婆说：

遇时辰我替你忧，拜家堂我替你愁；梳着个霜雪般白鬏髻，怎将这云霞般锦帕兜？怪不的女大不中留。你如今六旬左右，可不道到中年万事休！旧恩爱一笔勾，新夫妻两意投，枉教人笑破口。

蔡婆讲：“我的性命都是他爷儿两个救的，事到如今，也顾不得别人笑话了。”

窦娥又道：“你虽然是得他、得他营救，须不是笋条、笋条年幼，刬的便巧画蛾眉成配偶。想当初你夫主遗留，替你图谋，置下田畴，早晚羹粥，寒暑衣裘，满望你鳏寡孤独，无捱无靠，母子每到白头。公公也，则落得干生受。”

而且，她还怒恼地奚落婆婆说："你道他匆匆喜，我替你倒细细愁：愁则愁兴阑珊咽不下交欢酒，愁则愁眼昏腾扭不上同心扣，愁则愁意朦胧睡不稳芙蓉褥。你待要笙歌引至画堂前，我道这姻缘敢落在他人后。"

相比关汉卿笔下的杜蕊娘、赵盼儿、燕燕等人，窦娥是个知书达礼、温柔敦厚的妇女。命运的乖涩、官府的不公以及张驴儿父子的无赖刁奸，都使她在忽然之间转化为一个指天骂地的抗争型妇女。纵受千般拷打，万种凌逼，她始终不承认是自己毒死张驴儿的父亲。

最后，恰恰是怕年迈的婆婆受毒刑，窦娥才屈招了"罪名"。临刑前，为避免婆婆见自己伤心，她还要求不走前街走后街。如此一个大义凛然的"自我牺牲者"，让我们见到了黑暗年代中人性最善良的光辉。

还值得一提的是，当窦天章当大官后，见到女儿鬼魂，马上拿出宝剑呵斥其不孝，窦娥的倔强性格仍旧保持，回斥道："哎！你个窦天章，直凭的威风大。"满腔冤由，一腹愤怒，俨如其在世之时。

当然，窦天章为自己女儿"平反昭雪"，这一情节太过牵强，太大的"巧合"，反而令人感到安排的痕迹太浓。在这一点上，关汉卿仍无法摆脱时代的束缚和道德的虚妄，凭借"鬼魂"来申冤，确实冤得可以——无论如何，那是一个黑暗时代的缩影。汉族下层人民，恰似窦娥那样一个孤弱女子，只能乞求"超自然"的力量来颠倒乾坤了。

关汉卿对人性有着无比深刻的洞察力。以张驴儿父子来讲，这一老一少两个泼皮无赖，他们的生活逻辑看似混乱不堪，毕竟在开始时也有救人的原始冲动，观其本性，并非"胎里坏"。但是，一旦救人成功，生存法则当即起了作用，他们马上想到的是"物质化"的报酬，是讨价还价。命，在他们眼中，都是有标价的。奇特而又让人感觉啼笑皆非的是儿子给混蛋老子"提亲"："不如你要了这婆婆，我要她媳妇，何等两便！"蔡婆婆慌乱无措表示不肯，他便马上威吓说："赛卢医的绳子还在，我仍旧勒死了你罢！"刚刚造了七级浮屠，听说没有回报，马上要把被救人重新送入地狱，这种天上地下的角色重换，在那样一个黑暗的社会，又让人感觉丝毫不奇怪。

究其实也，张驴儿只是欺软而已。真正遇到天性清傲的窦娥，他也无计可施，只得出下三烂的招数，先欲除掉蔡婆。

即使是剧中无关紧要的配角赛卢医，他本人也是个“受压迫者”，一个可怜又可恨的下层人物，蟑螂一样的东西。张驴儿要他合毒药时，他起先还骂对方：“这厮好大胆也！”倒忘了他早先要勒死债主的穷凶极恶。被逼卖毒药给张驴儿后，赛卢医因“一生最怕的就是见官”，忙逃往涿州躲避，以卖鼠药为生，“刚刚是老鼠被药杀了好几个，药死人的药，其实再也不曾合”。这样一个人，其实也是生活中的失败者，在利欲与苟活的夹缝中生存，卑微而又胆怯地活着。

《窦娥冤》中，窦天章虽是个“正面人物”，实际上却让人感到面目可憎。这位当年为了进京赶考把女儿卖给高利贷者蔡婆的读书人，做官变阔，察看案卷后，得知窦娥就是自己亲生女儿受刑而死，依旧一张“赏罚不避亲”的官脸，叱责道：“我当初将你嫁与他家（蔡婆家）呵，要你三从四德……到今日被你辱没祖宗世德，又连累我的清名。你快与我细吐真情，不要虚言支对，若说得有半厘差错，牒发你城隍祠内，差你永世不得人身，罚在阴山，永为饿鬼！”

这样一个刻薄寡情之人，还是统治者中“道德”最好的清官。由此推之，其余可以想见。

“八百媳妇”的密林

元成宗“守成”时代的蹉跌

1294年，春正月，二十二日。

再过很多年，假如爱因斯坦的“相对论”能从理论付诸实践，那时的人们乘“时光穿梭船”进行“历史漫游”，我想他们肯定在“回视”元朝时，会把飞船的时间设置在1294年春天的那一刻。设定地点：元朝上都。

彼时，“历史游客”们躺在飞船舒适的按摩椅上，透过超广角大屏幕，可以观看神奇影像摄录机拍下的历史镜头：

紫檀殿内，香烟缭绕，三名金紫贵臣跪于病榻之前，分别是平章政事不忽木、御史大夫月鲁那颜以及太傅伯颜。而躺在床上的，是个三百多斤的巨胖男人，他身前股后被厚实的锦被毛毡拥裹，很像一个被巨大汉堡包夹着的香肠。

“历史游客”们见此情景，可能会笑出声来。但是，在场的三个重臣以及宫内角落屏息侍跪的太监、宫女们却愁容满面。彼时彼地，老胖皇帝那渐行渐远的微弱呼吸，几乎使在场所有人喘不过气来。

苍鹰，终于消融于蓝天之中。忽必烈，死了。

并不顺利的继位

元成宗之立

忽必烈死时，其太子真金于九年前已经病死。依理，皇位应由真金的儿子来坐。真金有三子，分别是甘麻剌、答剌麻八剌以及铁穆耳。

在此，可以先排除答剌麻八剌，这个人在至元二十九年也病死了。当然，蒙古人喜幼子，忽必烈嫡子中最幼者那木罕本来很有机会。但这个王子倒霉，先前他拥兵与北边诸宗王打仗时，被手下人捆起当成俘虏礼物“卖了”，地位自然陡落。真金太子死后，他的“进取心”又太盛，引起父皇猜忌，自然完全丧失了做皇储的机会。

由此，真金太子的长子甘麻剌作为嫡长孙，自然是皇位最佳的继承人——这种观点，只是汉儒的观点。甘麻剌与铁穆耳，皆由真金太子妃阔阔真（又名伯蓝也怯赤）所生。甘麻剌自小由忽必烈皇后察必抚养长大，封晋王，长期在漠北任方面主帅。忽必烈在真金太子死后，并没有特意立“皇太孙”，可他专门为甘麻剌设置“内史府”，似乎是倾向于把这位孙子当接班人来培养。

但是，真金太子妃阔阔真对长子并没多少感情，她更喜欢幼子铁穆耳。铁穆耳文才武略都不错，曾统军平灭北部藩王哈丹的叛乱。忽必烈死前一年，他“受皇太子宝，抚军于北边”。史书上这种记载，非常可疑。忽必烈生前并没有刻意讲明要立哪个孙子为帝，总体上讲更可能倾向于嫡长孙甘麻剌。所以，他似乎不大可能把“皇太子宝”这样有象征性的印玺交给铁穆耳。

元朝皇位继承如此周折，与蒙古人立储制度的不完善有关。蒙古“黄金家族”子孙个个如龙似虎，每位大汗（皇帝）死后，即使真有遗旨，也不完全以之为凭，还往往要经过“忽里勒台”这种“民主”过程才能生效。

由于缺乏制度，皇族以及关键大臣在新君推立的过程中就尤显重要。此外，忽必烈正后南必的态度，也很关键。忽必烈原来的皇后察必死后，以南必为皇后。特别是老皇帝晚年，南必颇预政事。但这个女人似乎政治手腕并不高明，人也不是多有心计，整本《元史》中，她的传记只有短短五十九个字：

> 南必皇后，弘吉剌氏，纳陈孙仙童之女也。至元二十年，纳为皇后，继守正宫。时世祖春秋高，颇预政，相臣常不得见帝，辄因后奏事焉。有子一人，名铁蔑赤。

忽必烈病危时，只有不忽木、月鲁那颜与伯颜三个人侍疾，这样一来，南必在老皇帝死后摄政的可能性就降低到零，因为她无法捏造忽必烈的临终遗旨。

丞相完泽也对自己无法受顾命很不高兴，他曾对伯颜和月鲁那颜报怨："我年纪职位均在不忽木之上，国家面临如此大事而不得预闻，真让人郁闷！"

伯颜一句话把完泽噎了回去："假如丞相您识虑与不忽木相当，又何至于把我辈劳累成这个样子！"

完泽向"准太后"阔阔真告状，后者大怒，召三人前来质问，因为她本人同婆婆南必一样，心里根本不清楚要死的公公立自己哪个儿子当皇帝。

御史大夫月鲁那颜理直气壮："臣受顾命，太后但观臣等为之。臣若误国，即日伏诛。宗社大事，非宫中所当预知也。"

话说得有理有据，阔阔真肯定这位大臣的话，遂定大策。这一"大策"，当然就是立铁穆耳为帝。

为此，不忽木、伯颜、月鲁那颜实际上与阔阔真不谋而合。丞相完泽虽因不受顾命而气恼，但他本人是真金太子的老部下，只要真金的儿子为帝，无论立哪个，他肯定百分之百支持。所以，立储之事，完全是由几个大臣和准太后阔阔真导演，反倒没太皇太后南必什么事了。

说起这位阔阔真，她所以能成为真金太子妃，还有一出类似传奇戏曲的故事。

忽必烈壮年时外出打猎，途中口渴，发现路旁有一个蒙古包，便与从人下马，进去讨马奶酒喝。帐房内，只有一妙曼女子在整理驼绒。见忽必烈等人入帐，这姑娘不慌不忙，不卑不亢，表示说："我家有马奶酒，但我父母兄弟不在家，我一女子不能擅自把东西给你们。"忽必烈听此说深觉有理，转身欲去。姑娘又道："我一人在家，你们自来自去，好像不太妥当，不如稍等一会儿，我父母就回来。"果然，话音甫落，姑娘父母回家，看见贵人到来，马上端上马奶酒招待忽必烈一行人。

豪饮狂吃一顿，一行人离开。忽必烈在马上叹道："如果能娶这样的女子为媳妇，该多好呀！"日后，太子真金到了结婚年龄，不少贵臣荐女，忽必烈皆摇头不允。一位老臣当日与忽必烈打猎，知道皇上意中所属，私下一番"调查"后，上报说那姑娘仍未嫁人。忽必烈大喜，纳为太子妃。

这位姑娘，正是阔阔真。

入宫后，阔阔真深得忽必烈夫妇欢心。她孝顺尽心，连察必皇后上厕所用的大便纸都会事先以面揉搓，使之柔软后再给婆婆使用。小事积成山，老皇帝夫妇不停地称道她是"贤德媳妇"。

相比之下，南朝皇帝萧衍与李后主亲自削制厕筹及以脸面揉便纸"孝敬"寺庙的大和尚们，难免显得"形而下"了。

此外，真金太子病重时，忽必烈来太子宫探视，见床上有用金丝密织的卧褥床具。忽必烈恼怒，斥责太子说："我一直以为你本性俭素，怎能用这种奢侈之物！"真金太子重病加惶恐，一时不能辩白。阔阔真忙跪下，大包大揽："平时太子从不敢用如此贵重之物。现在他病重，怕湿气侵体，才用上这种东西。"为使公公消气，阔阔真命宫人立即撤

《元世祖出猎图》(局部)　元　刘贯道

换掉那床大金褥子。

凡此种种，皆说明“这个女人不寻常”。

忽必烈崩逝消息发布后，蒙古诸王皆汇集上都，就等着开大会确立新皇帝人选了。

万事俱备，“宣传”方面还有一点不到位：没有传国玉玺。

于是，阔阔真又导演关键一幕：她指派御史中丞崔彧献玉玺。据崔彧自己讲，这块玉玺得自“太师国王”木华黎的一个曾孙世德的老婆处。拿到玉玺后，崔彧还假装不识字，遍示群臣，大伙传看，汉臣们立刻大叫：“受命于天，既寿永合，这是传国玉玺啊！”于是，崔彧立刻上交阔阔真。阔阔真当着众大臣的面，亲自授予铁穆耳，以示天意众望所归。

史书记载中虚透这样一种消息：木华黎的曾孙之一世德是个放荡公子，死时家徒四壁，其妻卖家里东西时，正好把这块宝玺卖给了崔彧。

世上哪有如此巧事，思忖一下，凡是稍有点儿智商的人都会想到，这不过是崔御史在阔阔真指挥下与世德老婆演的一出双簧：崔彧得官，世德老婆得钱，铁穆耳得帝位，皆大欢喜。

铁穆耳高兴了，他大哥甘麻剌甘心吗？对此，《元史·玉昔帖木儿传》中记载，甘麻剌听从玉昔帖木儿劝告，表示说自己愿意对弟弟“北面事之”；但是，《伯颜传》中，却讲“诸王有违言，伯颜握剑立殿陛，陈祖宗宝训，宣扬顾命，述所以立皇太子（铁穆耳）意，辞色俱厉”，想来“诸王”中最敢、最有资格表示异议的，非甘麻剌莫属。

上有母后，下有重臣，弟弟已经坐在宝座上，甘麻剌也只能“干瞪眼”了。那位手握宝剑吓唬诸王的伯颜不是别人，正是忽必烈时代灭宋的主帅伯颜。

此外，据《多桑蒙古史》记载，诸王大会时，阔阔真见大儿子甘麻剌与小儿子铁穆耳争位，当即表示：“先可汗（忽必烈）遗命，后人能熟知成吉思汗遗训者，即以大位与之。你二人可各言所知，然后由与会诸王定夺。”铁穆耳善辞令，“历数其曾祖遗训，语言详晰”。甘麻剌是个结巴，自然在这种“辩论会”上露拙，于是与会诸王一致推戴铁穆耳为帝。这种说法，虽有“参考”价值，但可信性不高，因为阔阔真并未摄政过，她不可能在诸王大会上当“主持”。即便当“主持”，也应该由忽必烈正后南必牵头。

“（元）成宗承天下混壹之后，垂拱而治，可谓善于守成者矣。”

从史臣的评价看，元成宗铁穆耳，确是一个无大过失又无大功德的守成之主。他统治期间，最大的“坏事”是对“八百媳妇”用兵，最大的“好事”是因海都死亡而导致北部诸王的乱平。二者相抵，功过相当。

“八百媳妇”

南方又一个陷阱

元成宗坐稳帝位后，几年无大事。

大德四年（1301 年）年底，身在云南的行省左丞刘深好利生事，上奏道：“世祖以神武混壹海内，功盖万世。皇帝继位以来，未有武功以彰显神武天资，西南夷有‘八百媳妇国’未奉大元正朔，请允许为臣我为陛下征之。”

虽然御史中丞董士选等人认为刘深出兵是“以有用之民而取无用之地”，可丞相完泽支持这一建议，元成宗本也想“开边”弄出件大功青史留名，于是君臣用兵意甚坚，谁劝也没有用。

大德五年正月，元廷发钞近十万锭，作为军费支持用兵。

这“八百媳妇国”，位于今天的泰国清迈与缅甸掸邦一带，其土王有妻八百多，各统一寨，所以号称“八百媳妇”。听上去挺美的，八百个妃子比元帝还多，实际上不过是蛮荒之地小土皇上的自娱自乐。

刘深率大兵自云南出发，取道顺元，远冒烟瘴而去。顺元，即今天的贵州贵阳。元军数万，连“八百媳妇”的黑牙都没见着一个，已经因疾疫和危路摔死等原因死掉百分之七八十。同时，刘深驱民夫负粮食、辎重辗转于西南热带丛林，死者竟然有数十万，一时间中外骚然。

不仅如此，刘深还令水西（今黔西）土司之妻蛇节出马三千、银三千助军。蛇节惜钱，就与云南当地另外一个土司宋隆济联手，起兵反抗元朝。

这些土蛮联合在一起后，熟门熟路，攻克元军据点杨黄寨，接着猛攻贵州，杀掉了元朝贵州知州，并把刘深所率元军包围于深山穷谷之间。

幸亏元朝的宗王阔阔相救，刘深才没有被土人杀掉。

大乱之前，元军在大德四年征缅甸的远征军回军途中，被金齿部（今镇西）土著遮杀，战死数千人。金齿部落，地连“八百媳妇国”，诸蛮思乱，不输税赋，四处击杀元朝官吏，西南一片动荡。

志大才疏的刘深率数千残兵往后撤退，被宋隆济所率的土蛮军一路邀击，毒箭陷阱一起上，元军士卒伤亡殆尽。

消息传至大都，南台御史中丞陈天祥上书，痛陈对“八百媳妇”的用兵之失：

> 八百媳妇（国）乃荒裔小夷，取之不足以为利，不取不足以为害。而刘深欺上罔下，率兵伐之，经过八番，纵横自恣，中途变生，所在皆叛。既不能制乱，反为乱众所制，食尽计穷，仓皇退走，丧师十八九，弃地千余里。朝廷再发四省之兵，使刘二巴图总督以图收复，湖南、湖北大发运粮丁夫，众至二十余万。正当农时，驱此愁苦之人，往回数千里中，何事不有！比闻从征败卒言，西南诸夷皆重山复岭，陡涧深林，其窄隘处仅容一人一骑，上如登高，下如入井，贼

若乘险邀击，我军虽众，亦难施为。或诸蛮远遁，阻隘以老我师，进不得前，旁无所掠，将不战自困矣！且自征伐倭国、占城、交、缅诸夷以来，近三十年，未尝有尺土一民之益，计其所费，可胜言哉！

书上，元廷不报。虽如此，元成宗深恨刘深无能败军，下旨罢免刘深等人的官职，收缴符印。同时，派出能将刘国杰率军征讨宋隆济和蛇节等人。

刘国杰百战良将，在先战失利的情况下，诱敌深入，大败土蛮军，蛇节被迫投降。元军恨这位女蛮酋首先生乱，立即将其剐杀。宋隆济本来逃逸，不久却被他侄子诱执献与元军，也被凌迟。

至此，“西南夷”们总算消停下来。

元朝损兵折将加上民夫数十万条性命，也没干掉几个“媳妇”，得不偿失。悔怒之下，元成宗下诏杀掉带头生事的刘深。

其实，元朝对云南、贵州等地区一直倾力经营。至元十三年，即1276年，元朝就在云南行省设置大理、金齿等诸处宣慰司，特别是日后还开辟了从中庆（昆明）到车里（景洪）的驿道，目的就在于加强对西双版纳地区的统治。

忽必烈时代，元朝在西南所使用的“土司”制度颇有成效，招降了不少当地土著，并允许世袭。土司职务也很齐全，设有宣慰使、宣抚使、安抚使、招讨使等职位。当然，元廷一般都会派达鲁花赤数员到任，监督这些土司向中央政府朝贡和交赋。

刘深多事，兴军惹祸，死人耗物，很让元朝受了一把伤。前后相较，发动战争远远不如用“加官晋爵”给大印的手段效益高。

南方虽败，北方却传来好消息。

海都之死

西北诸王的最后“归顺”

早在忽必烈与其弟阿里不哥争位时，窝阔台大汗的孙子海都（窝阔台第五子合失之子）就站在阿里不哥一边与忽必烈叫板。1266 年，阿里不哥战败后被忽必烈毒死，海都领兵还归于其位于叶密立河流域的封地，并广结术赤诸后王，于 1268 年与忽必烈再次开战。

所以，忽必烈在灭南宋过程中数次以天热为名要伯颜等人驻兵，实际上最大的忧虑恰恰是害怕海都的大举入侵。特别值得一提的是，忽必烈难洗远征日本失败之耻，也是因为他的心腹之患海都在北方觊觎帝国边境所致。

当然，忽必烈很会耍手腕。为了分化海都等西北诸王，他册封八剌为察合台汗国的大汗，想让这两位“邻居”火拼。

果然，两个蒙古王爷大打出手，开始海都遭伏大败，但他又联合术赤诸后王共击八剌，八剌反败。不得已之下，双方谁也吃不掉谁，八剌与海都又结盟为“安答”（兄弟）。这样一来，察合台汗国实际上归于海都控制下。

八剌死后，察合台的一个孙子捏古伯继位为汗，他虽为海都授立，但心中不服海都这位“大叔”，忽然进攻海都。海都沙场老帅，起兵相迎，杀掉捏古伯，立八剌之子笃哇为察合台汗国的大汗。

日后，双方联合术赤诸后王，时时侵扰大元朝的北方边境，使得老皇帝忽必烈七十九岁高龄还要御驾亲征。

海都等人不仅不让忽必烈消停，自己也不消停。1297 年，钦察王子土土哈病死，其子床兀儿好战，率军与海都和笃哇等人打个不停，但最终被海都等人击败。

乘胜凭势，笃哇入侵元境，生俘了忽必烈的孙女婿阔里吉思，不久就杀掉了这位帝婿。

元成宗继位不久，听闻此事，又急又气，直嚷嚷要“御驾亲征”。其母后阔阔真劝他，认为海都等人距大都遥远，亲征要花一两年时间，其间恐内地生乱。克制半天，元成宗才打消亲征的念头。

否极泰来，元成宗正郁闷间，先前一直与忽必烈为敌的诸王药不忽儿等三个王爷率万余人投附大元朝，并自告奋勇要带兵去打笃哇和海都。

元成宗大喜，忙派人送物给三位王爷，让这几个人为自己打头阵。这几人昔日与笃哇等人是同盟军，不仅熟悉地形，又深知对方行军布阵的规律，一出手就把笃哇打得大败，并生擒了他的妹夫。

海都闻讯大怒，大集诸王，率领包括察合台大汗笃哇在内的共四十个蒙古王爷，提兵数十万杀向大元边境。

海都此行是自找倒霉，反而成就了元成宗的侄子海山（元成宗早年病逝的二哥答剌麻八剌之子）。海山年纪虽轻，却临危不乱，督五部元军予海都联军以迎头痛击，在1301年秋天于哈拉和林与塔米尔等地大败敌军。海都不敌，败走时身受重伤，笃哇也膝部中箭。退军途中，海都伤重身死。

有关海山的大胜，中外史书记载不一，多有存疑。《元史》中自然大肆宣扬海山这位日后皇帝的胜利。但西亚等地的史书记载双方交战实际上不分胜负，最后是经谈判达成“和议”，海都还捞得不少便宜，向元军勒索了无数金宝后兴高采烈而还，半途中得上传染病，这才一命归西。

海都一生中打过四十一场大战，基本上每战皆胜，是忽必烈心中的噩梦。

海都人死，西北诸王心也凉了。笃哇从海都四十个儿子中拥戴察八儿为大汗，继承窝阔台汗国的事业（笃哇之所以立察八儿，是因为此人从前劝海都立笃哇，此举也算“投桃报李”）。笃哇知道自己打不过大元，就劝察八儿及诸王与元朝讲和，共同遣使表示臣服，承认铁穆耳的蒙古宗主地位。

由此，窝阔台汗国、察合台汗国、统治波斯广大地区的伊儿汗国和统治今天俄罗斯地区的金帐汗国，均表示拥戴元成宗。

这样一来，整个蒙古诸王族在形式上又重得统一，元成宗完成了他爷爷忽必烈也未能完成的任务。

不久，笃哇与察八儿二人因利益不和，兵戎相见。元成宗自然偏向笃哇，双方合兵，把察八儿打得穷蹙投降。笃哇虽未杀察八儿，但昔日的窝阔台汗国至此已全归察合台汗国域中。

1306 年，笃哇病死，其子宽阇继位。宽阇继位一年半后也病死，汗位被察合台的一个后裔塔里忽所夺。没过多久，塔里忽被忠于笃哇的旧臣刺死，众人拥笃哇幼子怯伯为大汗。见内乱迭起，察八儿联合海都系诸王来攻，最终反被察合台一系诸王打败。

正是由于窝阔台、察合台两系诸王之间的厮杀，河中地区长年流血，不得安宁。与之相较，元成宗统治下的大元朝，相对要稳定得多。

总之，其他几个蒙古汗国汗王之间相互争伐，对大元朝皇帝最有利。如此，他可以时常以仲裁者身份出现，扬此抑彼，坐山观虎斗。

元成宗这个亚洲“共主”也没当几年。笃哇死的转年，即 1307 年，他也得病而死，时年四十二岁，在位十三年。

铁穆耳年幼时，是个嗜吃狂。忽必烈曾为此三次杖打这个大胖孙子，督促他节制饮食。同时，为了强迫铁穆耳减肥，忽必烈派数名御医日夜“监视”他，只要觉得这大胖孩子吃够了，立刻击杖两声为号，铁穆耳就不能再狂吃。

有个回族人自称有神仙“甜水”能让铁穆耳肚子舒服。这位皇孙信以为真，随他来到一个装潢精美的浴室。蒸洗完毕，回族人引他到一个金笼头前，事先置美酒于其中，铁穆耳一顿酣饮，马上来瘾。从此，他天天以酒当水，节食很有成效，却成了个不可救药的酒精上瘾者。

过了好几年，忽必烈见这个皇孙日渐消瘦，才得知回族人诱引他喝酒成瘾的秘密，暗中派人劫杀了此人。但是，青年铁穆耳的酒瘾，一发不可收。

更加奇怪的是，铁穆耳继位后，痛自诫厉，彻底戒酒，至死也没再喝一口酒。虽如此，他青年时代的纵饮已经淘空了他的身体，故而寿命不长。

兄终弟及　后患无极

元武宗与元仁宗兄弟

1307年初春时分，元成宗病死。这个时刻，对于中国历史和世界历史而言非常关键——元成宗皇后卜鲁罕在皇帝死后摄政，她本人很想推立忽必烈的一个孙子、安西王阿难答为帝。

这位阿难答不是幼儿，乃是成年人，而且是一位信奉伊斯兰教的穆斯林，狂热的穆斯林。其属下近二十万蒙古军队，皆在他强制下全部改奉伊斯兰教。所以，如果阿难答即位，他肯定一反大元朝允许多种信仰共存的规矩，强制下令元朝统治区的所有人信奉真主。

幸运的是，元成宗早年病逝的二哥答剌麻八剌有两个不同凡响的儿子，海山与爱育黎拔力八达。这哥俩先后登上帝位，一为元武宗，一为元仁宗。

武宗未必"武"

海山时代的瞎折腾

元成宗本人有个儿子，其名字很好听：德寿。事实证明，他还不如叫狗剩儿。这位德寿在大德九年被立为皇太子，半年后即病死。德寿德寿，寿既不永，何言德焉。数岁小儿，即赴起辇谷与蒙古先祖地下

蒙古王子正在学习　图出《史集》 绘于十四世纪

相会了。

屋漏又遭连夜雨。由于在立德寿当皇太子时，元成宗皇后卜鲁罕出于私心怕海山兄弟日后与自己的儿子争位（其实德寿不是她亲生，乃元成宗第一个皇后失怜答里所生，此人福薄早死），便借故把海山之弟爱育黎拔力八达与其母一起外贬至怀州（今河南沁阳）。

海山自大德三年一直在北部边境为叔叔元成宗抵御海都等诸王的入侵，边功赫赫，受封为“怀宁王”。由于怀宁王海山离大都政治中心较远，皇后卜鲁罕当时没有特别在意他。

元成宗崩逝，怀宁王海山却成了继承皇位的最佳人选之一：他不仅血脉高贵，又有捍边的大功（元武宗死后被谥为“武”，其实也因其早年与漠北诸王争战的胜利）。更重要的是，中书右丞相哈剌哈孙也支持海山为帝，这位丞相的另外一个关键职位，是怯薛长。也就是说，不仅中书政令多由他出，皇家禁卫军也由他指挥。

记性好的读者可能会说，元成宗不是还有个哥哥晋王甘麻剌吗？那人是太子真金的嫡长子，当初“让位”与元成宗，他出来当皇帝不是最合适吗？这位甘麻剌确实有资格，但他已经在元成宗大德六年病死，时年四十岁。后来，元英宗遇弑，他的儿子也孙帖木儿继位为帝，才追尊甘麻剌为显宗皇帝。

元成宗皇后卜鲁罕当然不希望以前种下过过节的海山兄弟继位，她与中书左丞相阿忽台想拥立元成宗的一个堂弟阿难答。这位安西王的父亲忙哥剌是真金太子之弟，也是忽必烈非常喜欢的儿子，但至元十六年就病死了。阿难答本人不是生养于深宫的少爷，一直在北部边境为大元御边，与海都等叛王交战的时间比海山还要早，年纪也比海山大。

特别值得一提的是，海山兄弟夺得帝位后，说婶娘元成宗皇后卜鲁罕本性淫邪并将其杀于东安州。政治就是这样，成王败寇，话语权总是掌握在胜利者手上。其实，卜鲁罕皇后乃驸马脱里思之女。大德三年，她受封为后。由于元成宗多病，卜鲁罕居中摄事，与丞相哈剌哈孙关系融洽。当时，大都内修筑宏伟奢侈的万宁寺，其中有不少密宗男女交媾的塑像。卜鲁罕皇后见此“欢喜佛”忙以帕覆面，下旨令人销毁塑像。可见，从汉儒角度讲，她是一位深受儒家教育、知书达理的好女人，在道德层面比一般笃信“怪力乱神”的蒙古男女贵族要高得多。而且，恰恰是先前多年与右丞相哈剌哈孙的愉快合作，元成宗死后她也没有像北魏胡皇后或者清朝慈禧那样铲除“异己”者。

安西王阿难答本来在北部统领二十万大军捍边。海都死后，诸叛王纷纷来降。忽必烈弟弟阿里不哥的儿子明理帖木儿事隔多年也投降过来，由于此人乃“黄金家族”重要成员，阿难答亲自陪他回大都觐见元成宗。这样一来，他身不由已地陷入了政治旋涡，且有去无回。

左丞相阿忽台等人想得“拥立功”，便准备推阿难答为帝、奉卜鲁罕皇后垂帘听政，并暗中派人阻隔海山的归路。

这几个人死脑筋，如此大事，做就做了，非要召群臣议事，告知皇后即将摄政之事。汉族大臣田忠良和何玮立即表示反对。阿忽台吓唬他们：“皇后制令如天，你俩不怕死吗，敢沮大事！”何玮抗言：“我就怕不义而死，如死于正义，又有何畏！”

两个汉臣挑头，多数朝臣又不表态，阿忽台没“民主”成，悻悻而归。

此举“打草惊蛇”，右丞相哈剌哈孙先下手为强，把百司印符全收集起来藏在自己家里，封锁宫内府库，然后称疾不出。皇后卜鲁罕数派内官要他出来视事，皆遭拒绝。

如果皇后够狠，阿忽台够胆，派兵冲入哈剌哈孙府把他弄死，大事可定。但阿忽台等人怯懦，皆未敢发动。

哈剌哈孙一面派人催促海山返京，一面派人去怀州迎海山的亲弟弟爱育黎拔力八达入京。

后世史书，皆一面倒地称颂日后的元仁宗爱育黎拔力八达多么“聪明刚毅”。其实，开始接到哈剌哈孙所送密信，他犹疑再三，迟迟不敢出发入京师。其汉人教师李孟，才是他能走出怀州最关键的人物。

李孟，字道复，原籍潞州上党，后徙居汉中。此人“生而敏悟，七岁能文，倜傥有大志，博学强记，通贯经史，善通古今治乱”。由于有元一代汉人无有仕进，李孟青年时代就以教书为业，开门授徒，远近慕名受教的人特别多。后来，他有机会得见真金太子，终于可以显露干才。可惜的是，未几，真金病死，不及擢用李孟。

蹉跎有年，趁皇太后阔阔真为海山兄弟寻汉儒教书的机会，李孟得进王府当师傅。海山北境捍边时，李孟就留在其弟爱育黎拔力八达身边，为他讲授课业。在怀州四年，李孟悉心教导，传授儒业。爱育黎拔力八达之所以日后能成为“仁”宗，大多是青少年时代李孟向他灌输儒家“仁义”思想所致。

听闻元成宗崩后大都出现政治真空，爱育黎拔力八达犹豫不决，李孟切谏：“世祖皇帝有宝训：皇族旁支不能嗣统。今宫车晏架（指元成宗崩），大太子（海山）远在万里，宗庙危急，殿下您当奉大母（海山兄弟生母）急还大都，以折奸谋，安人心。否则，国家安危不保！”

见爱育黎拔力八达仍旧沉吟不决，李孟激说道：“倘使安西王为帝，一纸诏书，殿下兄弟母子安有命在？”

这句话说到痛处，这位王子忙派李孟先入京打探情况。

可巧的是，李孟入右丞相哈剌哈孙内宅时，正赶上卜鲁罕皇后派去“问疾”的一大群使者在场。情急智生，李孟直接走到哈剌哈孙床边，拿起丞相的手腕就把脉，那群人误认他是外面请来的大夫，竟无人生疑。

密谈之后，哈剌哈孙让他立刻返还怀州，催爱育黎拔力八达入京。因为，安西王阿难答继位的日子已经确定，稍有迟疑，大事皆去。

李孟星夜兼程，赶回怀州王府，力促爱育黎拔力八达王子马上出发：“先发制人，后发制于人，如不早行，后悔无及！”

王子左右不少人胆弱，表示说：“皇后深居九重，八玺在手，四方禁卫数万,一呼百应。加之安西王手下侍卫众多，从者如林。反观殿下（爱育黎拔力八达），从者仅数十人，兵仗寡弱，如前往大都，无异于自入不测之渊。不如在此静等大太子（海山）兵至，并力图之，时犹未晚。”

李孟闻言，知道王子自己心里首鼠两端，痛心疾首道：“阿忽台等人党附皇后，欲立庶子（阿难答）为帝，人心必不相从。殿下如能挺身入京，晓以大义，京师晓君臣之义者，必一呼而至。倘使失去时机，让安西王继位成为事实，大太子（海山）纵然率兵赶至，对方也不会拱手交出皇玺。届时，国中乱起，生民涂炭，宗社危堕。乱起之时，殿下自身及大母必危，此非孝也；继之遗祸于大太子（海山），此非悌也；得时不为，非智也；临机不断，非勇也。如果殿下顺天而为，大事必成！”

有李孟如此激励，爱育黎拔力八达动心。王子毕竟是蒙古人，临大事仍然要求卜士占卜吉凶，便派人去街上找算卦人。

恰巧，王府卫士从市场临时拉来一个穿儒服的算卦汉人。

李孟迎此人于王府门外，塞上几锭宝钞，叮嘱道：“惊天大事待汝而决，别的不要多说，只讲一定成功！”算卦人见李孟同自己一样一身儒服，又生受平时半辈子也赚不来的大笔宝钞，自然心领神会。

入得殿内，立马卜筮，得到《乾》卦中的“睽”卦。这位卦者并不简单说万事大吉，反而一一道其详细：

> 卦大吉。乾，刚也；睽，外也；以刚处外，乃定内也。君子乾乾，行事也；飞龙在天，上治也；舆曳牛，掣其人，彨且劓，内兑废也；厥宗噬肤，往必济也；大君外至，明相丽也；乾而不乾，事乃睽也；刚运善断，无惑疑也！

李孟从旁添油加醋道：“如此大吉之卦，违之如违天！”

有此“精神胜利法”，王子爱育黎拔力八达大喜，振袖而起，出门上马，果断向大都进发。原先三心二意的随从、侍臣，大都是迷信的蒙古人，见卦吉，登时皆信心百倍，如影相随，护翼王子入京。

爱育黎拔力八达一行人虽然不多，但忽然出现在京城，安西王阿难答与阿忽台等人也大吃一惊。此人此事，出乎意料。这些人毕竟不是成大事者，观望徘徊，一时间没敢拿爱育黎拔力八达怎么样，听任他到皇叔梓宫前行哭哀之礼。

他们没有马上动手的另一个原因是爱育黎拔力八达的哥哥海山正率军远来，这不能不让安西王一伙人踌躇。

于是，安西王等人合谋，想在三月三爱育黎拔力八达生日这天，借庆贺为名，把王子一帮人一网打尽。史书上如此记载，可能是武宗、仁宗兄弟手下大臣日后的“捏造”。最有可能的是，卜鲁罕皇后及安西王等人并未将爱育黎拔力八达一伙人放在眼里，只顾准备登基大典。否则，用不着等到三月三，趁海山还在远途，他们大可以在爱育黎拔力八达等人一入大都时就把他们抓起来处死，然后下诏全国称海山兄弟反叛。如果这样干，局势自然会倾向于皇后与安西王等人。

政治就是你死我活的斗争。哈剌哈孙唯恐安西王被皇后卜鲁罕拥上帝位成既定事实，决定先下手为强，便连夜派人密告爱育黎拔力八达说：“怀宁王（海山）道远，不能尽快赶至大都。事不宜迟，当先事而发！”

于是，依恃哈剌哈孙身任怯薛长掌管禁卫军的权力，众人突入禁中，软禁了卜鲁罕皇后。行动顺利，没有遇到任何反抗。由此，也可看出皇后一派对爱育黎拔力八达并无特别的警惕。

然后，在李孟等人的谋划下，爱育黎拔力八达诱骗安西王阿难答入宫。这位爷以为皇嫂要立自己为帝，高兴地驰奔入宫。阿难答甫一进门即被人着实踹个大马趴，然后捆成了粽子。

大刑之下，安西王承不承认谋反都没关系，他的“自供状”已经承认了一切大罪。然后，在大帮卫士押送下，这位已经被打得骨断肉开的王爷躺在一个大囚车内被押往上都。

与此同时，他的同党阿忽台等人，包括投降不久、入大都朝见元帝的阿里不哥的儿子明理帖木儿，皆被逮捕。没审几句，诸人皆在殿中被就地砍头。

皇后被幽禁，安西王被囚，阿忽台被杀，在京的蒙古诸王见风使舵，自然要听从爱育黎拔力八达的命令，并公推他“早正大位”。

这位王子很有远见，推辞说自己的兄长怀宁王海山正在回京的道上，要等他回来即帝位。

于是，爱育黎拔力八达自称“监国”，与哈剌哈孙日夜居于禁中。由于李孟在这场宫廷政变中居功甚大，爱育黎拔力八达便以他为参知政事（副相）。

李孟儒生出身，大刀阔斧地进行政治改革。京城的蒙古王公利益受损，狂妄叫嚣等海山回京后拿他开刀。史书上没有明载李孟劝爱育黎拔力八达自己称帝，但他肯定暗中说过这样的话，被王子婉拒。加上蒙古王公对他积怨甚深，这位爷当副相没多久，在海山回京之前，竟然不打招呼，自己拔脚溜出京城。他这一跑，可能是因为自己心中对海山无底，也可能是受“监国”爱育黎拔力八达的授意。

弟弟在大都大事行毕，身为兄长的海山却在外逡巡不前。由于爱育黎拔力八达已经“监国”，当了代理皇帝，便有谣言传出，说老妈答己（弘吉剌氏）听从巫师的劝说，准备让海山把帝位让予弟弟爱育黎拔力八达。

海山很不服气，对心腹康里脱脱说：“我为国捍边十年，又身为长子，星命卜卦之言，又怎能相信！如果我为帝，哪怕是坐宝座一日，也一定要上合天心，下副民望。母亲为乱臣所惑，想辜负列祖列宗之托，爱卿你为我一去大都探察，速回报我。”

然后，海山自率主力由西道进大道，分遣宗王按灰率兵行中道、宗王床兀儿率军走东道，三路并进，提防其母、其弟中途邀击自己。

康里脱脱入大都，先去见海山的母亲，尽诉缘由。答己愕然，表示说：“今贼臣已除，宗王大臣们一致推举，就等大太子前来。旁人谣言，必不可信，你马上回去，替我母子弥缝嫌隙，消除误会。”

此前几日，答己刚刚派出大臣阿沙不花出大都迎接海山，他与康里脱脱擦身而过，互相没有交代清楚。康里脱脱马快，疾驰回返，半路赶上阿沙不花，一同拜见海山，尽道其详。海山感悟，至此才知道自己误会了母亲和弟弟。

也甭说，假使兄弟爱黎育拔力八达自己提前在大都称帝，海山也没有办法。

感动之余，海山立拜阿沙不花为平章政事，让他立刻还报两宫（其母、其弟）。答己母子闻讯，立刻从大都出发赶往上都，与海山会合。

几个人一见面，抱头痛哭。然后，第一件事，就是把被逮捕的安西王阿难答处决，又把元成宗皇后卜鲁罕流放于东安州。没过几天，派人缢死了这位倒霉的皇后。

在蒙古宗王大臣的拥戴下，海山即帝位，改元“至大”。追尊其父答剌麻八剌为顺宗皇帝，尊其母答己为皇太后，加封对自己登位立功至巨的哈剌哈孙为太傅。不久，立其弟爱育黎拔力八达为“皇太子”（其实应为“皇太弟”，元朝储位一直没有形成制度，选汗制与立“皇太子”制交错进行，遗祸万端），并赐宝印。

这位登上帝位的海山，即元武宗。

据波斯历史学家瓦撒夫记载，海山的登基大典异常隆重和“蒙古化”：“宗王七人坐海山白毡上，二王扶其臂，四王举毡奉之于宝座上。一王献盏，诸珊蛮为新帝祝寿，而上尊号曰‘曲律汗’。”

海山大慷其慨，让人运来无数车绫罗绸缎，尽数散发与会宗王、贵戚。又撒无数大粒珍珠、宝石于地，类似天上星宿一般，任人拾取。史载，元廷“宴乐七日，每日以马四十、羊四千供食；用马七百、羊七千，桶其乳以洒地，斡耳朵附近积乳之广，有如银汉”。排场之大，骇人心目。

当皇帝一般喜欢过河拆桥，但海山“拆桥”太过。仅仅过了两个月，他就把对他即位有大功的哈剌哈孙贬往和林去当地方的丞相。起因很简单：元武宗海山听说在殿内逮捕阿忽台时，这位从前的左丞相力大绝伦，持刀拒捕。蒙古贵族秃剌使扫堂腿绊倒阿忽台，并亲自把他捆缚。为酬秃剌之功，海山封他为越王。哈剌哈孙力争，抬出蒙古旧制，争辩说只有亲王才能封“一字王”，秃剌是皇族疏属，不能以其“一日之功”废“万世之制”。秃剌恼火，暗中对元武宗说，安西王阿难答先前要当皇帝时，哈剌哈孙也曾在拥戴表上签名。为此，元武宗不辨真伪，立刻把哈剌哈孙外贬。其实，元武宗的心态，是恨和尚及袈裟，不希望自己朝中看见叔叔元成宗的老臣。而告状的秃剌当王爷才一年，就“有罪赐死”，枉为小人也。

虽然对哈剌哈孙寡恩，但元武宗对李孟还算不错。一日，元武宗与“皇太子”弟弟及母后一起观宴，他忽然发现弟弟一脸愁容，便追问原因。爱育黎拔立八达道：“赖天地祖宗神灵，兄皇您荣登大宝。但能成就我们母子兄弟今日之欢聚，李孟居功实多。”

海山一听，也觉有理。加上李孟曾经当过他的老师，自然好感很多，立刻下诏派人四处寻访，最后在许昌陉山找到了“隐居”的李孟。李孟入朝后，立授中书平章事。

当然，此事的发生，已是元武帝宗为帝的晚期（海山为帝仅三年多）。史书上讲：“（李）孟感知遇，力与国事为己任，节赐与，重名爵，核太官之滥费，汰宿卫之冗员。”其实都是溢美之词，老李在元武宗朝当然知道自己要小心脖子上吃饭的家伙，实际上一直处于蛰伏状态。直到元仁宗继位，李孟才真正出谋划策，大受重用，并劝元仁宗重开科举，为天下读书人展现出一丝光明前景。元仁宗死后，奸相铁木迭儿想害李孟，把他降职使用。历宦多年的老李已经是百毒不侵，欣然就官，使得铁木迭儿干瞪眼，抓不住把柄害不了他。老李最终善终于家，并得谥“文忠”。

元武宗在位的三年多，基本上没干什么好事。当然，他做事的主观愿望不错，那就是因为钱不够用，“大刀阔斧”进行金融“改革”。所以，他又步元世祖后尘，重新设立“尚书省”（旧事从中书省，新政从尚书省），意在理财。

武宗皇帝刚“上任”四个月，元朝就出现严重的财政危机。所以，他的理财“新政”，也并非心血来潮的一时冲动，确实是朝廷缺钱花。

为了感谢蒙古宗王对自己的拥戴，元武宗用滥赏来收买这些人。对宗王如此，对亲妈和弟弟更加大方：“以金二千七百五十两，银十二万九千二百两，钞万锭、币帛二万二千二百八十四奉兴圣宫（母后答己），赐‘皇太子’（皇太弟爱育黎拔力八达）亦如之。”至于贵族大臣、侍卫亲信，元武宗也是出手阔绰，加之兴建佛寺、治理漕河、大起宫室等费用支出，不缺钱才怪。

为了能使“改革”进行下去，元武宗还任意增设官职。他本人只要高兴起来，就随时降“天谕”，时时对亲随封官加爵。元武宗任期内，经他御笔赐官的，就有近一千人，且根本不经过中书省走程序，使得吏治大坏。就连元武宗奶妈的丈夫，也得授开府仪同三司。

元武宗所信用的人是脱虎脱这样的佞佛者和三宝奴这种自己昔日的贴身侍卫，“皇太子”爱育黎拔力八达基本被架空（估计受李孟“教诲”，他故意做出被架空的姿态，以免让皇兄起疑动杀心）。所以，与忽必烈时期一样，尚书省这么一个庞大的“财政部”，基本把从前的中书省那样一个“国务院”的权力全包揽了过来。

这些人，理财也没有什么新办法，无非是大量赶印货币，使得“物重钞轻，钞法大坏”。他们罢废中统钞，新造出“至大银钞”，并在一年多时间内印制新钞近一百五十万锭。同时，又赶制铜钱通行于市（即“大元通宝”和“至大通宝”，元朝在此之前从未使用过铜钱），并下令

“历代铜钱相参通用”。叮叮当当，怎一个乱字了得。

除此“币法改革”以外，增加收入的另一个办法自然是滥增税目。为了鼓励税课官们的干劲，元廷下令，对这些“专业人士”以征税多少来定级，与“工资”挂钩。如此，可以想见这些虎狼干吏们会以榨石头出油的精神和干劲，投身到火热的为国增税收的工作中去。

元武宗时代另外受后人诟病的，就是颁发“殴西僧（密宗僧人）者断其手，詈（骂）者截其舌”的残暴法令。元武宗佞佛崇僧，已经到达丧心病狂的地步。当然，元武宗之母答己笃信佛教，她在五台山造佛寺，不仅耗费金银无数，还造成无数役夫人命的死亡。每级浮屠，皆是由许多生命所堆垒。

对于元武宗时代黑暗的政治现实，官为监察御史的汉人张养浩最为清楚。他上《时政书》，明明白白指出元武宗的十大弊政。张养浩本人是个大文学家，其上书文采斑斓、义理明晰，足彰元武宗时代的弊害得失。

张养浩这篇长文，非一般章疏“公文”可以比拟。文采华章，可圈可点。它所抨击的内容，可套用于元朝统治的大半部分时间，不仅仅是武宗一朝。

上疏之后，当权者“不能容”，把他弄出翰林院“赋闲”，未几又构陷以罪，免去张养浩的官职，并“戒省台勿复用”。小张学得李孟那一手，唯恐祸及，乃变姓名遁去，逃得一命。

张养浩在元朝文学史上还是一位特别举足轻重的人物，有散曲集《云庄休居自适小乐府》流存于世，共有小令一百六十多首，其中最有名的为《潼关怀古》：

> 峰峦如聚，波涛如怒，山河表里潼关路。望西都，意踌躇，伤心秦汉经行处。宫阙万间都做了土。兴，百姓苦。亡，百姓苦。

不久，酒色过度的元武宗海山病死，时年三十一岁。

可称道的是，海山时代虽然政治弊端多多，其人品却不是很差。特别是对待其弟“皇太子”爱育黎拔力八达，亲近无间。其宠臣三宝奴、亲信太监李邦宁都曾劝他立己子为帝，元武宗皆不为所动，终使元仁宗能顺利继位。

关于元武宗之政，有一个人还要提一提，即大太监李邦宁。

当今几乎所有对元武宗政治阴暗面的指摘，都落不下一个内容：授太监李邦宁为大司徒。而且，李太监还在武宗后期劝皇帝立自己的儿子为帝。众口一词，似乎李邦宁就是个百分百的坏人。

其实，所有持此种看法的，皆是由于不读史书原文，牵强附会，人云亦云。世易时移，李太监日益被涂黑，再无出头之日。

有元一代，正是因为贵族子弟充当侍卫的怯薛制度，太监弄权的情况几乎没有出现过，只有元顺帝的心腹高丽太监朴不花为祸最烈。而《元史·宦者传》中，仅有两个人，一个是李邦宁，一个是朴不花，其实是作为正反两个方面的典型。也就是说，李邦宁是个人品相当不错的太监。

李邦宁，字叔固，杭州人，原为南宋皇宫太监。宋恭帝投降后，他随宋室入大都，因为有医术并熟悉宫殿礼仪，得事元宫内廷。李邦宁警敏聪明，又有语言天才，很快就说得一口流利的蒙古语和诸蕃语，深得忽必烈欢心，在宫内官职越做越高。忽必烈死前，李邦宁已是“礼部尚书”，并“提点太医院事”。

元成宗继位后，李邦宁因忠于所事，仍受重用，并进昭文馆大学士。元成宗生命中最后十个多月缠绵病榻，老李终日医护，须臾不离左右，全尽人臣忠心之意。所以，元武宗夺得帝位后，对历事元世祖、元成宗两代皇帝的这位老太监十分敬重，并授他为江浙行省平章政事这样的实官。李邦宁固辞，表示：“为臣以阉腐余命，得侍至尊，高爵厚禄，已经荣宠过甚。宰辅者乃佐天子治理天下之臣，如此之职，奈何授予我这等阉寺之臣。陛下纵然爱宠为臣，天下后世又如何评价您，为臣诚不敢奉诏。”一个太监，能这么明白，说出这样的话，不得不让人另眼相待。

此外，一次元武宗母子在宫中的大安阁看见一个竹箱，便问李邦宁内中有何物。李邦宁说：“此乃世祖皇帝贮存裘带所用，想让后代子孙铭记他在世时的俭朴，以为华侈之戒。”元武宗为之叹息，但对身边的蒙古宗王说：“世祖虽神圣过人，就是太吝啬了。”李邦宁不怕武宗不高兴，马上反驳说：“不然！世祖皇帝一言一行皆为天下后世榜样。天下所入虽富，如滥用不节，必致匮乏。自成宗皇帝以来，岁赋已不足用，又广赐宗王，资费无算。长此以往，必将厚敛百姓，那可不是什么好事。”这些话要是别人说出口，说不定立刻掉脑袋。由李邦宁这么一个宫中“老人”说出，“太后及帝（武宗）深然其言”。所以武宗才授其大司徒一职，后来又“遥授”丞相，行大司农事。可以说李邦宁享尊荣已极。

可见，李邦宁在武宗一朝，没有做过任何坏事。他也不是引武宗做坏事那种人。实际上，他一直以长辈身份要元武宗学好。而且，元武宗爱酒爱色，连祀太庙都不亲自去，也被李邦宁进谏，最终他不得不亲自备法驾淋浴斋戒去祭祀祖先。

元仁宗的亲近臣下很讨厌李邦宁。武宗皇帝临崩前，李曾劝说道：“陛下富于春秋，皇子渐长，父子家天下，古之至道，为臣未闻皇帝有儿子而立弟弟为继承人这样的事情。”但元武宗深知自己的帝位实赖兄弟玉成，便不悦道：“朕志已定，你有话自己去同皇太子（皇太弟）说。”闻此言，史书上讲李邦宁“惭惧而退”。

据笔者忖度，李太监不一定感觉“惭惧”，他只是尽了人臣之责而已。他本来就是宋室太监遗臣，深谙儒家道义，知悉“父子家天下”的古意，进谏忠言，不是什么奸邪行为。当时或者后世，总有些人以他对元武宗的谏劝作为李太监的“罪状”，殊不知，元代后来的事实证明，兄终弟及的遗祸是何其巨大。

元仁宗继位后，其左右搬出此事来讲，要“今上”杀了李邦宁。好在元仁宗为人也比较厚道，说：“帝王历数，自有天命，其言何足介怀”，并加封李邦宁为开府仪同三司、授集贤院大学士，弄个虚衔把他养起来了。

李邦宁很低调，新帝即位赐钞千锭，他辞而不受。不久，李邦宁获派去代替皇帝祭奠孔圣人。行礼时，遇大风突临，庑烛尽灭，致祭礼品皆被吹落。为此，李邦宁以为是圣人降谴，悚息伏地不敢起身，惭悔累日，最终竟然因此忧虑成疾，一病不起。从此事可以看出，李太监内心中的道德感与儒士大臣无异，绝非恶人。

仁宗不尽“仁”

爱育黎拔力八达在位时期的政治得失

兄终弟及，元武宗死后，其弟爱育黎拔力八达继位，是为元仁宗。

元仁宗乃大有为青年，马上罢废尚书省，诏逮为哥哥元武宗敛财弄得天下骚动的几个贼臣脱虎脱、三宝奴、王黑等人，审讯后全部斩首抄家。其实，这几个人相比忽必烈时代的阿合马、桑哥、卢世荣等人，并无太大罪恶，只有三宝奴曾经劝元武宗立己子为储君，别的人只是承上意为皇帝敛财罢了。

政治就是这样，一朝天子一朝臣，立新必破旧，展威定杀人。宝位坐定后，元仁宗就把哥哥元武宗的时政一一翻转：

罢止中都筑城的宏大工程；

罢止全国数处专供皇家御用的多余营造；

罢止江南地方大量印制佛经；

罢止国家专买专卖浙盐；

罢各地僧人“总统”地方佛政，僧人诉讼，悉归有司，不能逃法；

罢行至大银钞和铜钱；

禁止寺僧夺冒侵民田；

禁止汉人、回族术士出入诸王及贵戚、大臣之家妄言休咎；

罢征“八百媳妇”及大小彻里蛮，以玺书招谕等。

元仁宗为当时及后世儒生一直挂在嘴边的“伟大”事迹，就是恢复了元废止八十多年的科举。此举虽属“形象工程”，但确有不同凡响的象征意义：马上王朝，终于要以儒家法典为依据，求取治天下之才了。

元代科举自元仁宗皇庆二年（1313 年）年底开始施行后，于元顺帝元统三年（1355 年）曾停考五年，而后又恢复，最终延续到元朝灭亡。元政府中央一级的科考，从 1313 年到 1368 年，总共录取进士一千一百三十九人。从数目上讲，元朝科举完全是粉饰太平的装点，没有太大实际意义，汉人儒生之出路仍旧狭窄至极。

唯一值得注意的是，虽然汉、蒙官员多人反对以“辞赋”取士，元仁宗最终仍决定在考试中增加“古赋”的考试内容。当然，文化修养不占优势的蒙古、色目人可以不参加“古赋、诏诰、章表”等科目的考试，他们只以蒙古文考试“经义”等相对简单的题目。

学以致用，由于科举有“古赋”内容，元代士人形成了“寒窗试赋万山中”的风气，在辞赋创作上推陈出新，一洗南宋、金国专营排比对偶的浮华空洞之风，强调“赋乃古诗之流”，赋予侈丽宏壮的辞赋以崭新的内容。以情为本，直抒胸臆，“祖（离）骚而宗汉（赋）”，致使空靡浮丽的排赋和律赋完全失去了市场，尚情尚义的古赋成为文学复兴运动的主要形式。

所以，元代的科举，使得中国古代重要文体之一的辞赋达至它最后的巅峰时刻，虽属昙花一现，但其“峻丽”之美和“汪洋恣肆”之豪，今天读之仍旧让人情思一振，神清气壮。

由于元仁宗身边有李孟、张珪（张弘范之子）这样的能臣，统治初期确实让人有气象一新之感。但是，由于其母后答己肆行干政，奸贼铁木迭儿的势力越来越大，而元仁宗又不敢惹老妈生气，使得时政愈行愈下。

铁木迭儿乃成吉思汗功臣者该的玄孙。元武宗至大三年（1310年），时任云南行省左丞相的铁木迭儿被人奏称未经允许擅离职守赴京。武宗皇帝看见这个奏报还很生气，下御旨要有司严查。未几，“皇太后有旨赦之”。原来，身板魁梧、干嘛嘛行的铁木迭儿之所以这么大胆私自入京，正是应武宗的母后答己之召，前来服务的。

春风数度，太后答己对铁木迭儿喜欢得不行。所以，元仁宗还没即位，太后答己便自己下旨用铁木迭儿为中书右丞相。

有皇太后撑腰，铁木迭儿很嚣张。时任中书平章政事的张珪因上奏铁木迭儿不应为“太师”，惹得太后答己和铁木迭儿共怒。趁元仁宗去上都不在大都，他们把张珪召入宫内死打了一顿，打得这位副相血肉横飞，被人用轿抬回家中。

时任元仁宗侍卫的张珪之子张景元以父病为由向皇帝请假，元仁宗大惊：“朕离大都时，你父亲身体好好的，怎么突然就不行了？”张景元不敢道实情，跪地涕泣不已。稍后，元仁宗知悉此事，意甚不平，罢去铁木迭儿相位，以合散为右丞相。

太后答己恼怒，闯入儿子宫中大嚷大闹。儿子惹不起亲妈，元仁宗只得下诏恢复铁木迭儿左丞相的职务。

“铁木迭儿之再入相，恃势贪虐，凶秽滋甚，中外切齿，群臣不知所为。”幸亏平章政事萧拜住（祖上为契丹人）和御史中丞杨朵儿只（河西宁夏人）不畏强权，联合内外御史四十多人，共同上章弹劾铁木迭儿：“桀黠奸贪，欺上罔下，占据晋王田及卫兵牧地，窃食效庙供祀马，受诸王人等珍玉之贿，动以万计。其误国之罪，又在阿合马、桑哥之上……”

奏上，元仁宗看得触目惊心，大怒，立刻派人去搜抓这位奸相。

铁木迭儿眼线多，腿脚快，闻讯不妙，立刻窜入皇太后的兴圣宫内。元仁宗怕母亲发怒，只是罢了铁木迭儿的相位。

才隔一年多，经不住亲妈闹腾，元仁宗只得下诏复起铁木迭儿为太子太师。

1320 年，元仁宗刚咽气，太后答己马上又以铁木迭儿为中书右丞相。此时，这位奸相凶相毕露，马上杀掉了先前弹劾他的萧拜住、杨朵儿只等人，肆行报复，大肆诛戮。

元仁宗太子元英宗甫即位，太皇太后答己下旨进铁木迭儿上柱国、太师。

英宗皇帝少年英锐，很快就不买皇祖母的账，自己任用安童之孙、年纪与自己差不多的贵臣拜住为相。

忧惧新皇算账，铁木迭儿忽染重病，没几天就“过去”了。但是，其秽行恶政，涂污了元仁宗时代的政治。

元仁宗时代废至大钞钱、停止尚书省敛财，开科取士，尊儒崇礼，经理田赋，确实行了不少“善政”。此外，元仁宗时代，察合台汗国的也先不花起兵反元，也被元将床兀儿等人率兵打跑，北疆宁固，诸后王不再折腾。

仁宗皇帝“天性慈孝，聪明恭俭，通达儒术”，在个人品格方面几乎算得上是元帝中最好的一个。他淡然无欲，不事游畋，不喜征伐，不崇货利，确可称得一个“仁”字。但是，在立储问题上，元仁宗的确有所“亏心”。

依情依理（不是依礼），元武宗很守信用，以皇储之位予弟弟元仁宗。二人有约，元仁宗“万岁”之后，应该传位于元武宗之子。但是，出于私心，加上铁木迭儿的撺掇，元仁宗在延祐二年（1315 年）封元武宗的长子和世㻋为周王，让他出兵云南。道路迢迢，瘴气遍路，此举无异于把大侄子“流放”。

和世㻋不高兴，其手下的元武宗旧臣更不高兴。一行人走到延安，就与关中的蒙古宗臣秘密联系，起兵兴戈，准备拥和世球回大都争帝位。不久，这些人窝里反，内讧连连，和世球只得跑往察合台汗国的老亲戚也先不花处躲避。

元仁宗也松了一口气，如果众人把这个侄子抓回大都，还真不知如何“处理”他。于是，他便立自己的儿子硕德八剌为皇太子。此举看似合情合理，实则为人留下口实，种下日后的隐忧。

其实，答己皇太后和铁木迭儿之所以鼓捣元仁宗立硕德八剌，原因是武宗皇帝的儿子和世球少年时代英锐之气显于脸面，而硕德八剌看上去“柔懦易制”。所以，同为自己的亲孙子，答己自然倾向于拥立看上去容易摆弄的硕德八剌为皇储。这样的话，日后元仁宗有个好歹，继位的孙子也不会对自己怎么样，她以后的生活也不会被“打扰”。

元仁宗不像哥哥元武宗那样好色，却是个嗜酒成性的酒鬼。他的“驾崩”，实则是酒精深中毒使然。马上帝王家族，遗传数代，DNA 中都带有高度酒精，欲罢不能。

元仁宗葬所，与先前诸帝一样，都是“起辇谷”。但是，“起辇谷”到底是什么地方，说法多多，成为后世学者白首苦思也找不出答案的一个世界性难题。有人认为“起辇谷”在斡难河流域（今黑龙江上游鄂嫩河），有人认为“起辇谷”是蒙古语“怯绿连河”的转音，即在今天蒙古国境内的克鲁伦河岸边，有人说应该是蒙古阿尔泰之北的山谷之中，有的说是成吉思汗逝世地六盘山附近。最浅显的说法，是讲起辇谷就是今天成吉思汗墓所在地的鄂尔多斯草原。此说最不可信，成陵应该是类似衣冠冢的陵墓。

当然，传说中陵内藏有一块灵骨以及吸附成吉思汗最后一口气的一绺白色公骆驼顶鬃毛。成陵确实是全体蒙古人的精神圣地。笔者在 2006 年 6 月曾去参观，国家已投资把成陵修葺得金碧辉煌。成陵所在地伊金霍洛旗阿腾锡勒镇从前属于内蒙古伊克昭盟，现改盟为市，称鄂尔多斯市。“鄂尔多”汉意为“宫殿”，守护“鄂尔多”的人称为“鄂尔多斯”，专职守卫“鄂尔多”的族群称为“达尔扈特”。日后，守陵人群日益繁衍，这些“达尔扈特”便以“鄂尔多斯”部族名义在草原上作为标识，守护成陵则成为这一族群的天职。由于鄂尔多斯部在明英宗天顺年间（1457—1464）迁到今天的鄂尔多斯高原，奉“八白室”（八组专门祭祀成吉思汗的白色帐篷）于其中，清初迁至伊金霍洛，逐渐形成了现在的规模。

可以这样说，真正埋葬蒙古诸帝尸身的陵墓群仍旧是个谜团。这与蒙古帝王入葬的习俗大有关联。据《元史·祭祀志》所记：

> 凡宫车晏驾，棺用香楠木，中分为二，刳肖人形，其广狭长短，仅足容身而已。殓用貂皮袄、皮帽，其靴袜、系腰、盒钵，俱用白粉皮为之。殉以金壶瓶二，盏一，碗碟匙箸各一。殓讫，用黄金为箍四条以束之。舆车用白毡青绿纳失失为帘，覆棺亦以纳失失为之。前行，用蒙古巫媪一人，衣新衣，骑马，牵马一匹，以黄金饰鞍辔，笼以纳失失，谓之金灵马。日三次，用羊奠祭。至所葬陵地，其开穴所起之土成块，依次排列之。棺既下，复依次掩覆之。其有剩土，则远置他所，送葬官三员，居五里外。日一次烧饭致祭，三年然后返。

以此观之，其棺木形状很像埃及的木乃伊。而最初记载元帝埋葬之法的，当属元末文人叶子奇。在其《草木子》一书中，他这样写道：

> 历代送终之礼，至始皇为甚侈，至穷天下之力以崇山坟，至倾天下之财以满藏郭，至尽后宫之女以殉埋葬。坟土未干而国丘墟矣！其它如汉唐宋陵寝，埋殉货物亦多。如汉用即位之年上供钱帛之半，其后变乱多遭发掘，形体暴露，非徒

> 无益，盖有损焉。元朝官里，用梡木二片，凿空其中类人形小大，合为棺，置遗体其中，加髹漆毕，则以黄金为圈。三圈定，送至其直北园寝之地深埋之，则用万马蹴平。俟草青方解严，则已漫同平坡，无复考志遗迹，岂复有发掘暴露之患哉！诚旷古所无之典也。夫葬以安遗体，遗体既安，多赀以殉，何益！

这种记载，与西方人马可·波罗、加宾尼以及波斯人拉施拉等人记载的内容相类似，即深埋土葬，不起坟茔，以此来保密葬所。

忽必烈以前的蒙古大汗，其卫士在护送他们灵柩去葬地的路上，会尽杀所遇之人，砍杀时还对被杀人说："去地下侍奉我们的主人吧！"道遇马匹，也加宰杀，以供亡帝"地下"所用。成吉思汗棺柩运送途中，护送卫士杀人数千。杀人最多的，当属蒙哥汗死后尸体运送途中。自四川钓鱼城至"起辇谷"，凡杀之人两万多，途中所遇百姓，不分男女老少，逢之必死，真正的"丧门星"。

忽必烈之后，途中杀人之事再无记载。

蒙古皇帝死后，汉人官僚送帝柩至大都建德门就不能再往前走了，举行祖奠仪式后，百官长号而退。剩下的"旅程"，由蒙古王公、怯薛卫士担当。

由此，汉人官吏从来不知"起辇谷"位于何地。

附：元代大科学家郭守敬

说起元朝，郭守敬大大有名。元朝历史在中学课本中很难得以详细描述。这个朝代涉及诸多有关民族、宗教等敏感话题。所以，中学课本多所铺陈的，便是元代的科技。

讲起元代科技，当然首先要提郭守敬这个人。

在北京西城区西海北沿，有间江通祠，1988 年改为郭守敬纪念馆。这地方在元代称为“镇水观音庵”。当年郭守敬正是在这里主持元朝全国的重大水利工程设计。

郭守敬，字若思，邢台人。此人天生的科学家苗子。其伯父郭荣在当时就很有名，“通五经，精于算数（不是算术）、水利”。由于郭荣与刘秉忠、张文谦、王恂、张易四人常年在邢台百十里附近的紫金山求学，他就让侄子自小随刘秉忠求学。小郭跟对了师傅。刘秉忠日后成为忽必烈最早、最得力的汉人帮手，自然也要提携自己的弟子。

元世祖中统三年，师叔张文谦又推荐郭守敬研习治水之法。郭凡事一点即通。才三十岁出头，郭守敬就有幸在上都面见忽必烈，面陈水利六事。

郭守敬乃高级专业人才，精通蒙古语，把治水之事讲得头头是道。忽必烈边听边点头，称赞说：“任事者如此，真正不是白吃饭的！”马上让他负责全国的河渠工程，授予银符。

至元元年，郭守敬随其水利老师张文谦前往西夏行省，修复好几条旧河道，得新田九万余顷，为当地农人做了不少好事。特别是至元十二年丞相伯颜统大军战宋，需要水上运输支持，郭守敬十分卖力，亲自视察，凡是河北、山东可通舟船的水道，都画图奏之。

由此可见，灭宋之役，也有郭守敬一大份功劳。没有他在技术方面的保障到位，元军给养、辎重、兵源就不能及时有效地输送到江南地区。

为了完成老师刘秉忠的遗志——修正历法，郭守敬重新制作了司天浑仪，又新创简仪、高表、玲珑仪、立运仪、星晷定时仪、丸表、悬正仪、座正仪等多种测量仪器，命人分道而出，“东至高丽，西极滇池，南逾朱崖，北尽铁勒”，共设立监测所二十七处，经过一年多的时间，完成了新历《授时历》。

《授时历》废除了西汉刘歆《三统历》以来所用的“上元积年”，以至元十七年的冬至时刻作为计算出发点，精确算出一年为365.2425天，与当今世界通用的格里高里历完全一致，但要比后者早三百多年完成。

《授时历》所涵括的先进科技含量极高。郭守敬在测量过程中，首先使用了“海拔”的概念，这比德国人高斯早出近六百年；郭守敬在纬度方面进行测量，比欧洲早六百二十年；他计算中使用的“招差术”，比英国的牛顿所提出的“内插法”公式早近四百年；他所制作的“简仪”（大赤道仪）也比丹麦的第谷早三百多年；他所制作的柱轴承得以广泛运用，这种技术也是世界第一的创举。

中年以后，郭守敬潜心研究，著作等身，所著专著包括：

《推步》七卷、《立成》二卷、《历议拟稿》三卷、《转神选择》二卷、《上中下三历注式》十二卷、《时候笺注》二卷、《修改源流》一卷、《仪象法式》二卷、《二至晷景考》二十卷、《五星细行考》五十卷、《古今交食考》一卷、《新测二十八舍杂座诸星入宿去极》一卷、《新测无名诸星》一卷、《月离考》一卷……

郭守敬晚年，又致力于水利建设。至元二十八年，他主持开凿通惠河。此前，元朝大量粮食、货物从运河北上，到通州就只能走陆路，不仅浪费时间，每年还会累死无数的人畜性命。通惠河开凿后，有效解决了元朝南粮北调的漕运问题。至元三十年，老皇帝忽必烈一下子赏赐老郭一万二千五百贯钱钞。不久，又拜其为昭文馆大学士，知太史院事。

元成宗大德初年，元廷议在上都开凿铁幡竿渠，征询郭守敬意见。郭守敬讲：“山水频年暴下，一定要把河道开宽至五十到七十步。”当时主持时政的官员认为郭守敬的建议太过浪费民力和财力，把渠堰的宽度缩小了三分之一。结果，转年大雨，山水注下，渠不能容，差点儿把身在上都行宫的元成宗淹死。

为此，成宗皇帝对宰臣们叹息说：“郭太史真是神人，可惜你们没有采纳他的建议！”

大德七年，“诏内外官年及七十，并听致仕，惟守敬不许其请”。单单把郭守敬一个人置于元朝七十退休的制度之外，可见元廷对他的重视程度。

也就是从郭守敬开始，元朝的翰林太史司天官可以享受终身不退休拿全俸的“待遇”。

1316 年，即元仁宗延祐三年，郭守敬老死床榻，时年八十六岁。

生如夏花

汉化帝王的悲剧

“南坡之变”前后事

元英宗至治三年（1323 年）八月初四夜，年仅二十一岁的元英宗正在上都以南三十里的南坡行帐中挑灯看书。忽然，帐外一阵混乱，隐约听得丞相拜住的怒斥声。

元英宗披衣欲起，未及唤人，御帐门却被人踹开，一身鲜血的大舅哥铁失率数人闯入。还未等元英宗开口叱责，铁失当胸一刀，愣生生把这位青年皇帝捅死在御床之上。

一刀不解恨，又怕元英宗未死，身为禁卫军头目（忠诩侍卫亲军都指挥使）的铁失又连砍数刀，直到元英宗身首分离才停手。

这一个充满血腥气味的夜晚，是大元朝由盛转衰的开始。年少英毅的元英宗硕德八剌为帝仅三年，即为贼臣所弑。与其同时被杀的，还有年纪比他稍稍大些、年轻有为的中书右丞相拜住。

少年帝王少年臣

元英宗、拜住的政治改革

元英宗硕德八剌，乃元仁宗嫡长子。元仁宗刚咽气，其母后答己就把老情夫铁木迭儿重新任命为中书右丞相。

趁元英宗未正式即位，铁木迭儿对政敌进行疯狂的报复。他把先前弹劾过自己的御史中丞杨朵儿只和中书平章萧拜住二人逮捕处决，以自己的心腹黑驴（其母亦列失八是太后答己的心腹，铁木迭儿、失烈门、纽邻这三个面首均是这她“介绍”给太后答己的）和赵世荣为中书省平章政事。

两个多月内，铁木迭儿杀人、逮人、换人，完完全全过了一把“皇帝瘾”。

1320 年 4 月，硕德八剌正式即帝位，时年十八岁。刚开始，答己和铁木迭儿并未拿这位乳臭未干的皇帝当回事，以为他不过是自己手中的傀儡。

登基典礼完毕，太皇太后来入贺，元英宗英毅之气见于颜色，根本不给其好脸色。

答己大悔，出门跌脚叫道：“谁承想我扶立这么一个孩子！”

当然，面子上的事情该做还是要做，元英宗尊“皇奶奶”为“太皇太后”的册文不仅“表彰”了她养育父亲元仁宗和伯父元武宗的“功劳”，还大肆吹捧她对自己的“慈爱”。

铁木迭儿自然知晓老情人心中的“隐忧”。他马上联合中书左丞相合散以及黑驴等人，准备搞宫廷政变，企图推立硕德八剌的弟弟、时为安王的少年兀都思不花为帝。少主无主见，拥推成功后，肯定比元英宗易于控制。

结果，诸人行事不密，元英宗很快得悉此事，立刻与心腹大臣拜住谋议，果断逮捕了谋乱诸人。本来，拜住准备马上召集官员会审，元英宗年纪虽轻，却英毅果决，表示："这帮人如果招供时把太皇太后（答己）牵扯进来，事情就不好办了。不如立刻推出去斩了！"

这招儿很灵，既避免了被逮捕诸人把太后与铁木迭儿的宫闱丑事张扬出去，又使太后答己等人顿时丧失了这些"左膀右臂"，再也救他们不得。

最可惜的是，元英宗之弟兀都思不花根本不知道奸贼们推拥自己为帝的事情，事败后糊里糊涂被降封为"顺阳王"，不久，又被赐死于家中。

宫廷政治就是如此残酷，稍不留神，即使身为帝胄至亲，也要立赴黄泉。

此招"敲山震虎"真灵，铁木迭儿虽然没有被牵涉入案，却也知道了新帝的英明，马上称病在家躲了起来。

为"安慰"铁木迭儿，年少老成的元英宗把谋乱诸臣被没收的家产、田宅也赐分给他一份，表示此事与他"无关"。

不久，时任中书左丞相的拜住到新城参加其祖父、故丞相安童的立碑仪式，铁木迭儿以为有机可乘，马上入宫想重新"办公"。结果，未待他入内殿，元英宗派人传旨阻止他："爱卿年老，宜自爱，待新年入朝未晚。"

怏怏之下，铁木迭儿回到府邸，真的生起重病来。拖了大半年，竟然忧惧而死。过了两个月，大权旁落的太皇太后答己也随铁木迭儿而去。

在此种情况下，元朝政事完全掌握在元英宗及其心腹重臣拜住手中。

拜住乃忽必烈丞相安童的孙子，而安童又是成吉思汗的最得力臣子"太师国王"木华黎之后。由于家世显赫，拜住十几岁时就袭任元廷的怯薛长，元仁宗时代又进"荣禄大夫、大司徒"。

元英宗当太子时，常常听闻拜住盛名，让人召唤拜住入东宫想与他

元英宗皇后像

交谈，被拜住一口回绝：“我乃天子侍卫长，依礼不得私下与太子相往来，嫌疑之际，君子所慎！”

时为太子的元英宗得知此语，心中更加敬重拜住为人。所以，继位不久，他马上以拜住为臂膀，明里暗里与铁木迭儿奸党相抗衡。

元英宗深知拜住为人不党不私，常对左右近侍讲：“汝辈小心，勿犯国法。我可赦汝，拜住不饶！”

元英宗执政初期，铁木迭儿奸党遍布朝中，百般倾害拜住。但由于元英宗对拜住一百万个信任，诸小人之谋，终不能遂。

元英宗、拜住君臣虽施政仅仅二年，其所作所为却大可称道。首先，他们制定颁行了《大元通制》。这部元朝新法，成为元朝最重要的法典，填补了忽必烈朝代《至元新格》的许多法律空白；其次，罢汰冗官，精简机构，节省了不少行政费用；再次，推行“助役法”，减轻了忽必烈以来汉族民众长期负担的沉重徭役；最后，“以儒治国”，大用汉儒，把不少汉族官吏选进省、台及六部内任职，并下诏在全国范围内“举善荐贤”。

可以说，元英宗是元朝第一个熟谙汉语和儒家文化的大有为帝王，倘使他能活上十年、二十年，其功业或许与先前的北魏孝文帝和此后的康熙帝不相上下。如果这样的话，元朝的祚命也不会仅仅九十多年。

拜住属于“真儒”一类的蒙古贵戚。鉴于元朝皇帝从至元十四年起已经有四十年没有亲谒太庙，他首先劝元英宗依典到位于大都的太庙行亲享之礼。结果，元英宗亲行酌献礼，升降周旋，俨若素习。

大礼告成后，百姓聚观，不少人感泣。特别是对于汉族民众，太庙礼让他们对元朝产生了真实而深刻的“认同感”，发现这些异族统治者终于有了要变成“中国人”的苗头。

元英宗、拜住二人虽然皆是二十岁左右的年轻人，但君臣都是从内心深处想一挽昔日积弊，力图使大元朝万象更新。

随着时间的推移，铁木迭儿的奸行愈暴愈多。于是，元英宗下诏，剥夺铁木迭儿生前死后一切爵位、封谥，斩其长子八里古司，并将其次子旺丹免职。

虽如此，铁木迭儿的三子、翰林侍讲学士锁南由于自小伺候元英宗读书，当时被免予处分。时任禁卫军大头目的铁失也被查出与铁木迭儿贪污案件大有关联（他是铁木迭儿的“干儿子”），但得以“特赦”，仍旧担任原职。不仅宽大他，元廷又委任他兼御史大夫，提领皇帝最贴身的“左右阿速卫”皇家禁军。

后世研究元史之人，总是讲元英宗、拜住等人太“仁慈”，没有对铁木迭儿党羽一网打尽，才使铁失等人日后有机会在南坡行弑。其实，不少研究者忽略了这样一个事实：铁失的亲妹妹是元英宗皇后速哥八剌，元英宗并非无情无义的冷血之君，与皇后感情又融洽，自然不忍心因铁木迭儿之故把自己大舅子一家全部弄死。妇人之仁，养痈遗患，终于造成日后铁失的忽然一刀。

元英宗、拜住君臣疏旷归疏旷，如果他们不把禁卫军指挥权交与铁失，他也没有机会行弑英宗皇帝。所以，“人情”这种东西，在你死我活的政治斗争中最要不得。

天上掉来一顶大皇冠

元英宗的被弑与泰定帝的登基

至治三年（1323 年）七月，元英宗在上都接连数日心绪不宁，夜里失眠，困扰之下，便准备下诏让番僧做佛事来消弭“心魔”。

拜住上言，表称国用不足，不应该再浪费金钱广做佛事。元英宗点头。但是，铁木迭儿的余党铁失等人心里不踏实，与几个西藏密宗大和尚勾结，让他们进言说国家将有大灾，一定要在全国范围内大兴佛事，同时还要大赦，这样才能消灾免祸。

当时，拜住正在元英宗身边，听毕这些人胡言后，他怒斥番僧道："尔辈不过贪图金帛之利罢了，怎敢妄言大赦之事，难道想庇护贼徒吗？"

铁失等人闻知此事，深恐铁木迭儿一案牵连的人越来越多，最终自身难免，便决定先下手为强。

在铁失率领下，知枢密院事也先铁木儿、大司农失秃儿、前平章政事赤斤铁木儿、铁木迭儿第三子前治书侍御史锁南、铁失亲弟锁南（也叫锁南）、枢密院副使阿散（回族人）、卫士秃满以及按梯不花、索罗、月鲁铁木儿、曲鲁不花、兀都思不花等几个蒙古王爷，终于发动行弑英宗的宫廷政变。

趁元英宗暂驻南坡行殿、夜黑人静之时，他们忽然出击，先把中书右丞相拜住剁成数段，然后冲进行帐内弑了元英宗。

行刺诸王之中，按梯不花是被元武宗杀掉的安西王阿难答的弟弟，月鲁铁木儿是阿难答的儿子。而且，在上都的不少宗王，或多或少与此次弑帝政变有牵连，除阿难答的弟弟和儿子与英宗一系帝王有"仇"外，其余诸王参与阴谋的原因，无外乎是不满元英宗和拜住君臣的"吝啬"——他们取消了对诸王的"岁赐"。不给钱，就要杀人，可见这些蒙古王爷多么凶残。

杀人之前，铁失等人当然要考虑元英宗死后谁当皇帝对自己最有利——元武宗海山的两个儿子和世㻋与图帖睦尔血缘与今帝最近，但马上被排除掉：阿难答之弟与儿子自然不会推举杀掉安西王的元武宗的儿子当皇帝，而且，铁失本人当年与太后答己和铁木迭儿一起策划赶走武宗长子和世㻋而转立仁宗之子元英宗。有如此大过节，更不可能让元武宗的儿子坐上帝位。

选来选去，近亲宗王中最"合适"的只有晋王也孙铁木儿。这位晋王的父亲，是把帝位"让"与元成宗的太子真金长子甘麻剌。所以，从血亲上讲，晋王也孙铁木儿乃忽必烈的嫡长曾孙。元朝的成宗、武宗、仁宗之立，他都一直翊戴推拥，加之手下有大军数万，威镇漠北，凭常人思维，他本人一定会“惦记”帝位。

果不其然，晋王也孙铁木儿确实心中有小算盘。他手下的王府内史倒剌沙知道王爷心事，派儿子哈散给丞相拜住当手下，并得任宫廷禁卫军官，常伺侦朝廷事机。

探得内情后，哈散回报父亲拜住与铁失二人水火不容之势，倒剌沙马上把此情告知晋王。南坡事发的前五个月，铁失之党探特以宣徽使身份来漠北，密告倒剌沙说“皇帝不放心晋王”，要他“提醒”王爷“小心”。

其实，种种迹象表明，晋王也孙铁木儿也是行弑阴谋的间接参与者与知情者之一。

行弑前两天，铁失密派心腹斡罗思来告晋王，表示说即将拥立晋王为皇帝。晋王也孙铁木儿拿捏不准，不知铁失一伙人事成与否，就一面把斡罗思软禁，一面派出亲信别烈迷失驰往上都“告变”——实际是去探听虚实。告变的使者未至，英宗遇弑。也就是说，晋王为自己上了双保险，如果铁失等人“失手”，他手下别烈迷失会“及时”赶到元英宗处“报告”，说明铁失等人煽动自己谋反的“阴谋”，以便能把自己撇清。

成功杀掉元英宗后，铁失派宗王按梯不花和知枢密院事也先铁木儿（此人与晋王名字一字之差）奉皇帝玺绶予晋王。大事已定，这位王爷也不客气，就近在龙居河（今克鲁伦河）继位，宣布自己为帝，是为泰定帝。

他的即位诏书很有意思，当时由蒙古文翻译成汉文的诏书半文半白，很有嚼头：

薛禅皇帝（忽必烈）可怜见嫡孙、裕宗皇帝（指死后被追封的太子真金）长子、我仁慈甘麻剌爷爷根底，封授晋王，统领成吉思皇帝四个大斡耳朵，及军马、达达国土都付来。（俺爹甘麻剌）依着薛禅皇帝圣旨，小心谨慎，但凡军马人民的不拣甚么勾当里，遵守正道行来的上头，数年之间，百姓得安业。在后，完泽笃（元成宗铁木儿）皇帝教我继承位次，大斡耳朵里委付了来。已委付了的大营盘看守着，扶立了两个哥哥曲律皇帝（元武宗）、普颜笃皇帝（元仁宗），侄硕德八剌皇帝。我累朝皇帝根底，不谋异心，不图位次，依本分与国家出气力行来；诸王哥哥兄弟每（们），众百姓每（们），也都理会的也者。今我的侄皇帝生天了也么道（驾崩），迤南诸王大臣、军士的诸王驸马臣僚、达达百姓每，众人商量着：大位次不宜久虚，惟我是薛禅皇帝嫡派，裕宗皇帝长孙，大位次里合坐地的体例有，其余争立的哥哥兄弟也无有；这般，晏驾其间（元英宗死后），比及整治以来，人心难测，宜安抚百姓，使天下人心得宁，早就这里即位提说上头，从着众人的心，九月初四日，于成吉思皇帝的大斡耳朵里，大位次里坐了也。交众百姓每心安的上头，赦书行有。

诏书絮絮叨叨，从他亲爹忽必烈嫡孙甘麻剌讲起，最终绕到他自己乃“薛禅皇帝（忽必烈）嫡系，坐上帝位是天经地义之事”。所以说，泰定帝这顶大皇冠，自己没费一刀一枪，被铁失等人大老远地送过来，几乎就等于从天上直接掉下来的。

元朝诏敕，一般有诏书、圣旨（或玺书）、册文、宣敕（或制敕）四大类，颁发时使用至少两种文字，基本上是八思巴蒙古文和汉文。

蒙古文起草后，要经历汉语翻译过程。以汉文起草后，也要译为八思巴蒙古文。同宋朝和前代汉族王朝不同，那时候“王言”体系非常发达，“翰林”手笔近乎文学创作，词臣们都是大文豪，其地位和文采备受称羡。元朝出身朔漠，注重实际。但是，由于地域辽阔，其诏敕颁发过程比前代更为复杂。元朝分别设立了翰林国史院和蒙古翰林院两所诏敕起草机构。

写作“风格”上，元朝的诏敕趋于简单、朴实。《元典章》和《通制条格》中收录了许多这类文件的汉译文。其中不少都是按照蒙古语的句法、词法，机械地翻译为汉文，很像现在用翻译软件翻译成的东西，即所谓的“蒙文直译体”，没有刻意提炼、润饰，读起来虽然拗口，却较多地保留了文件的原始形态。

当然，元朝诏敕也有不少汉文吏牍体。这些文件对蒙古语法结构、词序等进行了调整，使译文大体符合汉语习惯，但也不乏白话俗语。除了特别重要的诏书外，一般文件风格与前朝那些大文豪词臣所作骈四俪六、堆砌典故的诏书大相径庭。

当然，汉族文人对于蒙古的“俚语”诏书也有讽刺。蒙古诏书中用的“怎生、奏呵、那般者”等蒙文直译体套语太多，所以，至元三十一年，江南盐官县学教谕黄谦之创作一副春联“宜入新年怎生呵，百事大吉那般者”，被人告发。还好，元朝不像清朝，动辄因文字砍人脑袋。黄在文字中拿皇帝“找乐”，只是被免职而已。

泰定帝的诏书写成如此模样，大概是因为他在漠北仓促即位，身边缺乏擅长文章的汉族词臣，写不出华丽的文言诏书，只能用蒙古语起草，再被直译为汉文，草草了事。

画蛇添足的是，清乾隆时代重印殿本二十四史，文人们将此诏用文言体重写，真真费事不讨好，还不如原先看似蹩脚的直译蒙古汉文来的痛快。

泰定帝继承帝位后，先任命给自己送玉玺绶带的也先铁木儿为中书右丞相，让阿难答的儿子月鲁铁木儿袭封其父亲的安西王王爵，任命“功臣”铁失为知枢密院事（国防部长），同时任命自己王府中的心腹倒剌沙为中书平章政事，给倒剌沙的哥哥马某沙也弄了一个同铁失一样的官职，巧妙地把枢密院的实权掌握于自己人之手。

所以，泰定帝所有的“人事安排”，都是在他往大都方向行进的过程中进行的。

一路顺利。看到诸宗王和几个汗国也无反对自己的声音，为了摘除自己与铁失等弑帝党人有串通的嫌疑，泰定帝先把向自己通风报信并已经获得封赏的也先铁木儿、完者、锁南等人捆绑起来，宣以谋逆大罪，当众诛杀。

同时，他密诏“自己人”旭迈杰为中书右丞相，与通政院使纽泽一起，急驰入大都，以迅雷不及掩耳之势把正沉浸于保拥新帝之功美梦中的铁失和失秃儿等人抓起来，根本不经拘审，立时杀头，并戮其子孙、籍没家产。

铁失的妹妹元英宗皇后速哥八剌虽未涉案被杀，但心情忧悲至极——不仅老公被弑，娘家人转眼又被杀个溜光。可怜的皇后，几年后即抑郁而死。

泰定帝入大都后，把月鲁铁木儿、按梯不花等参与政变的五个蒙古宗王流放于海南、云南等偏远之地，以此向宗亲和各个汗国表示自己的“清白”。同时，泰定帝追封自己的生父甘麻剌为显宗皇帝。

其实，泰定帝对铁失等人的弑帝行动，不仅事先得知，而且还是采取“默许”的态度。否则，铁失等人不会那么心中有底，做出如此“大事”。

泰定帝在位五年，没有干过什么大坏事，也没干什么好事。他下诏处理了一批铁木迭儿奸党，为被杀的杨朵儿只、萧拜住两个人平反，并且重用张珪，派人翻译《资治通鉴》《贞观政要》《大学衍义》等儒家典籍、史书。但事实上，泰定帝时代并无任何实质性的向“汉化”迈进的措施。

泰定帝时期的财政状况，仍旧没有任何起色。入不敷出已经成为元政府的“常态”。泰定帝本人常年在漠北生活，他身边的重臣倒剌沙是回族人。这两方面的因素自然会影响皇帝本人的政治倾向。

进入大都诛杀铁失等人后，泰定帝马上升任倒剌沙为中丞相。不久，由于右丞相旭迈杰病死，中书大权皆握于倒剌沙之手。日后进入中书省的重臣，好几个都是回族人。其中有马思忽（同知枢密院事）、马某沙（倒剌沙之兄，也为同知枢密院事）、兀伯都剌（中书平章）、伯颜察儿（中书平章），甚至包括参与行弑元英宗的枢密副使阿散（御史中丞）。泰定帝几乎把弑帝党人杀了个干净（除宗王以外），唯独这位阿散因其回族人身份，不仅没被杀，反而得到重用。

所以说，泰定帝时代的中央大权，实际上完全掌握在回族集团手中。元朝回族人的地位此时处于最鼎盛时代，他们不仅被赋予特别多的政治特权，还享有特别多商业赋税方面的豁免权。

在把国家权柄交予回族大臣的同时，泰定帝与其皇后八不罕特别尊宠密宗佛教，相继受戒，广做佛事，滥施无度。泰定帝统治的五年内，虽然政治方面没有特别大的动荡，但水旱蝗灾特别多，这使得朝廷在财政方面更加捉襟见肘。

总体来讲，泰定帝大的坏事没有做过。史载，他“能知守祖宗之法以行，天下无事，号称治平”。

致和元年（1328 年）夏，泰定帝在上都病死，时年三十六岁。

泰定帝一死，元朝“两都制”的弊端在关键时刻显现出来。当时身在大都的佥枢密院事燕铁木儿，实掌枢密符印，有调动天下军队的大权。由于他本人是从前元武宗的心腹，趁泰定帝崩后政治真空之际，便与西安王阿剌忒纳失里谋立武宗皇帝的儿子为帝。

他们胁迫大都百官，申明要立元武宗之子为帝，执捕了中书省主要官员，派人去江陵迎接元武宗二儿子、时为怀王的图帖睦尔。

正在上都的丞相倒剌沙与皇后八不罕闻大都变起，赶紧立泰定帝的儿子、年方九岁的阿速吉八为帝，改元“天顺”。在此之前，图帖睦尔已在大都称帝，是为元文宗。

二都两个“皇帝”各有诸王支持。打了一个多月，上都方面不敌，回族丞相倒剌沙肉袒，举着皇帝宝印请死，出城投降。

政治斗争的失败者不会得到宽恕。倒剌沙一家人及其同伙很快被全部处决，一个不剩。至于泰定帝的儿子天顺帝，被俘后连同母亲一道，均被秘密杀害。

泰定帝、天顺帝父子死后，均未得到元文宗兄弟承认，所以他们既无庙号也无谥号，后世只能以他们的年号来称呼这父子两人。虽然天上掉下来一顶大皇冠，但是他们父子的遭遇，尤其是天顺帝这个小孩子的悲惨下场，很让后人深思：皇权，只要与之发生联系，摆在前面的就很可能是不测的深渊。

元英宗遇弑后，泰定帝捡个“便宜”，但其子天顺帝当了一个多月“皇帝”就被杀。而后，元武宗的两个儿子，元明宗和元文宗兄弟，又上演了手足相残的悲剧。

元朝的气数，可以想见。

元英宗被弑前，还有一件意味深长的事情发生，即他下诏“赐死”了宋恭帝赵㬎。

宋恭帝与祖母谢太后在临安向伯颜的元军投降，被北迁大都。忽必烈当时没有杀掉这个小孩子，还封他为“瀛国公”。1282 年，他被元人迁往上都。青年时代，为避免被害，赵㬎自求为僧，往吐蕃习学佛法，终成一代高僧，修订翻译了《百法明门论》等不少佛经。

元英宗至治三年，思宋亡国旧事，赵㬎（时法名和尊）一时感慨，作诗云：“寄语林和靖，梅花几度开？黄金台下客，应是不归来！”

结果，有人持诗上告元廷。

恰恰元英宗、拜住君臣对汉语都很精通，认为赵㬎的诗中含有复国招贤之意，于是下诏把他赐死，时年五十二岁。

宋朝以文教而兴，以文过于武而亡。可叹的是，其末帝之死，也缘于一首诗，真让人扼腕低回，思索久之。

帝位至尊　手足相残

元文宗、元明宗兄弟的“礼让”

当年铁马游沙漠，万里归来会二龙。
周氏君臣空守信，汉家兄弟不相容。
只知奉玺传三让，岂料游魂隔九重。
天上武皇亦洒泪，世间骨肉可相逢？

这首《纪事》诗，乃元代蒙古族大诗人萨都剌所作，记述元武宗两个儿子元文宗、元明宗手足相残的宫禁秘事。

最终两句沉痛之叹，是讲元武宗如果死后有知，看见两个儿子如此不能相容，肯定会为之流泪悲痛。

耀日干戈两京间

大都与上都之间的较量

致和元年（1328年）八月，泰定帝因酒色过度暴崩于上都，时年三十六岁。身为群臣之首的倒剌沙没有什么远见，只顾在新帝登基前这段真空期陶醉于“代理天子”的快感中，也没有及时推拥泰定帝之子即位。

结果，远在大都的佥枢密院事燕铁木儿先发制人，趁百官聚集兴圣宫议事之机，他率阿剌帖木儿、孛伦赤等十七人，手执利刃乱晃，一脸泪水地号叫：“武宗皇帝有两个儿子，天下正统当归他俩，有敢不从者，杀无赦！”

事起仓促，满朝文武均没回过味来。

燕铁木儿几个人冲进人群把为首的大臣诸如平章政事乌伯都剌平章以及中书省的主要官员朵朵等人全绑了起来，关进大牢。然后，燕铁木儿与支持自己的蒙古宗王西安王阿剌忒纳失里率兵守住大内，推出前湖广行省左丞相别不花为中书左丞相，任命“自己人”塔失海涯等人掌握中书大权，四处调兵遣将，守御关隘，征调卫兵驻屯京师，下令郡县造兵器，拿出府库的金银犒赏军士。

燕铁木儿是钦察人，其先祖班都察等人，皆是蒙古功臣。燕铁木儿父子一直深受元武宗信任，特别是燕铁木儿本人，元武宗当宗王当皇帝时，皆以其为侍卫长，受恩遇尤多。元仁宗继位后，仍委他为左卫亲军都指挥使。泰定帝上台，对他也不错，升任太仆卿，同佥枢密院事。前一个官衔很虚，后一个官职却掌握有调兵遣将的实权。

燕铁木儿正是趁手中有印信又有人支持，才敢押下大注搞政变。此人多谋而且多疑，在禁宫内的一段日子里，他一夜之中也要换好几个地方睡觉，心腹人都不知他到底宿在何处。

当时，元武宗的两个儿子，周王和世㻋远在漠北，仓促间未能赶至。燕铁木儿只得打他弟弟怀王图帖睦尔的主意，因为他离大都很近，人在江陵。

讲起元武宗的两个儿子，还要简单交代一下。

元武宗当皇帝后，与弟弟元仁宗讲好是兄终弟及，但又约定说，元仁宗“万岁”后，应该把帝位再转给自己的儿子。元武宗的宠臣三宝奴在武宗活着时曾召集大臣议立武宗长子和世㻋为皇太子，康里脱脱明确表示反对：“皇太弟有定扶宗社大功，居东宫日久，兄弟叔侄相承帝位已经有约，怎么又能忽然变卦呢！”三宝奴问：“今日做哥哥的把储君位让给弟弟坐，日后能保证叔叔会把帝位传给侄子（指元仁宗传给和世㻋）吗？”康里脱脱回答得也干脆：“我个人认为盟誓不可渝更，但如果有人失信，苍天在上，定有报应！”

不料，元仁宗继位后，在母后答己和贼臣铁木迭儿怂恿下，果然失信，把皇太子位授予自己的儿子硕德八剌（日后的元英宗）。他封和世㻋为周王，徙往云南，其实是变相的流放。

元仁宗延祐三年（1316 年），周王和世㻋一行人走到延安，其随臣教化等人皆武宗老臣子。他们愤愤不平，与时为陕西行省丞相的阿思罕秘密联络，忽然宣布要拥和世㻋回大都争帝位。阿思罕原在朝中做太师，被铁木迭儿排挤到地方。为了报复，他兴兵拥护周王和世㻋。不久，这一伙人窝里反，陕西行省的平章政事塔察儿杀掉阿思罕和教化等人。见势不妙，周王和世㻋只得逃往西北。蒙古宗王察阿台人倒是厚道，拥众来附，接纳了这位落难王子。和世㻋本人也识大体，他不敢以血统高贵自居，与察阿台部等宗王立约，冬居札颜，夏居斡罗斡察山，春天则与从人在野泥一带自耕自食，与当地王爷和诸部落和平相处。

由于元仁宗心中有愧，他没有像明成祖朱棣那样一心想致侄子于死地，十余年间，边境宁谧。

元仁宗死后，元英宗即位。当时，权臣铁木迭儿还未马上下台，他“惦记”上元武宗的二儿子图帖睦尔，将其远贬琼州。泰定帝即位后，他对元武宗的儿子其实很不错，把图帖睦尔迁居建康，封为“怀王”。不久，迁至江陵。

燕铁木儿让人密迎怀王于江陵的同时，又密令河南行省平章政事伯颜挑选精兵，护卫怀王一行前来大都。伯颜虽然只是行省地方官员，胆大能决，孤注一掷，杀掉持心不一的、与自己差不多平级的曲烈等人，在汴梁迎接怀王，扈从其北行。

怀王知机，虽然还未坐上帝位，他马上下令任命燕铁木儿知枢密院

事，统管军政大务。

燕铁木儿确实是军事天才。在鼓动伯颜迎怀王北来的同时，他派出其弟撒敦率军守住居庸关、其子唐其势屯军古北口。很快，上都诸王协商后统一了意见，一致拥护泰定帝的儿子天顺帝，分道出兵进攻大都。双方正式开打。

九月十三日，身在大都的图帖睦尔即位，改元“天历”，是为元文宗。本来他还推辞，表示说：“我大兄（周王）远在朔漠，我哪敢紊乱帝位的继承顺序呢！”燕铁木儿进劝：“人心向背之机，间不容发。一或失之，悔之无及！”

确实，上都诸王及倒剌沙已拥泰定帝之子天顺帝继位，如果怀王不及时称帝，大都一方连“旗号”都没得打。如果这样，正统一方打“反贼”一方，优劣顿判。

特别有意思的是，双方乱哄哄大打出手之余，元文宗下诏加封关羽为“显灵义勇武安英济王”，临时抱关老爷大脚，可能也是病急乱投医，希望关老爷在冥冥之中保佑自己。甭说，这招儿还真“管用”，关老爷

《龙池竞渡图》 元　王振鹏

确实“保佑”元文宗一方取胜。

燕铁木儿一方在战争开始之初连连失利，居庸关、紫荆关相继为上都诸王军队攻破，最终逼得燕铁木儿本人亲自出战。这位爷一个人顶一万人。他先打败泰定帝的侄子梁王王禅，又在通州打败了从辽东赶来的营王也先帖木儿（元叫这名字的很多），接着在枣林一役击溃从河南过来的阳翟王太平。

即便如此，上都诸王仍旧很齐心协力，晋宁（山西临汾）、河中（山西永济）、武关等地相继为上都一系诸王攻取，而且云南、四川、陕西等行省仍旧效忠上都的天顺帝。

这期间，已被封为太平王、中书右丞相的燕铁木儿越战越勇，身先士卒，极大鼓舞了大都一方的士气。元文宗不放心，想亲自出城督战。燕铁木儿单骑见帝，劝说道：“陛下出，民心必惊，凡平灭贼寇事请陛下一任于臣，望您马上还宫，以安百姓！”于是，燕铁木儿奋起神勇，在战斗中跃马持枪，杀数十人，大都军跟随这位大将，斩首数千级，击降万余人。

元文宗担心这位大臣有个好歹，派人送御酒赏赐，并劝告：“丞相每战皆亲临矢石，万一有闪失，国家怎么办！此后只可凭高督战，不必亲自冲锋陷阵。”

燕铁木儿此时一腔忠勇，表示：“臣以身先之，为诸将做榜样。如有敢迟疑者军法从事。如果派任务给诸将执行，万一军溃，悔之何及！”

在这位丞相的血战下，上都诸王忽剌台等人相继败北，被俘后均在大都闹市问斩。

胶着期间，燕铁木儿的叔父、时任东路蒙古元帅的不花帖木儿说动了本来一直观望犹疑的蒙古宗王齐王月鲁帖木儿，率生力军突袭上都。

上都诸王大多在外面与大都一系军队交战，防守空虚，城池很快被攻破。倒剌沙肉袒持皇帝宝玺出降，仍不免被戮的命运。

上都城陷后，泰定帝的儿子、时年九岁的天顺帝被元文宗密诏杀掉，泰定帝皇后八不罕被迁于东安州（今河北涿州）后也被绞死。

至此，元文宗龙椅稳坐，上都诸王失去了拥护“目标”，只得承认失败的现实。虽然诸王余波仍存，却无法再做大的折腾（上都一派的秃坚在云南倒是闹腾了四年才被镇压）。

大功成后，元文宗对燕铁木儿感激不尽，给这位功臣一大堆官职爵号：中书右丞相、监修国史、知枢密院事、领都督府龙翊侍卫亲军都指挥使司事，就佩元降虎符，依前开府仪同三司、上柱国、录军国重事、答剌罕、太平王等。

骨肉至亲不相容

元明宗的“暴崩”与元文宗的“复位”

当初，元文宗登基大典上，就明白表示：“谨俟大兄之至，以遂朕固让之心。”那时候，元文宗说这种话，倒有九分是真——上都诸王势锐，蒙古诸行省不少人以大都政权为叛逆，还有不少人处于观望中。

元文宗心中没底，他自己又非元武宗嫡长子，只能先继帝位，再打“大兄”牌，稳住己方的阵营和人心。

端掉上都、杀掉倒剌沙和天顺帝后，元文宗仍旧忙不迭派臣下数次往返，迎接大哥回大都“登基”。史书上虽未明说，但多种迹象表明周王和世㻋心中存疑，迟迟不肯动身。但朔漠诸王皆劝他南还京师。这些宗王，无非是想和世㻋登帝位后给他们大份赏赐。多年追随的从人也劝周王回去继帝位，这样一来，辛苦多年也有回报。

在这种情况下，和世㻋被兄弟元文宗过分的“热情”和朔漠诸王过分的期望鼓托着，只得往南面大都方向走。

行至金山，见一路宗王、大臣们相继来迎，和世㻋心中渐定，派旧臣孛罗为使臣去大都。两京人民闻听和世㻋真的要来，欢呼鼓舞，高呼“我们的皇帝真要从北方回来啊”。不仅如此，诸王、旧臣争先迎谒。

此情此景，元文宗、燕铁木儿看在眼里，忧在心中。

天历二年（1329年）正月乙丑，出于稳妥起见，和世㻋在和宁即帝位。由此，这位爷就“变”成元明宗。从这个小动作可以见出，他不回大都而是在半路的和宁即位，说明他心中对兄弟还是不十分放心。毕竟兄弟元文宗已在大都当了皇帝，同先前的元仁宗爱育黎拔力八达不同，那位爷在大都是以“监国”身份一直等着哥哥元武宗的到来。

与元仁宗、元武宗哥俩另一个不同点在于，那哥俩是一母所生，而元明宗与元文宗两人并非一奶同胞。元明宗之母是亦乞烈氏，元文宗之母是唐兀氏。

称帝之后，元明宗摆出大哥架势，派使臣对在大都的弟弟元文宗说：“老弟你听政之暇，应该亲近士大夫，深习古今治乱得失，不要荒废时间。”言者可能无心，听者绝对有意，元文宗对这种教训的口吻非常反感。

当然，心中虽然不舒服，面子上的事情一定要做。元文宗遣燕铁木儿等人率大队人马，北上向元明宗奉上皇帝的几套玉玺，以示真正让位之心。这一招儿麻痹计很管用，元明宗完全松懈下来。

元明宗也不傻，他对燕铁木儿等人表示：“你们回去告诉大家，凡是京师朕弟所任百官，朕仍用之，不必自疑。”

燕铁木儿更不傻，他反试探元明宗：“陛下君临万方，国家大事所系者，中书省、枢密院、御史台而已，宜择人居之。”

元明宗得意忘形，一下子忘了自己刚才所说的袭用元文宗所任百官的话，马上下诏委派父亲武宗的旧臣与随从自己多年的旧臣孛罗等人分别进入中书省、枢密院和御史台。

听此，燕铁木儿已经心中有数，仍旧是不动声色而已。特别让他心中大动杀机的，是元明宗手下一帮旧臣在宴饮间时常言语冲撞，根本不拿他当回事。

元明宗在行殿大宴群臣之时，大谈治国理政之要。观其所言，确实是个懂得如何治理国家的明白人。

太祖皇帝尝训敕臣下云：

> 美色、名马，人皆悦之，然方寸一有系累，即能坏名败德。卿等居风纪之司，亦尝念及此乎？世祖初立御史台，首命塔察尔、奔帖杰儿二人协司其政。天下国家，譬犹一人之身，中书则右手也，枢密则左手也。左右手有病，治之以良医，省、院阙失，不以御史台治之可乎？凡诸王、百司，违法越礼，一听举劾。风纪重则贪墨惧，犹斧斤重则入木深，其势然也。朕有阙失，卿亦以闻，朕不尔责也。

又隔几日，他把燕铁木儿一帮人宣至殿前，传旨道：

> 世祖皇帝立中书省、枢密院、御史台及百司庶府，共治

> 天下，大小职掌，已有定制。世祖命廷臣集律令章程，以为万世法。成宗以来，列圣相承，罔不恪遵成宪。朕今居太祖、世祖所居之位，凡省、院、台、百司庶政，询谋佥同，標译所奏，以告于朕。军务机密，枢密院当即以闻，毋以夙夜为间而稽留之。其他事务，果有所言，必先中书、院、台，其下百司及纮御之臣，毋得隔越陈请。宜宣谕诸司，咸俾闻知。傥违朕意，必罚无赦。

话虽有理，但很有“一朝权在手，就把令来行”的意思。

其实，这时候的元明宗还未至大都真正抓住帝权，这些锋芒确实露得太早。此后，他又发布一系列诏旨，任命了大批官员。从中央到行省，几乎都换上了他自己认可的新人选。

过分的是，他还选用潜邸旧臣及扈从将士，提拔了近百人，特别明显地任用私人。当然，为了稳住兄弟元文宗，他下令大都省臣重铸“皇太子宝”（其实是“皇太弟宝”，从前元武宗所铸“皇太子宝”忽然找不见了），并诏谕中书省臣：“凡国家钱谷、铨选诸大政事，先启皇太子（皇太弟），然后以闻。”

元文宗这时也不敢“怠慢”，在燕铁木儿的撺掇下从大都出发，北向而行，“迎接”大哥元明宗。

八月初二，元文宗与元明宗兄弟俩在上都附近的王忽察都见面。

相较双方力量对比，元明宗身边只有不到两千人的随从，而元文宗为“迎接”大哥率三万多劲卒。兄弟二人，相见之时，肯定是“甚欢”，但仅仅过了四天，三十岁左右且身强力壮的元明宗就一夕“暴崩”。

一般史书上讲是燕铁木儿派人毒死了元明宗。其实，肯定是元文宗、燕铁木儿二人合谋，精心算计后，才定下杀元明宗大计。而且，有的史书记载燕铁木儿让太医院史也里牙下毒毒死元明宗。也里牙是铁木迭儿的女婿，他怕元明宗为了报复当初流放自己去云南的铁木迭儿而牵连自己。作为铁木迭儿的女婿，也里牙肯定心中生惧，有可能受人支使下毒。但此说不可尽信，元明宗左右有人侍候，当然处处有防备之心。所以，下毒之说值得探讨。

笔者认为，最直接、最干脆的弑帝方法，应该是人员安排好以后，燕铁木儿等人趁夜黑忽然冲入行殿内，一刀结果了元明宗。

此次内变，说不上谁好谁坏，可以说是皇帝家族内屡见不鲜的事情。元明宗"崩"后，燕铁木儿立即把行殿内的皇帝玺绶抢出，拥奉元文宗疾驰回上都。他白天率宿卫士扈从元文宗，夜晚躬擐甲胄，绕元文宗幄殿巡护，可谓"耿耿精忠"。

"龙头"一死，元明宗的旧臣、亲随似乎都吓傻了，没有做出任何为主人复仇的举动，甚至像样的气话都没说出来。在灵前痛哭以外，他们最担心的还是自己脖子上的脑袋和家人性命。

七天后，元文宗在上都宣布"复位"。为了"安慰"死人，他追谥大哥和世㻋为"翼献景孝皇帝，庙号'明宗'"。

元文宗重新登位后，为自圆其说，下诏大讲自己丧兄的哀痛，并指斥泰定帝是"违盟构逆"。

到了转年五月，元文宗的皇后杀明宗皇后八不沙。这件事，各种史书上没有任何特别的记载。与其说是皇后杀皇后，不如说是元文宗不放心自己这位嫂子。这位八不沙皇后也是命苦，在沙漠跟随老公十二年，终于熬出头成为国母了，殊不料老公被小叔子弄死，自己又搭上性命。她所生的明宗小儿子虽然后来当上了皇帝，却只在位两个多月即病死，即所谓的元宁宗。

过了一个月，元文宗废掉大哥元明宗的儿子妥懽帖睦尔的"太子"封号，立自己的儿子阿剌忒纳答剌为皇太子。

为了名正言顺，元文宗支使妥懽帖睦尔乳母的丈夫上告，说元明宗在世时，一直对左右讲妥懽帖睦尔不是自己的亲生儿子。为此，元文宗还把此事“播告中外”，并把这位侄子贬于高丽的大青岛安置。

估计坏事做多有报应，八个月后，元文宗自己的儿子皇太子阿剌忒纳答剌就病死了。为了冲丧，元文宗把另一个儿子古纳答剌送到燕铁木儿家做养子，改名燕帖古思。同时，元文宗本人下诏认燕铁木儿的儿子塔剌海为养子。

这对君臣没事互换儿子玩，也是中国历史上罕见的一大奇事。

元朝有一种现象，与金朝一样，非常奇怪，即只要是皇太子，下场皆不吉利。金朝时，金熙宗立儿子完颜济安为皇太子，不久即病死；完颜亮立儿子完颜光英为太子，身败后这个少年被大臣害死；金世宗立完颜允恭为太子，此人竟成为亡国之君的金哀宗。到了元朝，元世祖忽必烈立真金为太子，病死；元仁宗立硕德八硕为皇太子（英宗），被弑身亡；泰定帝立儿子阿速吉八为太子（天顺帝），即位两个月即被杀；元文宗立儿子阿剌忒纳答剌为太子，不久病死；元顺帝立儿子爱猷识理达腊为储君，此人未即位大元朝就灭亡。所以说，元朝的“太子爷”个个不吉。倒是以皇太弟为“皇太子”的两位爷能享国几年，那就是元仁宗和元文宗这两人。

元文宗害兄贬侄，似乎不够厚道，但想一想天子家骨肉相残是历史的“黄金定律”，也就不觉得他有多么坏。而且，他崩逝后能得谥为“文”，说明此人在蒙古诸帝中肯定是向“先进文化”靠拢的一位。

在元文宗统治期间，元廷组织大量人才编修了长达八百八十卷的《经世大典》，其中保存了丰厚翔实的元代典章制度。明初《元史》之所以那么快修成，其主要依据就是这部著作。此外，元文宗崇儒敬孔，大修孔庙，追封孔子各大弟子为公爵，并像汉人帝王那样在京郊祭祀昊天上帝，以成吉思汗配享。这一做法，学者们从未注意。其实，若以意识形态角度来讲，元文宗是第一个承认自己是“中华民族一分子”的蒙古帝王。

元文宗时代在崇儒的同时也矫枉过正。读其本纪，文中充斥不少旌表自杀殉夫的“烈妇”，这肯定是元廷过度推行朱熹道学的结果。

另外一个值得当时和后世汉人津津乐道的一项“文治”，是元文宗在京城建奎章阁，招纳不少博学大儒于其中。这个奎章阁学士院人才济济。两位“首席”，即奎章阁大学士，一为精通汉学的蒙古人忽都鲁都儿迷失，一为大儒赵世延。至于“院士们”，也是人中之杰，荟萃一堂：揭傒斯、宋本、欧阳玄、许有壬、苏天爵、泰不华、赡思等，几乎有近四分之一的“元代文学史”名人都聚集在奎章阁。

为了表示重视，元文宗本人御笔亲作《奎章阁记》，此举也是有元一代独一无二的事情。

其实，从实际的影响看，奎章阁仍然属于“以文饰治”，乃汉人、蒙古人、色目人贵族气十足的小圈子，高级文化沙龙而已。大多数蒙古、色目贵族，包括元文宗夫妇，仍旧笃信密宗佛教。他们在做法事方面花费的精力和金钱，要百倍于儒教。

佛教（特别是密宗）在元朝中后期更加兴盛，寺庙壮丽，僧人放荡淫恣。南方北方风俗相异，僧人势力皆如日中天。民间百姓纷纷以把女儿配给和尚当泄欲工具为得富求钱的途径。

诗人马祖常和朱德润一北一南，分别描写了灵州（今宁夏灵武）和湖州和尚娶妻的“社会现象”。

贺兰山下河西地，女郎十八梳高髻。
茜根染衣光如霞，却召瞿昙作夫婿。
紫驼载锦凉州西，换得黄金铸马蹄。
沙羊冰脂密脾白，个中饮酒声澌澌。

（马祖常《河西歌效长吉体》）

寺旁买地作外宅，别有旁门通巷陌。
朱楼四面管弦声，黄金剩买娇姝色。

……

小女嫁僧今两秋，金珠翠玉堆满头。
又有肥甘充口腹，我家破屋改作楼。
（朱德润《外宅妇》）

元文宗在位只有四年多，于1332年病死，其死因仍然是酒色过度，时年仅二十九岁。

元武宗、元明宗、元仁宗父子三人死亡年龄几乎一样，武宗三十一，明宗三十，文宗二十九。当然，元明宗如果不被谋杀，多活几十年也有可能。

但是，无常的命运和阴暗的人心，儿郎汉子们只能把三十岁当成“门槛”了。

元文宗死后，燕铁木儿自然急不可耐地要把元文宗的另外一个儿子、自己的“干儿子”燕帖古思推上帝位。但元文宗皇后不答失里死活不同意，这个妇人乃大迷信之人，认定大儿子刚当上“皇太子”就病死，如果小儿子当皇帝，肯定会很快被老天爷叫走。

不得已之下，燕帖木儿只能推立元明宗的小儿子、年仅七岁的懿璘质班为帝。这孩子也可怜，几年前父亲被毒死，母亲被杀掉，惊悸未消，又被一群人乱哄哄捧上皇帝宝座。仅仅两个月出头，禁不住折腾的小皇帝就病死了，死后被谥为“宁宗”。

看见这个结局，元文宗皇后更坚定了帝位不吉的想法，坚持不让儿子燕帖古思“接班”。

据《庚申外史》记载，元文宗弥留前，召皇后不答失里、皇子燕帖古思以及燕帖木儿三人于床前，说：“昔者晃忽叉（地名，即王忽察都，元明宗暴死之地）之事，为朕平生大错。朕尝中夜思之，悔之无及。燕帖古思虽为朕子，朕固爱之。然今大位乃明宗大位也，汝辈如爱朕，愿召明宗子妥懽帖睦尔来登兹大位。如是，朕虽见明宗于地下，亦可以有所措词而塞责耳。”

人之将死，其言也善。从情理上推断，这段记载很有可信之处。

皇后不答失里并无远见，她最大的牵挂是自己亲儿子的平安；而燕铁木儿贪权爱位，也只有把幼君推上台才好控制。所以，他们就把小孩子拥上帝座。可惜的是，这孩子福薄，很快身死。为此，又一个大难题摆在了皇后不答失里和燕铁木儿面前：到底让谁当大元皇帝？

诗人萨都剌当时作《鼎湖哀》一诗，对燕铁木儿明捧暗贬，显示出自己对国事的焦虑，并提醒“当事人”燕铁木儿应该记得泰定帝死后“孤儿寡妇”的前鉴，诫劝他免蹈覆辙：

吾皇想亦有遗诏，国有社稷燕太师。
太师既有生死托，始终肝胆天地知。
汉家一线系九鼎，安肯半路生狐疑。
孤儿寡妇前日事，况复将军亲见之！

绿睛“色目”亦能诗

贯云石、萨都剌、马祖常、迺贤

一次，元初的大画家、大诗人赵孟頫过扬州。当地有一位赵姓富豪，建有一座奢华至极的“明月楼”。临近新年，赵富豪在扬州内延请不少名士、文人写春联，皆不称意。

知悉赵孟頫才名，富豪赶忙把这位同姓文豪请到楼上，盛宴款待。酒酣之余，大画家援笔立书一联：“春风阆苑三千客，明月扬州第一楼。”

赵富豪见字大喜，立刻把满桌盛酒装菜的精美银器皆当作礼物赠以赵孟頫当“润笔”，估计价值有数千两银子之多。

几十年后，一位色目贵公子贯云石，揽衣上楼，词兴大发，作《水龙吟》一首咏之：

> 晚来碧海风沉，满楼明月留人住。琼花香外，玉笙初响，修眉如妒。十二阑干，等闲隔断，人间风雨。望画桥檐影，紫芝尘暖，又唤起，登临趣。回首西山南浦。问云物，为谁掀舞。关河如此，不须骑鹤，尽堪来去。月落潮平，小衾梦转，已非吾土。且从容对酒，龙香涴茧，写平山赋。

与赵孟頫同时代的明月楼主人已经过世。如果他有幸见到如此才人如此词，估计要把自己的女儿当“润笔”许配给填词的这位翩翩公子。

情深不寿贵公子

贯云石

现在，讲起贯云石，罕有人知道。元明两代，这位公子可是诗词界的“天皇巨星”。小伙子不仅人长得漂亮，诗词歌赋样样行，而且身世显赫。

贯云石的祖父，乃元世祖忽必烈时代的大功臣阿里海牙，此人死后被追封为“江陵王”，谥“海定”；其父贯只哥，曾任江浙行省平章政事，追封“楚国公”，死后谥“忠惠”；其母廉氏，乃大元宰相廉希贤的侄女、平章政事廉希闵的女儿（廉希闵出使南宋时被杀，算是元朝“烈士”）。所以，贯云石出身特别显赫，身上有元朝两大家族的血液。

贯云石的祖父阿里海牙，血统一点儿也不高贵，乃西域高昌世代在土里刨食的畏兀儿族农民。种地苦干时，阿里海牙发陈胜之叹，弃农具而读书。未几，又掷书而操刀剑。正好赶上忽必烈招兵买马，他得以在日后的元世祖手下驰骋，并成为方面大将。

元朝破南宋襄阳时，阿里海牙携带当时最先进的抛石机，先破樊城，又用巨石猛轰襄阳城楼，最终使得宋将吕文焕献城投降。而后，阿里海牙从鄂州杀向潭州（今湖南长沙），克此坚城，宋朝守将李芾自杀。进攻广西时，阿里海牙怒宋朝将领抵抗，破城后屠城，把静江（今广西桂林）、邕州（今广西南宁）的宋朝军民杀得一个不剩。而后，他率军至雷州平岛，杀掠人民，并收降了不少地方民族部落。官最大时，阿里海牙做到湖广行省左丞相，加光禄大夫。至元二十三年（1286年），年过花甲的阿里海牙在大都卷入一场政治纷争，忧惧自杀。

三代培养贵族。有这样一个农民出身、两手满血的“屠夫”爷爷，至贯云石一代却能诗善文。当然，将门出将。史载，他“年十二三，膂力绝人，善骑射，工马槊，尝使壮士驱三恶马疾驰，公（贯云石）持槊前立而逆之，马至，腾上越而跨之，运槊风生，观者辟易，挽强射生，逐猛兽上下”。简直就是一位文武双全的少年英才。

贯云石原名为“小云石海涯”，他常用的别号有“酸斋”“成斋”“芦花道人”等。由于其父名叫贯石哥，依汉族习惯，他便起汉名“贯云石”。

身为色目高级贵族，贯云石年纪轻轻就袭父爵，坐镇永州，为两淮万户府达鲁花赤。元朝在地方设“行省”，下辖路、府、州、县，每级机构中都有达鲁花赤，专门监管当地汉人行政官员，一般都是由蒙古人或者色目人充任。

达鲁花赤，蒙语音译有时也作“答鲁合剌秃孩”，汉语直译是“做提调的人”，也就是汉人所称“宣差”“节使”之意。

贯云石所任的达鲁花赤，级别较高，应该是四品官职。但这位公子爷对做官之事根本不以为意。忽然一天，他心血来潮，把身上的黄金虎符送给弟弟忽都海涯，连爵位带官职都转让给弟弟，自己回到大都的家中，与文士徜徉山水佳处，唱和终日，浩然忘归。

当时，身为“皇太子”（皇太弟）的元仁宗闻而奇之，赞叹道：“将相家子弟有如此贤德之人，真不容易！”于是，元仁宗派人召贯云石于府中，充任自己儿子（日后的元英宗）的“说书秀才”，类似王子的私人教师。

待元仁宗践帝位，马上下诏拜贯云石为翰林侍读学士、中奉大夫、知制诰。贯云石三十不到，其职务已相当于“中央办公厅主任兼国务院秘书长”，不得不让人刮目相看。

元仁宗重开科举，贯云石是重要的参与者。他与程钜夫等人一起，制定条格，谋划颇多。毕竟是汉人大儒姚燧的弟子，对章程古制及前朝科举的掌故条目，贯云石如数家珍，自然成为科举制的积极推动人员。

贯云石在元仁宗朝虽青云直上，却并未恋贪高位。而后，他满腔热情，向皇帝献治国万言书，却未被采纳。

小伙子文人气质浓厚，才不见用，自然牢骚满腹，撂挑子不干了。

他以患病为由辞职，远离元朝政治中心，去江南购田置屋，回归自然，过士大夫理想中的诗词歌赋、以文会友的生活。

也甭说，元廷少了一个“政治家”，文学史上就多了一个才人。贯云石流传至今的作品很多，有诗二十五首，散曲小令七十九首，套曲八套。其曲词数量在元代名列第八。不仅如此，贯云石的词也写得煞有情致，虽然只存二阕，实为上品。

贯云石最有名的诗是《芦花被》。他旅经梁山泊时，见一渔翁有一床用芦花絮做的被子，轻软新洁，便提出要以自己一床价值不菲的锦缎被子与渔夫交换。岂料，那渔夫也非平常人，忖料来人不比寻常，表示：“您爱惜我的情态，望赠诗一首，我愿把芦花被送给您，不必相换。”于是，贯云石赋诗一首：

采得芦花不涴尘，翠蓑聊复藉为茵。
西风刮梦秋无际，夜月生香雪满身。
毛骨已随天地老，声名不让古今贫。
青绫莫为鸳鸯妒，欸乃声中别有春！

此诗一出，天下传诵，贯云石以后也以“芦花道人”做别号。

所谓“痛苦出诗人”，贯云石生长于富贵之家，却急流勇退，不恋金紫高官，不尚宴酣绮靡，能自得清野诗文之乐，确实与一般佞佛无识的蒙古、色目达官贵人有天壤之别。当然，对于自己在朝中短暂而又清贵的翰林生涯，贯云石也有自豪和骄傲：

沧海茫茫叙远音，何人不发故乡吟。十年故旧三生梦，万里乾坤一寸心。秋水夜看灯下剑，春风时鼓壁间琴，尔来自愧头尤黑，赢得人呼小翰林。(《神州寄友》)

彩绘蒙古人驭马俑

在江南生活的十余年间，贯云石“历览胜概，著述满家”，其诗其曲其词，广为传诵。无论是达官显宦，还是平民士人，得其片言尺牍，便如获拱璧一般。

贯云石家世豪富，也不必为生计发愁。富贵佳公子，自然可以抚今追昔，长吟短叹。其《桃花岩》一诗，大有日后明朝才子唐伯虎风流不羁的端倪：

美人一别三千年，思美人兮在我前。
桃花染雨入白兆，信知尘世逃神仙。
空山亭亭伴朝暮，老树悲啼发红雾。
为谁化作神仙区，十丈风烟挂淮浦。
暖翠流香春自活，手捻残霞皆细末。
几回云外落青啸，美人天上骑丹鹤。
神游八极栖此山，流水杳然心自闲。
解剑狂歌一壶外，知有洞府无人间。
酒酣仰天呼太白，眼空四海无纤物。
明月满山招断魂，春风何处求颜色。

闲适生活之中，贯云石乃对“大元”仍旧关切在心，对其充满无限的美好冀望和祈愿。《画龙歌》一诗，通过对“龙”的淋漓描绘，展现了他对朝廷、国家美好愿景的期盼：

老墨糊天霹雳死，手擘明珠换眸子。
一潜渊泽久不跃，泥活风须色深紫。
虬髯老子家燕城，怒吹九龙无余灯。
手提百尺阴山冰，连云途作苍龙形。
槎牙爪角随风生，逆鳞射月干戈声。

人间仰视玩且听，参辰散落天人惊。
潇湘浮黛蛾眉轻，太行不让蓬莱青。
烈风倒雪银河倾，珊瑚盏阔堪不平。
吸来喷出东风迎，春色万国生龙庭。
七年旱绝尧生灵，九年涝涨舜不耕。
尔来化作为霖福，为吾大元山海足。

贯云石在杭州居住时，每日与禅人、道士相过往，其哲学境界日臻高深，“为学日博，为文日邃，诗亦冲淡简远”。特别值得一提的是，其书法也是“稍取古人而变化，自成一家”。与贯公子终日言禅咏诗的，不仅有阿里西瑛这位精通汉文的音乐家，还有道行深厚、能诗善曲的汉僧惟则。

惟则乃一代高僧。在与贯云石和阿里西瑛的聚会中，他写出了有名的《筚篥引》一诗，不仅道出了音乐迷离伤感的至情，也从一个侧面描绘出以贯云石为主的“文学沙龙”的活动场景：

西瑛为我吹筚篥，发我十年梦相忆。
钱塘月夜凤凰山，曾听酸斋吹铁笛。
初吹一曲江风生，余响入树秋呜咽。
再吹一曲江潮惊，愁云忽低霜月黑。
坐中听者六七人，半是江湖未归客。
欢者狂歌绕树行，悲者垂头泪沾膝。
我时夺却酸斋笛，敛襟共坐松根石。
脱略悲欢万念消，悟声无性闻无迹。
西瑛筚篥且莫吹，筚篥从古称悲栗。
悲欢茫茫塞天地，人情所感无今昔。
山僧尚赖双耳顽，请为西瑛吐胸臆。

声闻相触妄情生，闻尽声亡情自释。
尽闻莫谓闻无声，机动籁鸣无间隔。
亡声莫谓声无闻，去来历历明喧寂。
吹者之妙余莫知，闻者之悟公莫测。
公归宴坐懒云窝，心空自有真消息。

音乐家阿里西瑛的精舍名叫“懒云窝”，贯云石为此也写过一首小令《和阿里西瑛懒云窝》：

懒云窝，阳台谁与送巫娥？蟾光一任来穿破，遁迹由他。蔽一天，星斗多，分半榻，蒲团坐。尽万里，鹏程挫。向烟霞笑傲，任世事蹉跎。

论风流俊逸与深沉幽怨，贯云石的散曲在当时最为著名。元曲方面，贯云石一直是与关汉卿、王实甫等人并列的大家。他在音乐方面的造诣极高，擅长吹奏铁笛。使元代“南戏”中的四大声腔之一“海盐腔”定型的正是贯云石，延至明代，“海盐腔”已成为当时戏中的第一大声腔。

贯云石深情款款，重情重义。他有不少汉族诗人朋友，如徐再思等。宦途常别，贯公子总是流连不已，常怀惜别之情：

窗间月娥风韵煞，良夜千金价。一掬可怜情，几句临明话。小书生这歇儿难立马……

湘云楚雨归路杳，总是伤怀抱。江声搅波涛，树影留残照，兰舟把愁都载了……

（《清江引·惜别》）

闲适生活中，贯公子最多的还是“知足常乐”的心态和依红偎翠的

"闲愁"。

由于道味日浓，自然世味日淡。

贯云石的家世，也用不着积极入世赚取名声和银子。即使武有戡定之策，文有经济之才，贯公子大隐隐于世，真正做了一个富贵闲人。

大概情深者皆不寿，泰定元年，贯云石忽患急病，不治身亡，时年仅三十九岁。

临终前，贯云石很像一个真正的"存在主义者"，赋诀别诗一首：

洞花幽草结良缘，被我瞒她四十年。
今日不留生死相，海天秋月一般圆。

洞花和幽草，是贯公子两个侍妾的名字。绝色美人，眼见佳公子翩然骑鹤西归，生死两茫茫，解脱真坦荡。

浩歌笑舞真诗人

萨都剌

萨都剌，字天锡，号直斋。萨都剌，并非姓萨，这三个字的发音是蒙古语"济善"的意思。如此名气大的一个人，生卒年却一直没有定论，其出生年竟然有五种之多，从至元九年（1272年）到至大元年（1308年），卒年的说法相差十来年（至元六年或至正十五年）。即使清朝时他的后代为其重编诗集，所"断定"的萨都剌年纪也经不住推敲。

至于民族身份，有的说他是回族人，有的说他是蒙古人，也有学者说他是畏兀儿人，总之，他属于"色目人"。

萨都剌祖辈随元世祖入北中国，定居代州（今山西代县），代州古称"雁门"。所以，萨都剌自称雁门人，其诗集也叫作《雁门集》。虽生卒年不可考，但他于泰定四年（1327 年）中举的事情很确定，因为元朝大诗人杨维桢与他为同榜进士，诗词唱和往来颇多。

由于身为色目人，又是进士出身，萨都剌的仕途还算平稳：镇江录事司达鲁花赤、翰林院学士、福建闽海道廉访司知事，等等。他晚年致仕后定居杭州，结局不得而知。有讲他还曾加入叛贼方国珍幕府，有讲他在元末战乱中被杀，估计不是什么善终。

元末江南大乱，数支武装力量你杀我伐，但对蒙古、色目官员的仇恨都是一样的。依萨都剌那副高鼻深目的西域人长相，贼人们才不管你是不是大文豪，肯定冲上来当头就是一大刀。

先讲萨都剌的诗。其诗风格，时而雄浑，时而郁沉，时而悲壮，时而清丽，状景抒情，皆是大家手笔。

首先，他的《四时宫词》在当时最为脍炙人口：

其一

御沟涨暖绿潺潺，风细时闻响佩环。
芳草宫门金锁闭，柳花帘幕玉钩闲。
梦回绣枕听黄鸟，困倚雕栏看白鹇。
落尽海棠天不管，修眉渐恨锁春山。

其二

日长缝就缕金衣，高柳风清拂翠丝。
闲倚小楼题画扇，但闻别院笑弹棋。
主家恩爱有时尽，贱妾心情无限思。
又向晚凉新浴罢，琵琶自拨断肠词。

其三

宫沟水浅不通潮，凉露瑶街湿翠翘。

天晚不闻青玉佩，月明偷弄紫云箫。
离宫夜半羊车过，别院秋深鹤驾遥。
却把闲情望牛女，银河乌鹊早成桥。

其四

悄悄深宫不见人，倚门惟有石麒麟。
芙蓉帐冷愁长夜，翡翠帘垂隔小春。
天远难通青鸟信，瓦寒欲动白龙鳞。
夜深怕有羊车到，自起笼灯照雪尘。

四首诗以春夏秋冬四时景色反衬宫中妇女的幽怨和无聊，细腻传神，老辣之至。

闲情诗方面，萨都剌有名的诗作有《燕姬曲》《赠弹筝者》《秋日池上》等，兹摘录于下：

燕京女儿十六七，颜如花红眼如漆。
兰香满路马尘飞，翠袖笼鞭娇欲滴。
春风驰荡摇春心，锦筝银烛高堂深。
绣衾不暖锦鸳梦，紫帘垂雾天沉沉。
芳年谁惜去如水，春困著人倦梳洗。
夜来小雨润天街，满院杨花飞不起。

（《燕姬曲》）

银甲弹冰五十弦，海门风急雁行偏。
故人情怨知多少，扬子江头月满船。

（《赠弹筝者》）

顾兹林塘幽，消此闲日永。飘风乱萍踪，落叶散鱼影。
天清晓露凉，秋深藕花冷。有怀无与言，独立心自省。

（《秋日池上》）

或写富贵人家姬妾的忧伤，或写弹筝美人的高绝琴术，或写本人的萧瑟寂寥心情，典雅、清丽、隽永，直追唐人高调。

值得注意的是，萨都剌这个豪门贵公子游宦多年，也写过不少“忧国忧民”之作，其中以《早发黄河即事》和《过居庸关》最为典型：

晨发大河上，曙色满船头。依依树林出，惨惨烟雾收。
村墟杂鸡犬，门巷出羊牛。炊烟绕茅屋，秋稻上陇丘。
尝新未及试，官租急征收。两河水平堤，夜有盗贼忧。
长安里中儿，生长不识愁。朝驰五花马，暮脱千金裘。
斗鸡五坊市，酣歌最高楼。绣被夜中酒，玉人坐更愁。
岂知农家子，力穑望有秋。短褐常不完，粝食常不周。
丑妇有子女，鸣机事耕畴。上以充国税，下以祀松楸。
去年筑河防，驱夫如驱囚。人家废耕织，嗷嗷齐东州。
饥饿半欲死，驱之长河流。河源天上来，趋下性所由。
古人有善备，鄙夫无良谋。我歌两河曲，庶达公与侯。
凄风振枯槁，短发凉飕飕。

（《早发黄河即事》）

居庸关，山苍苍，关南暑多关北凉。
天门晓开卧虎豹，石鼓昼击云雷张。
关门铸铁半空倚，古来几多壮士死。
草根白骨弃不收，冷雨阴风泣山鬼。
道旁老翁八十余，短衣白发扶犁锄。

路人立马问前事，犹能历历言丘墟。
夜来芟豆得戈铁，雨蚀风吹半稜折。
铁腥惟带土花青，犹是将军战时血。
前年又复铁作门，貔貅万灶如云屯。
生者有功挂玉印，死者谁复招孤魂。
居庸关，何峥嵘。
上天胡不呼六丁，驱之海外销甲兵。
男耕女织天下平，千古万古无战争。

（《过居庸关》）

由此，明朝人评价萨都剌之诗“清而不佻，丽而不缛”，别开生面，标奇竞秀，诚为一代大家。

萨都剌的文学最高成就，还是在于他的词。其词作虽只传世十五首，但“豪放若天风海涛，鱼龙出没；险劲如泰（山）、华（山）、云门，苍翠孤耸；其刚健清丽，则如淮阴（韩信）出师，百战不折；而洛神凌波，春花霁月之婵娟也”。

萨都剌词，境界最高的应属其几首怀古词，感慨中蕴深沉，旷达间有潇洒，万古苍凉，千秋兴废，一时间奔来眼底。而其中最引人喟叹的，当属《满江红·金陵怀古》：

六代豪华，春去也，更无消息。空怅望，山川形胜，已非畴昔。王谢堂前双燕子，乌衣巷口曾相识。听夜深，寂寞打孤城，春潮急。思往事，愁如织，怀故国，空陈迹。但荒烟衰草，乱鸦斜日。玉树歌残秋露冷，胭脂井坏寒螿泣。到如今，只有蒋山青，秦淮碧。

当然，词中大意，唐人刘禹锡的《金陵五题》中皆有言及。但经萨都剌之手，加上时间的沉淀和历历在目的王朝兴废实例，读者会从词中咀嚼出更多的滋味，体会到能让人凄然泪下的另一种惆怅。与此词相类的，还有《木兰花慢·彭城怀古》：

古徐州形胜，消磨尽、几英雄。想铁甲重瞳，乌骓汗血，玉帐连空。楚歌八千兵散，料梦魂、应不到江东。空有黄河如带，乱山回，合云龙。汉家陵阙起秋风，禾黍满关中。更戏马台荒，画眉人远，燕子楼空。人生百年如寄，且开怀、一饮尽千钟。回首荒城，斜日倚阑，目送飞鸿。

此词神思俱畅，多少往事，一泻而下，凄凉与豪迈并举，悲沉与苍冷同生，因难而见巧，推陈出新。

此外，萨都剌现存词中，比较引人注目的还有抒发羁旅愁思的作品。由于漂流各地游宦多年，翩翩浊世佳公子，自然有纳兰性德的感觉，其中又融入李贺、李商隐的那种绮丽和冷峭。其中，《酹江月过淮阴》《酹江月·登凤凰台》最知名：

短衣瘦马，望楚天空阔，碧云林杪。野水孤城斜日里，犹忆那回曾到。古木鸦啼，纸灰风起，飞入淮阴庙。椎牛酾酒，英雄千古谁吊。何处漂母荒坟，清明落日，肠断王孙草。鸟尽弓藏成底事，百事不如归好。半夜钟声，五更鸡唱，南北行人老。道傍杨柳，青青春又来了。(《酹江月过淮阴》)

六朝形胜，想绮云楼阁，翠帘如雾。声断玉箫明月底，台上凤凰飞去。天外三山，洲边一鹭，李白题诗处。锦袍安在，淋漓醉墨飞雨。遥忆王谢功名，人间富贵，散草头朝露。淡淡长空孤鸟没，落日招提铃语。古往今来，人生无定，南

北行人路。浩歌一曲，莫辞别酒频注。(《酹江月·登凤凰台怀古用前韵》)

在词人笔下，空间、时间被无限压缩，情渗于景，景又生情，让人得到一种凄美、艳美、纯美的审美享受。而且，萨都剌之词处处呈现作者匠心独具之处，色彩斑斓，意蕴深远，精于提炼，兴观群怨，运用自如，把阴柔之美与阳刚之美恰到好处地统一于词意之中。有时天真烂漫，有时婉约隽永，有时典雅庄重，有时高浑雄健，有时秾鲜耀艳，有时放达慷慨。

萨都剌血液中毕竟澎湃着西域祖先的鲜血，加之博大精深的中华文化精粹浸染，因而在元代横空出世，别具一格，的确是有元一代诗坛、词坛上最为耀目的巨星。

正直不阿大元官

马祖常

马祖常，字伯雍。先世为西域雍古部，由于五世祖锡里吉思在金朝曾任凤翔兵马判官，子孙就以官名为姓。其曾祖一辈，已经“从龙”，随忽必烈征南宋，后徙于光州（今河南潢川）居住。

从元好问所说马家是“花门贵种”的指称来看，马祖常祖上可能是西域雍古部信奉基督教的世家。但自其四世祖开始，马家又改信伊斯兰教。至于马祖常本人，在汉地长大，成为一名饱学硕儒。

元仁宗恢复科举考试，马祖常一举成功，廷试第二名（右傍第一甲从来都是蒙古人，所以他才屈居第二），并累官至御史中丞。对于自己的家世，马祖常并不讳言：

昔我七世上，养马洮河西，六世徙天山，日日闻鼓鼙。
金室狩河表，我祖先群黎，诗书百年泽，濡翼岂梁鹈。
尝观汉建国，再世有日磾，后来兴唐臣，胤裔多羌氐。
《春秋》圣人法，诸侯乱冠笄，夷礼即夷之，毫发各有稽。
吾生赖陶化，孔阶力攀跻，敷文佐时运，灿灿应壁奎。

而且，他对西北河湟地区一直怀有深刻的情感，常常写诗状绘其情其景：

阴山铁骑角弓长，闲日原头射白狼。
青海无波春雁下，草生碛里见牛羊。
波斯老贾度流沙，夜听驼铃识路赊。
采玉河边青石子，收来东国易桑麻。

（《河湟书事二首》）

在《上京翰苑书怀三首》中，马祖常也以充满情感的笔调，回忆北方朔漠辽阔的原野和壮美的景色：

其一

沙草山低叫白翎，松林春雨树青青。
土房通火为长炕，毡屋疏凉启小棂。
六月椒香驼贡乳，九秋雷隐菌收钉。
谁知重见鳌峰客，疯疯临风鬓已星。

其二

门外春桥漾绿波，因寻红药过南坡。
已知积水皆为海，不信疏星又隔河。

酒市杯陈金错落，人家冠簇翠盘陀。

薰风到面无蒸暑，去鸟长云奈客何？

其三

万里云沙碣石西，高楼一望夕阳低。

谷量牛马烟霞错，天险山河海岱齐。

贡篚银貂金作藉，官窑磁盏玉为泥。

未央殿下长生树，还许寻巢彩凤栖。

马祖常不仅仅钟情于北国风光，对江南秀美风景也多有称誉，著有《淮南田歌十首》《淮南谥歌十首》等田园诗。尤其是他的《绝句十六首》，把旖旎的吴地风光与往来湖海的锦袍商人们尽收诗内。

奸相铁木迭儿势焰熏天，马祖常以七品监察御史的小官，不畏强权，毅然与同列上《弹右丞相铁木迭儿》疏，尽书其十一件大恶之事。峥峥风骨，可见一斑。

为了让奸夫铁木迭儿省心，太后答己把马祖常调入管理宗教事务的“宣政院”任闲职，没过几十天，马祖常便辞归乡里。

日后，由于政局动荡，元仁宗病死，元英宗新继位，奸相铁木迭儿滥杀无辜，退居光州的马祖常做起了“陶渊明”，对现实的丑恶政治作消极抗争。

日后，元英宗、拜住君臣求治，马祖常入朝为翰林待制，更张改弦，出了不少好主意。泰定帝即位后，马祖常奉命主修《英宗实录》，并主持过大都乡试，拜礼部尚书。元文宗继位，马祖常一直主持贡举，为国家取士多人，并成为奎章阁文士院的中心人物。

马祖常死得很是“时候”。刚刚进入元顺帝时代，马祖常就以二品官的身份退居乡里，拒受朝廷一系列新的任职，专心在家以耕读为事。

至元四年（1338 年），马祖常病逝，时年六十岁。

观其一生所为，马祖常真正是一位在正统儒家思想教育下成长起来的色目官员。

谈辩悬河突厥种

迺贤

2000年，一位收藏爱好者从市场上购得一册元代墨迹：《南城咏古》书法作品。后交启功先生审阅，这位书法大家大叹称奇，认定这是元代大诗人迺贤的书法真迹，并希望对方能把这份国宝级文物捐给故宫博物院。同时，启功先生马上写了一封长达三页纸的信给故宫博物院院长朱诚如，说明这幅作品“不仅有艺术价值、文献价值，且属祖国古代民族华化见证之一，以物之稀，故弥珍贵也”。为此，故宫博物院马上联系收藏者，出资购买了这幅国宝。

这位让启功先生拍案称绝的作品的主人公迺贤，字易之，别号河朔外史。他的祖先乃西突爵葛逻禄氏，而“葛逻禄”的汉译意思为“马”，所以迺贤又名马易之，又称合鲁易之、迺贤易之，等等。

葛逻禄部世居金山（今阿尔泰山）。其祖上为当年蒙古西征军签军入中国，编入“探马赤军”，参加过灭金灭宋的战斗。元朝统一后，迺贤家族迁于南阳，后来他随兄南迁，定居于浙东的鄞县（今浙江宁波）。其兄塔海乃进士出身，官至嘉定宣慰使。

与萨都剌、贯云石、马祖常不同的是，迺贤一生蹭蹬不遇，终年为衣食奔波，大多数时间内穷愁潦倒，基本上没有享受过“贾宝玉”式、“纳兰性德”式的富贵生活。

值得庆幸的是，迺贤青少年时代所居的鄞县名儒辈出，高岳、郑觉民等汉族硕儒均曾亲自授课于他。因此迺贤的儒学功底大异常人，他本人也成为浙东士林精英的一分子。不巧的是，元顺帝至元元年（1335

年）曾一度罢废科举，使得如迺贤一般的士子大受挫折。

首次去大都就碰壁，迺贤作《行路难》一诗：

行路难，难行路，黄榆萧萧白杨莫。
枪竿岭上积雪高，龙门峡里秋涛怒。
嵯峨虎豹当大关，苍崖壁立登天难。
千车朝从赤日发，万马夜向西风还。
鉴湖酒船苦不蚤，辽东白鹤归华表。
夜雨空阶碧草深，落花满院行人少。
世情翻覆如秋云，誓天歃血徒纷纷。
洛阳争迎苏季子，淮阴谁识韩将军。
行路难，难行路，白头总被功名误。
南楼昨夜歌舞人，丹旌晓出东门去。
子午谷，终南山，青松草屋相对闲。
拂衣高歌上绝顶，请看人间行路难。

有研究说此诗作于至正九年（1349年），是迺贤贺元朝右相多尔济得封辽东国王所作，描写就职远征的艰辛。但据笔者看，个人怨愤，溢于诗间。

至正五年，迺贤第二次北游大都，寄寓于金台坊。此次游历他作诗不少，并写出了两卷本的《河朔访古记》，亲自到包括上都在内的许多北方古城进行了实地考察。他写于至正六年的《京城燕》最为脍炙人口：

三月京城寒悄悄，燕子初来怯清晓。
河堤柳弱冰未消，墙角杏花红萼小。
主家帘幕重重垂，衔芹却向檐间飞。

托巢未稳井桐坠，翩翩又向天南归。

君不见旧时王谢多楼阁，青琐无尘卷珠箔。

海棠花外春雨晴，芙蓉叶上秋霜薄。

以物拟人，迺贤此诗中包含着无尽的愤怒。

思乡归思乡，忧愁归忧愁，北方大地的壮阔景色也让诗人豪情倍增，追昔抚古，诗情盎然。其中最有名的包括《塞上曲五首》：

其一

秋高沙碛地椒稀，貂帽狐裘晚出围。

射得白狼悬马上，吹笳夜半月中归。

其二

杂沓毡车百辆多，五更冲雪渡滦河。

当辕老妪行程惯，倚岸敲冰饮橐驼。

其三

双鬟小女玉娟娟，自卷毡帘出帐前。

忽见一枝长十八，折来簪在帽檐边。

其四

马乳新洞玉满瓶，沙羊黄鼠割来腥。

踏歌尽醉营盘晚，鞭鼓声中按海青。

其五

乌桓城下雨初晴，紫菊金莲漫地生。

最爱多情白翎雀，一双飞近马边鸣。

其一表现的是北方民族夜猎的场面，欢快豪情，诸人骑马踏月吹笳而归。其二表现游牧部落迁徙场面，毡车杂沓，大雪天气涉过滦河。其三写的是一个头绾双鬟的小姑娘爱美插花的意态。其四描写草原人民踏歌狂舞、尽醉至晚的豪放场面。其五写塞上风景，把人与自然的和谐展现得淋漓尽致。

十多年云游闯荡，壮则壮矣，金尽囊空之后，迺贤只得又返回南方的家中。为糊口计，他出任东湖书院山长。

几年平静生活过后，至正二十二年（1362 年），元廷下诏召迺贤为“翰林国史院编修官”，求官心切的诗人立刻收拾行装准备北上。当时江南乱起，陆路不通，他只得经海道辗转入大都。

两年后，元廷派他南还，替朝廷祭祀南岳等地，“为国祈福”。这种“任务”，终让老诗人有一个“衣锦还乡”的机会。

乐极生悲，迺贤北还时，贼锋更盛，处处硝烟。他一路狼狈，最后加入元朝大将桑哥失里的幕府当参议。还好，朱元璋北伐时，迺贤中风病死，时年大概六十岁，终免死于大明帝国的刀下。

迺贤一辈子生活颇为不容易，他对“劳动人民”的同情溢于诗间，代表作有《新乡媪》《卖盐妇》《新堤谣》《颍州老翁歌》等多篇，很有“诗史”价值。

最值得一表的是，元末已经有“倭寇”骚扰浙江沿海等地，为此，迺贤有《送慈上人归雪窦，追挽浙东完者都元帅》诗二首，其中一首极为豪放，这位突厥贵种出身的色目人站在中华民族的立场上，痛斥侵袭沿海的倭寇，大肆宣扬了元朝大将驱逐敌人的壮志豪情：

日本狂奴扰浙东，将军闻变气如虹。
沙头列阵烽烟黑，夜半鏖兵海水红。
筚篥按歌吹落月，髑髅盛酒醉西风。
何时尽伐南山竹，细写当年杀贼功！

清朝诗歌评论家顾嗣立表示：

> 元时蒙古、色目子弟，尽为横经，涵养既深，异才辈出。贯酸斋、马石田（马祖常）开绮丽清新之派，而萨经历（萨都剌）大畅其风，清而不佻，丽而不缛，于虞、杨、范、揭外，别开生面。于是雅正卿、马易之（迺贤）、达兼善（泰不华）、余廷心（余阙）诸公，并逞才华，新声艳体，竟传才子，异代所元也。

仅从元代少数民族作家群就可以看出元代诗文仍旧有所成就。从统计数字看，元朝的诗人有四千多个，存诗十三万首有多。相较之下，唐代流传至今的诗作为五万余首，诗人二千二百余家；宋代有诗人九千多位，存诗二十七万余首。

但是，唐、宋两朝都有三百年左右的历史，以此相较，元朝才一百年左右，能出现这么多的作家和作品，确实称得上“繁荣”二字。

当然，在诗歌方面，元代并无开山创派的大家。元代诗人的作品，仍囿于唐宋诗歌的藩篱之内。只有从萨都剌、贯云石、马祖常、迺贤这些“色目”作家的作品中，我们才能品味到有元一代才人诗文的卓尔不群之处。如果抛开民族偏见，不偏不倚地审视元代这些奇人逸士的作品和人格，我们定会惊喜发现许多熠熠闪光的亮点。

另外，对于这些色目人群中的精英分子，如果安静下来，抛开种族的眼光去观察他们，我们也会发现，在元帝国时代，他们也是艰辛地生活在夹缝之中。即使从语言方面，他们所付出的努力也比第一等人和第三、第四等人花费的精力要多得多。蒙古贵族当然是只以蒙古语为傲，汉人和“南人”自然不必理会蒙古语（宫廷中的高级官僚除外）。这一点，从元朝灭亡后的结果可以清晰体会到，蒙古语言和西亚文化对汉人影响甚小。退回大漠中的蒙古人很快就恢复并适应他们昔日的生活方式，根本未曾汉化过。而这些色目人，作为承上启下者，他们一方面作为统治者的得力助手要把事情做好，另一方面要同汉人搞好关系，对上对下，均要小心翼翼。

特别是元朝后期，随着色目人群在熟练掌握蒙古语、畏兀儿语、波斯语的同时，他们还要能以高难度的古汉语吟诗度曲与汉族精英交流唱和，以便最终使自己能从里到外变成真正的“中国人”，这是多么不容易啊。

“二把手”的下场

权臣燕铁木儿、伯颜、脱脱、哈麻的生前身后事

永乐十年夏日的一天，明成祖朱棣在武英殿闲来无事，让太监李谦、王吉从收藏图书画卷的古今通集库中，找出一批宋朝皇帝御像观览，并召来大臣袁忠彻、画师徐英一起品鉴。

朱棣看了半晌，笑着点评道：“宋朝皇帝，自太祖以下，虽然都有一根胡羊鼻，但面容清癯文弱，和太医院的太医一个长相。”

转天，朱棣又让太监把所有的元朝皇帝像搬于殿中，仍旧与袁忠彻、徐英二人品题。

元朝列帝，清一色的魁伟雄迈，大脸方面，肉眼凸腮。

朱棣叹道：“一看就知道这些人都是吃绵羊肉长大的汉子。”

可是，细看元顺帝像，朱棣脸露诧异，扭头对袁忠彻讲：“怎么这位又是一张太医脸？”

袁忠彻当时不好说什么，唯唯而已。

而后，袁忠彻在其《记瀛国公事实》一文中，详录了他年少时听其父辈所讲的一则故事：宋恭帝投降后，被元朝降封为“瀛国公”。一夜，元世祖梦见一条金龙舒爪绕殿柱。转日，瀛国公来朝拜，正立于梦中所见的那根殿柱下。元世祖为此大动杀机。瀛国公惧诛，自请为僧，往西方学习佛法，捡得一条性命。经过朔北札颜时，他拜见周王（即日后的元明宗）。这位周王很喜爱瀛国公妻子的美色，悦而纳之。几个

月后，生下一子，即妥懽帖睦尔，日后的元顺帝。元文宗杀掉哥哥元明宗重登帝位后，也散布说妥懽帖睦尔不是明宗亲子，并贬放其于高丽之地。以此追之，元顺帝当然就是宋帝之后了，所以长相才不像元代诸帝。

据袁忠彻自己记载，明成祖问他元顺帝为何样子不像宋帝之后时，他本想讲出小时候听的故事，但不敢断定传说真假，故而“俯首未对”。

这个“大故事”的缘由，皆是元文宗惹的祸，他令当时的大文豪虞集起草诏书，告知天下妥懽帖睦尔不是自己哥哥元明宗亲子。故而当时以及明代的汉人以讹传讹，将此附会成真事一样，实际上完全是小说家言，杜撰而已。这个故事愈流愈广，越编越像，完全是民族意识作怪。

钱谦益就曾解释过：“中原遗老（元朝），心伤故国，从而为之说也。”

明朝文人也无聊，有一位叫余应的还写《读虞集所草庚申君（元顺帝）非周王（元明宗）己子诏有作》一诗，弄得真像“诗史”一样：

> 皇宋第十六飞龙（恭帝为宋朝第十六位皇帝），元朝降封瀛国公。元君诏公尚公主，时蒙赐宴明光宫。酒酣舒指爬金柱，化为龙爪惊天容。元君含笑语群臣，凤雏宁与凡禽同。侍臣献谋将见除，公主夜泣沾酥胸。瀛公晨驰见帝师，大雄门下参禅宗。幸脱虎口走方外，易名合尊沙漠中。是时明宗在沙漠，缔交合尊情颇浓。合尊之妻夜生子，明宗隔帐闻笙镛。乞归行宫养为嗣，皇考崩时年甫童。文宗降诏移南海，五年乃归居九重。壬癸枯乾丙丁发（壬癸为水，丙丁为火，古人总以五行附会，认为元朝为水德，宋朝为火德，水克火，所以元当灭宋），西江月下生涯终（明军攻占大都，元顺帝仓促北返草原，患毒性痢疾，作《西江月》词一首而终）。至今儿孙主沙漠（指退走后的蒙古北元政权），吁嗟赵氏何其

> 隆。惟昔皇祖受周禅，仁厚绰有三代风（指宋太祖夺取后周柴氏江山后，厚待柴氏子孙）。虽因浪子失中国，世为君长传无穷。

诗中有“新说”，元顺帝不是元明宗抢夺宋恭帝老婆而生的，而是出生后元明宗喜欢，向对方“要来的”。

观现存元朝皇帝画像，总觉这些蒙古爷们“婆焦”发型奇特。他们的胡须不是很茂盛，肉饼脸如同一个模子刻出来的一样，但脑门上的发绺十分不一样：一答头、三答头、一字额、大开门、花钵椒、三川钵浪、七川钵浪、银锭样儿打头、打辫儿打底（《大元新话》）等。即使他们都戴顶笠，胡须式样仍可看出明显的区别。

至于元顺帝只是脸型稍瘦，其样貌实际上和祖先没什么大的不同。

热火烹油

权臣燕铁木儿家族的覆灭

元文宗死后，燕铁木儿想立元文宗亲子、自己的义子燕帖古思为帝。文宗皇后卜答失里想到自己大儿子刚刚被立为皇太子就病死之事，认为帝位不吉，议立元明宗小儿子懿璘质班。

果然，小皇帝不久也病死，即元宁宗。一了百了，这回倒真的很“安宁”。

燕铁木儿认为这回总该立“义子”燕帖古思为帝了吧，谁料想卜答失里皇后成了偏执狂，把脑袋摇得更厉害。估计她身后有密宗和尚和巫师出主意，觉得这几年帝座都是死人台，不想让自个儿的孩子燕帖古思坐上这倒霉的位子。她主张要元明宗的大儿子，时年十三岁的妥懽帖睦尔来当皇帝，想让他冲冲丧气，等这孩子死了再让自己的儿子当皇帝。

计划赶不上变化，妇人这一招儿臭棋在不久的日后要了她母子俩的性命。

元顺帝妥懽帖睦尔是元明宗长子，其母迈来迪乃郡王阿儿厮兰的后代，属蒙古的罕禄鲁氏部落。元明宗当“周王”时，逃窜漠北，娶迈来迪。生下顺帝后，迈来迪得产后风而死。所以，传说元顺帝是宋恭帝之子，根本是空穴来风。

元文宗与燕铁木儿害死哥哥元明宗后，怕妥懽帖睦尔长大后与己子争位，就对外下诏称这个孩子并非元明宗亲子，将其远逐于高丽大青岛，派人严加看管。一年后，又把他徙至静江软禁。小小少年，阅尽人间冷暖，行尽世上苦路。

燕铁木儿心恨文宗皇后卜答失里妇人无识，也无可奈何，只得派人把妥懽帖睦尔从静江迎回。

行至良乡，这位权臣亲自从大都出发远迎准皇帝。

燕铁木儿与妥懽帖睦尔并马徐行，具陈迎立之意，丑表功自己多么拥护这位准新帝。妥懽帖睦尔当时年少，又害怕这位大胡子权臣，就一言不发。

妥懽帖睦尔毕竟才十三岁，三年间又天南地北地被人折腾，乍见这位声名显赫、相貌魁伟的大权臣，吓得根本说不出话来，更想不到像少年汉献帝安慰董卓那样“安慰”燕铁木儿几句。

燕铁木儿本来就是害死妥懽帖睦尔之父元明宗的真凶，心中有鬼，见这孩子一路沉默不语，更是心中打鼓。

所以，妥懽帖睦尔至大都后，久不得立，迁延数月。其间，为了给自己和家族上“保险”，燕铁木儿把自己的女儿伯牙吾嫁给了妥懽帖睦尔。

少年“准皇帝”又疑又惧、如坐针毡之间，忽然传来大好消息：权臣燕铁木儿病重身死。

《元史》这样的“正史”以及《庚申外史》这样的逸史等书，均把

《架上鹰图》 元　徐泽

燕铁木儿写成权高震主的恶臣。但无法否认的是，如无当年燕帖木儿的耿耿忠心和浴血奋战，元武宗之子元明宗、元文宗以及后来的元宁宗、元顺帝这一系人员根本不可能坐上皇帝宝位。所以，元文宗时代就下诏单独任命燕铁木儿为丞相以示异宠，诏书中除“表扬”的话语以外，又有长达数十字的封爵、官衔：

燕铁木儿勋劳惟旧，忠勇多谋，奋大义以成功，致治平于期月，宜专独运，以重秉钧。授以开府仪同三司、上柱国、太师、太平王、答剌罕、中书右丞相、录军国重事、监修国史、提调燕王宫相府事、大都督、领龙翊亲军都指挥使司事。凡号令、刑名、选法、钱粮、造作，一切中书政务，悉听总裁。诸王、公主、驸马、近侍人员，大小诸衙门官员人等，敢有隔越闻奏，以违制论。

公平来讲，燕铁木儿当得起这些美誉。没有他，元武宗一系血脉会离帝位越来越远。

在帝位空置的几个月里，燕铁木儿基本上就是皇帝。这位爷挟震主之威，肆行无忌，其“罪行”如下：

一宴或宰十三马，取泰定帝后为夫人，前后尚宗室之女四十人，或有交礼三日遽遣归者，而后房充斥不能尽识。一日宴（左丞）赵世延家，男女列坐，名鸳鸯会。见座隅一妇色甚丽，问曰：“此为谁？”意欲与俱归。左右曰：“此太师（指燕帖木儿自己）家人也。”至是荒淫日甚，体羸溺血而薨。

蒙古贵臣，吃顿饭宰十几匹马不算什么稀奇，娶四十个宗室美女也应该不算什么过分（忽必烈的权臣阿合马有几百个“老婆”），唯一过分的就是他把泰定帝皇后也纳为夫人。泰定帝虽然死后被“废”，但怎么也是堂堂大元列帝之一。当然，如果按照蒙古风俗，这倒也并非是什么“大恶”。至于最后酒色过度，春药过度，溺血而亡，死得倒很有蒙古帝王特色。

后世人对燕铁木儿的“印象”，基本受上述几十个字的影响，以为这位爷数年或数十年如一日这般“荒淫”。其实，他也就是疯狂了几个月而已。

瘦死的骆驼比马大。燕铁木儿身死，妥懽帖睦尔即位，是为元顺帝。

这位少年帝王仍旧以权臣的弟弟撒敦为左丞相，以其子唐其势为御史大夫，封其女为皇后，并下诏宽宥燕铁木儿家族世世子孙九死，追封燕铁木儿为“德王”，谥“忠武”。撒敦跟随哥哥，前后脚病死，急入鬼门关。

此时，权臣家族，只剩下燕铁木儿的儿子唐其势和女儿元顺帝皇后伯牙吾撑住局面。撒敦病死后，唐其势接任其叔职位，为中书左丞相。

本来，元顺帝刚入大都皇宫，高丽籍宦官秃满迭儿就送来一名高丽宫女奇氏，专门伺候顺帝喝茶。

顺帝被流放高丽时，可能学会了讲高丽语。两个人很投脾气，加上奇氏貌美，自然如胶似漆。此时燕铁木儿送女儿入宫，元顺帝当然得把这位姑奶奶供起来，立为皇后。

册文上讲伯牙吾“谦裕静淑”，实际上她是个大醋坛子。她本人娇惯成性，又大顺帝几岁，眼见顺帝与奇氏天天腻在一处，妒火中烧，天天找碴儿虐待身为宫女的奇氏。最过分的一次，伯牙吾皇后让奇氏在自己面前跪下，亲自用烧红的烙铁烫灼顺帝这个“心头肉”的后背。

顺帝表面不言，心甚恨之。元顺帝毕竟刚刚被立为帝，害怕燕铁木儿家族势力，仇恨在心，言语上并不敢有所表示。

但是，由于他本人宠爱高丽女子奇氏，有识者认定天下将乱。

因为，元世祖曾有祖制：高丽女子低贱，不准入宫。

日后，奇氏得为皇后，冥冥中预示着元朝天下的衰亡。

重蹈覆辙

权臣伯颜的倒台

元顺帝即位后，为报谢“翊戴”之功，拜大臣伯颜（蒙古人叫伯颜的很多，最有名的就是现在这位以及先前平南宋的那位）为中书右丞相。

当初，燕铁木儿南迎元文宗入统，正是首先给身任河南行省平章政事的伯颜发密信，让他率军队保护时为怀王的元文宗北上。由于昔日元武宗待伯颜有恩，他临危受命，在政治形势完全不明朗的情况下，毅然应命，召集河南行省僚属，以实相告，点集人马，备足金帛谷粟，以五千勇士中道迎接元文宗。

其间，河南行省参政脱别台觉得天顺帝已经在上都为帝，不应该再立别人为帝，便趁夜黑时分冲入伯颜帐内想杀人。结果，伯颜手夺其剑，反而把脱别台捅死在当地。

元文宗入河南地后，伯颜一直陪他回到大都。所以，元文宗时期，伯颜因拥立之功，已获加太尉、太保、太傅的荣衔，并被封为“浚宁王”，主管禁卫军。

顺帝虽是少年，但深谙宫廷政术。为压制燕铁木儿家族势力，他拜伯颜为中书右丞相之后，又进其为太师，兼领威武、阿速诸部卫兵。不久，进封伯颜为秦王，“总领蒙古、钦察、斡罗思诸卫亲军都指挥使”。这样一来，燕铁木儿家族直辖的钦察籍禁卫军也全归伯颜管辖。

燕铁木儿的儿子、中书左丞相唐其势见伯颜一派势力越来越大，官职又居于自己之上，非常不满，当众气鼓鼓地说：“天下者，本我家天下也！伯颜何人，位居我上！”所以，这小伙子常常“裹甲带刀”入伯颜家中找碴儿，或半夜找几个钦察军官饮酒。

动静闹腾得挺大，但唐其势为人猛憨无术，没有政治野心。政治势力，向来是此消彼长。伯颜深知这个乳臭未干的唐其势连他爸燕铁木儿十分之一的本事都没有，便密奏元顺帝说唐其势与其弟塔剌海、其叔答里以及蒙古宗王晃火帖木儿等人勾结谋反，想推拥元文宗亲子燕帖古思，以危社稷，并唆使宗王彻彻脱入宫内告变。

元顺帝深恨燕铁木儿一家，马上下诏伯颜率兵“平乱”。

伯颜得御诏后，立即逮捕了唐其势。《元史》上讲唐其势伏兵东郊后，亲率勇士数人入宫想弑帝。此举完全说不通。如果是缜密部署，燕铁木儿家族势力又大，换掉皇帝并不是什么特大的难事。

从史书字里行间之中，可以判读出当时的真实情况：唐其势、塔剌海兄弟二人，白天去宫内见妹妹、顺帝的皇后伯牙吾。伯颜忽然在元顺帝允许下生变，率众多禁卫甲士入宫抓人，唐其势“攀折殿槛不肯出”（如果真是有意带刀谋反，以唐其势之勇武，肯定会殊死搏斗），其弟塔剌海见状，抱住妹妹的大腿哀号求救。当时，元顺帝也在不远处观变，伯牙吾皇后惊呼：“陛下救我！”一直恨得牙根痒痒的元顺帝高言：“汝兄弟为逆，岂能相救！”听皇帝如此说，伯颜杀心顿炽，当头一刀就把塔剌海劈成两半，鲜血溅了伯牙吾皇后满身。

接着，他按顺帝“指示”，把伯牙吾皇后贬出宫，并在开平的居舍中让士兵往其口内灌药，毒死了这位皇后。

伯颜还发兵攻杀燕铁木儿另一个将兵在外的弟弟答里，清洗朝内和禁卫军中的燕铁木儿党人，尽诛其血亲，没收其全部家财。

这场清洗中，元文宗之子、燕铁木儿的“义子”燕帖古思因为年幼，并未牵连被杀，仍然当他的“皇太子”（其实他是元顺帝的堂弟）。

燕帖古思所以能“幸免”于难，还在于他有亲妈“太皇太后”（即元文宗皇后卜答失里）的罩护。此妇人不是什么贤良善类，元文宗、燕铁木儿死后，她一直与伯颜私通。卜答失里深知，宫外没有信得过的带兵大臣的护佑，她母子性命非常脆弱。

正是由于她与伯颜有一腿，这位新权臣怂使元廷“议尊皇太后为太皇太后”。

汉官许有壬深谙礼制，上奏说：“皇上于太后，母子也。若如太皇太后，则为孙也。且大元制律，封赠祖父母，降父母一等，即彰明推恩之法，近重而远轻。今尊皇太后为太皇太后，看似尊之，实则远之轻之。”

元顺帝和伯颜不听。于是，本为元顺帝婶娘的元文宗皇后听上去倒成了顺帝的祖母。

顺帝原皇后、燕铁木儿的女儿伯牙吾被毒死后，后宫自然要有人填上位置。元顺帝本人很想立高丽女人奇氏为皇后，可从政治方面考量，只能把心爱的奇氏立为次宫皇后，居兴圣宫，号兴圣宫皇后；立翁吉剌氏为正宫皇后。这位正宫皇后乃元世祖皇后察必的曾孙，血系高贵。所以，元顺帝及日后奇氏所生的太子一直都很敬重她。至正二十五年，翁吉剌氏病死，免去了日后亡国流离之苦，也算是好人有“好报”吧。

伯颜诛杀燕铁木儿家族之后，独秉国钧，专权自恣。没有约束的权力不仅腐蚀人，还会使人日益疯狂。他不仅在朝中遍植党羽，还让亲侄脱脱担任禁宫侍卫长，侦伺皇帝起居。

值得庆幸的是，脱脱自幼受教于汉族大儒吴直方，深知君君臣臣之礼。他忧虑伯父伯颜所为，并主动向顺帝表明忠君不贰的心意。

伯颜的祖辈是蒙古蔑儿乞部，被成吉思汗打败后受惩为奴，一直归属蒙古宗王统辖。所以，伯颜父祖功劳显赫，仍旧是上有“使长”（类似八旗的“旗主”）的奴才。到了伯颜这辈，蒙古的剡王（剡王乃蒙哥汗第三子玉龙答失的孙子）仍是他的使长。

以前，每逢见剡王，伯颜都要按照规矩向其跪拜。待大权独揽，伯颜不念旧情，忽然发怒：“我为太师，位极人臣，岂容再有使长在我头上！”其实，这也怪剡王不“主动”，他应该提前“申请”免除伯颜的奴籍。蒙古宗王大大咧咧惯了，凭恃自己是元帝的直系血亲，没料到朝廷内“首席”大臣会把实权揽于己手。于是，伯颜也干脆，派人上奏剡王彻彻笃谋反，并请顺帝在赐死剡王的诏令上画押。

元顺帝年纪虽轻，却知道宗王血亲不好随意杀，很久没有画押用印。

伯颜心中恼怒，不待元顺帝签署文件，擅自以皇帝名义下诏，杀掉了剡王及其子共十二人。不久，他又诬蔑蒙古宣让王、威顺王（二人均为忽必烈第九子脱欢之孙）有逆谋，贬罢二人王位，皆不待旨而行。

这一切，均让顺帝怀怒于心，敢怒而不敢言。

大都有民谣“上把君欺，下把民虐，太皇太后倚恃着”，正是讽刺伯颜擅权。

除擅权以外，伯颜还特别仇视汉人。至元元年，他首先上章罢停当年的礼部科举，并对元顺帝说：“陛下您日后生了太子，千万别让他读汉人书，那些汉人爱哄弄人、欺负人。我先前手下有牵马执鞭的汉人，好久不见其面，问其家属，支吾说他出外应科举未回。为臣我真想不到，牵马坠镫的这些汉奴都混入应考队伍中。”

更可怕的是，伯颜家里养有一个名叫畀畀的西藏巫婆，她曾“预言”伯颜将死于“南人”之手。于是，为了不使“预言”成真，伯颜上书元顺帝请求杀尽天下张王刘李赵五大姓汉人，顺帝不从。

此计不成，伯颜又下令禁元朝国内汉人、“南人”、高丽人执持军器，并把这几类人所拥有的马匹全部充公。

伯颜如此仇视汉人，法令愈益严苛，天下渐乱。河南散山有“棒胡”造反，惠州有朱光卿造反，闽漳有李智甫造反，袁州有彭莹玉造反，等等。其间，最轰动的，是至元四年（1338年）年底河南行省发生的一件离奇大事：河南省台孟端这样一个类似今天副处级调研员的芝麻官，竟然与几个人合谋，杀掉了几乎河南所有的省级大员，并把持了行省政务长达五天之久。

孟端，河南杞县一个汉人小吏，此人贫无资、寡交游，旁人管他叫“不办事”，一直郁郁不得志，又久不得补官。愤懑之下，孟端曾趁醉在省台内的墙上写诗：“人皆谓我不办事，天下办事有几人？袖里屠龙斩蛟手，埋没青锋二十春。”

多亏元朝对文字敏感的人不多，蒙古行省长官又大多不识字，此事未被捅出来。

而后，与孟端年轻时一起读书的朝中御史搞“外调”，看见孟端落魄，大力推荐他，孟端得补河南省台一个无俸的虚官。

无边的希望变成巨大的失望，这个河南胥吏心中的怨毒一发不可收，他咬牙切齿、目中喷火，在家中怒吼：“我必杀行省掌权辈！”

于是，他唤来平素与自己友善的霍八失（蒙古人）等四人，约定说：“我冬至那天在行省衙门值班，你们几个人打扮成京城钦差模样，从驿舍劫取几匹公家马匹，乘夜黑时分入河南行省衙内大厅。坐定后，可派门卒唤正当值的我来传圣旨。大事成就，皆可立得富贵！”

人数虽少，几个人胆大心细，果然在冬至日依计而行。恰巧当天晚间当班的武官醉酒在家，省内并无守备人员。于是，几个人合演大戏，“钦差”们升堂坐定，“圣旨”宣布孟端为“河南都元帅”。然后，他们依次传召平章月鲁不花、左丞劫烈、总管撒里、万户完者不花等数十位河南行省蒙古、色目高官入衙。

每进去一个，跪听“圣旨”，大铁骨朵就飞抡而下，砸西瓜一样，脑浆迸裂，诸人死状皆是如此（也不知“下一个”进来前怎样收拾屋子）。被杀掉的诸位高官，皆陈尸于衙门后院。

孟端以“都元帅”的身份，拘收行省内大小衙门印信，自佩平章符信，调兵守城，并下令封闭黄河水上交通，发河南各道兵集合听调。

孟端关起门来过“皇帝”瘾不说，还不忘回河南杞县拜祭祖坟，大施金鼓，衣锦还乡，好不威风。

过了五天，回城后，思起旧恶，他又把行省诸衙门的“正官首领”数十人集合于一处，尽数诛杀。

杀官数日，无一人敢问。

最后，有一个汉人小官叫冯二舍的，平素与孟端关系不错，趁这位“都元帅”酒后高兴，大着胆子问：“您能让我巴结一下朝廷来宣旨的官员吗？”

孟端当时已经喝高，顺口回答：“什么狗屁朝廷宣旨官，我就是！”

冯二舍心惊肉跳后，马上是窃喜，觉得自己立功的机会到了，他偷偷溜出，对行省武官讲：“钦差是假的，你们赶快关闭省门，我找机会杀掉孟端。”

衙门大小武官半信半疑。

冯二舍够狠，趁孟端酒后在马上不稳，一刀就把他的脑袋砍下，掷入行省衙门内。

孟端同伙霍八失几个人见事败，慌忙窜入后院中躲藏，皆被搜出杀掉。就这样，一台大戏结束。

可笑的是，堂堂大元一个大行省，孟端几个人几把刀，就可以做出如此惊天动地的大事。彼时行省内“百官俯首听命”，不得不说是中国政治史上最大的奇事之一。

可以窥见，元代政治在伯颜时代已经混乱到何种地步。

孟端事件还有一个附带后果，即伯颜老根据地河南行省内的“心腹”们几乎全被干掉，省得元顺帝除掉伯颜后再费事去清洗。

上天要谁灭亡，必先让他疯狂。想当初，青年伯颜“弘毅深沉，明达果断”，击海都，追失班，被元武宗在和林钦赐“拔都儿”（勇士）名号。在江浙、江南、陕西、河南以及南台御史任上，他不畏豪强，一心除奸去秽。特别是在立武宗二子为帝一事上，伯颜大智大勇，舍生忘死，可谓是立下不世殊功。

其实，元顺帝也对得起他，御诏所署伯颜官衔，长达二百四十六个字，比先前的大权臣燕铁木儿多出近二百字。大官做着、皇后傍着（元文宗皇后）、军权握着、好职优位把持着，伯颜仍不知足，自领诸卫精兵，导从之盛，填溢街衢。而元顺帝侧仪卫反而落落无人。他如此权势熏灼，天下之人唯知有伯颜而不知有皇帝。

伯颜如此，其侄脱脱忧心如焚，常对其父、伯颜之弟马札儿台说："伯父骄纵已甚，万一天子震怒，吾家肯定赤族无遗。"

顺帝经过系列"考察"，知道脱脱真心站在自己一边，便日夜与心腹世杰班、阿鲁以及脱脱在一起谋划，商量如何"解决"伯颜。

至元五年终，顺帝次宫皇后奇氏生下一子，起名爱猷识理达腊，送往脱脱老婆处喂乳。脱脱明大义，奏请正宫皇后翁吉剌氏为皇子嫡母。顺帝、奇氏深觉此请合理，对孩子日后的身份也有好处，自然从之。

见自己本来派去当"眼线"的侄子与顺帝如此热乎，伯颜心惊。夜间与"太皇太后"在内宫抓紧商议废立之事，准备除去翅膀已硬的元顺帝，拥立元文宗之子燕帖古思为帝。

其间，事出意外，伯颜几乎被身边人杀掉。他身边有两个贴身侍卫官，一个叫阿义赤，一个叫完者帖木儿王。两个人见伯颜私通太后，滥杀宗王，心中不平，便私下截发盟誓，准备抓机会行刺伯颜，"为国家除患"。

一日，伯颜在自己家中休息，二人立侍左右。仆人来见，说有人送来镔铁宝刀来"孝敬"。阿义赤接过宝刀，果然锋利无比，马上赞不绝口。伯颜武士出身，披衣而起，仔细欣赏阿义赤手中的宝刀。

此刻，完者帖木儿王忙向阿义赤使眼色，让他趁机推刀，杀掉伯颜。结果，关键时刻泄气，阿义赤惧不敢发，满脸流汗。完者帖木儿王怀疑阿义赤半途变卦告发自己，便忙下跪先告状："刚才阿义赤神色有异，有害太师之心！"

伯颜大怒，他乃勇武绝伦之人，一脚就把阿义赤踢出数丈开外。

阿义赤见此情状，也忙跪地叫饶："此人常有害太师之心，我不从，故反告我！”

狗咬狗两嘴毛，世上真没见过如此愚笨胆怯的谋杀者。

伯颜檐下众卫士拥上，登时把二人捆牢。严刑审讯之下，二人承招。伯颜立杀二人，并族诛其家属。

热火烹油之际，伯颜几乎忘了自己是“人臣”，竟然想以“薛禅”二字加在自己名字之前。“薛禅”是忽必烈蒙古庙号的专用名称，伯颜再“德高望重”，也受不起这两个字。诸大臣集议，憋屈半日，终于想出“元德上辅”四个字给伯颜。不久，又有拍马屁者上言，提调军马之人一般给以虎符，太师伯颜乃冲天大功臣，不能与一般人一样使用普通的虎符。于是，元廷特制“龙凤牌”一面赐伯颜一人使用。

这面牌子又大又体面，其中“元德上辅功臣”六字用羊脂白玉嵌造，镶三粒“径寸真珠”，通体饰以“红剌鸦忽宝石”，价值数万锭宝钞。日后伯颜被黜贬，有司毁掉“龙凤牌”，把上面的珠宝剔取下来交还物主商人，因为政府赊账，一直没给人家钱。好在伯颜倒台快，珍宝还未有大磨损。

伯颜不仅仇视文化、汉人，还是个文物破坏者。元廷太府监中藏有无数块用上好玉石雕刻的历代印玺，皆被这个混蛋派人用麻袋装出来，大一点儿的就磨去原有印文分赠给同党、下属当图押刻上这些阿猫阿狗的名字，小一点儿的就当作鹰坠系在驯鹰的爪子上。唯一未被破坏的，是武则天的一块自用玺章，由一块绝色上等莹白宝石雕刻而成，仅半寸，不可改用，被伯颜信手扔给艺文监官员。

所以，宋代以前国玺之所以不传，皆是被伯颜破坏所致。

至元六年（1340 年）年初，伯颜先把燕帖古思叫到身边，出城在柳林打猎。中间，他派人入宫，请元顺帝出城一起参加猎戏。

脱脱见事急，忙对顺帝说：“伯颜久蓄异志，此行他又率诸部禁卫军主力出城，必有逆谋。陛下您千万要坚辞不出。”

顺帝听计。但是，君臣诸人合计，担忧伯颜在城外拥燕帖古思为帝，那样更不好办。最后，顺帝派出怯薛长（禁卫军负责人）月可察儿趁夜间偷偷去柳林营帐，把燕帖古思“偷”回城中。

同时，脱脱受密旨统辖都城军队，把大都诸门紧紧关闭。

早晨，伯颜率大军返城，见城门紧闭，很是恼火。

未待他仰头喝骂，其侄脱脱高立城上，口传圣旨：“诸道随从伯颜者无罪，可即时解散，各还本卫所。罪者唯伯颜一人！”

伯颜闻之，心惊胆落，茫然不知所为。

其干儿子詹因不花看到干爹面如土色，出主意道：“可拥兵入宫，问奸臣为谁，尚未晚也。”

伯颜叹息：“皇帝应无杀我之心，实是脱脱贼子误我！”

其实，圣旨一下，伯颜身边的军官们人心已散，直接进攻造反已是不可能之事。

不大工夫，又有圣旨到，除伯颜为“河南行省左丞相”。

伯颜哀求，要入宫陛辞皇帝，使者不许：“皇帝有命，令丞相即时起行，不准入辞！”

无奈，伯颜只能带着几个随从离开大都往河南走。

一夕之间，天翻地覆，伯颜从权力顶峰跌回地面。

过真定府时，有当地父老进献果酒，失势的大丞相心中怨恨无限，问父老：“尔曾见天下有子杀父之事吗？”（指其侄子脱脱“害”自己）

父老回答：“不曾见子杀父，但见奴婢杀使长！”此语满含讥讽，暗谕伯颜杀剡王一事。

伯颜俯首不语，殊有惭色。

其实，伯颜对侄子脱脱是真不薄。脱脱之父马札儿台长年在北部边疆捍边，脱脱自小由伯颜抚育成人。侄儿如子，所以伯颜才耿耿于怀。

行至河南地，刚想住下喘口气，又有皇帝御使乘快马而来，“诏令伯颜阳春县安置”，也就是说一下子把他贬至岭南（今属广东）。

不走不行，伯颜只得又开路。

走到江西豫章驿站，万念俱灰、身心俱疲，绝望之余，伯颜在夜间乘人不备，仰药而死。这招儿很对，如果他能活着走到阳春，很可能马上又有诏书再贬他去海南。不如一死痛快，一了百了。

伯颜从人身上也没钱，只得把主人尸体放在上蓝寺中，求得一口薄皮杉木棺材。其间，尸水流出户外，人皆掩鼻过之。待元廷官员查验“正身”后，随便刨坑埋了拉倒。

元廷抄伯颜家，数月搬运不绝。此公又是财迷疯，除无数金银财宝外，还有“米糠数房，烧饼一房”，简直吝啬至极。所以，有人在停放伯颜尸体的寺庙院壁上写诗挖苦：

> 百千万锭犹嫌少，垛积金银北斗边。
> 可惜太师无运智，不将些子到黄泉。

伯颜倒台后，见机行事的台臣马上有人入奏顺帝：“太皇太后非陛下母，乃陛下婶母。从前她还亲身推堕陛下母亲（顺帝嫡母、元明宗皇帝八不沙）入烧羊炉惨死。父母之仇，不共戴天！”

顺帝深知“太皇太后”卜答失里与伯颜是“亲密战友”，马上下诏把这位婶娘押往东安州“安置”，中途就派人勒死了她，以免留下后患。

现在，只剩下元文宗与卜答失里的儿子、顺帝的堂弟燕帖古思了。元顺帝先是下诏废去他“皇太子”（皇太弟）位号，又派月怯察儿等人押送这位堂弟去沈阳安置。

刚出大都门，燕帖古思这个少年看见月怯察儿一脸杀气，心知不妙，慌忙纵马飞奔。不巧的是，前方有一条河拦路。月怯察儿追上燕帖古思后，用铁骨朵照准少年腰间就是一击，活活把这位真正的“太子爷”打死于马下。

迷信真是害死人，卜答失里皇后本来想立元顺帝冲去元帝帝座上的晦丧之气，待这个“侄子”暴崩后，再让自己的亲儿子继位。结果，元顺帝不仅没暴崩，还成为在位三十六年的元代为帝时间最长的皇帝，而卜答失里皇后母子倒是没活上几年，先“暴崩”了。

反攻倒算，秋后算账，是几千年来的政治常态。成王败寇，似乎哪个不把事情做绝，后来人就会把你全族老小整绝。

解决了活人，顺帝又与群臣算死账，把叔叔元文宗的牌位从太庙中撤出，抛之荒野。本来顺帝还想刨陵掘尸，但起辇谷路途远又费事，不果行。

为善不终

权臣脱脱的贬死

伯颜倒台，元顺帝大喜过望，终于赶跑了这位让他日夜如芒刺在背的活曹操。

其实，元顺帝早期，是个很聪颖的亲王。他不仅冰雪聪明，还能虚心纳谏。

入宫初受佛戒时，元顺帝看见佛前有血糊糊的东西作供品，便问左右那是什么东西，宦者回答说是羊心。顺帝好奇，又问：“听说供佛有时用人的心肝，是真的吗？”左右不敢答，回禀说这事要问帝师。于是，元帝请来大喇嘛，问供佛是否曾经用过人的心肝。大喇嘛回答：“确实有。只要有人生歹心害人，事发后，当剖其腹取心肝作佛供。”顺帝沉思，忽然发问：“这只羊也曾害人吗，干吗把它的心掏出来作佛供？”帝师哑口无言。

当然，青少年时期的元顺帝，已经显现出超常的艺术“天赋”和工艺“才能”。观前朝及古代名画，元顺帝非常喜欢宋徽宗的书画作品。

为此，身为侍讲的翰林学士库库谏道：“宋徽宗万事皆能，唯一事不能。”

“何事？”元顺帝问。

“独不能为帝王。其身辱国破，皆由不谙为君之道所致。为帝王者，为君之道最贵，其他乃小技也。”

当时的元顺帝虚心听受，并赐库库衣钱以赏其忠言。

此外，从顺帝改“元统”年号为“至元”（后又改为“至正”）的举动来看，他很想效法元世祖忽必烈有一番作为。可惜的是，谏臣库库在伯颜被贬后不久即病死，时年才五十一岁。伯颜败后，顺帝马上任命脱脱之父马札儿台为中书右丞相，以脱脱为知枢密院事，并统领各部禁卫军。

马札儿台和他亲哥伯颜一样，是个财迷。堂堂宰相，竟然派手下在通州开酒馆赚钱，又让人贩长芦淮盐赢利。

脱脱见亲爹如此，心中很是忧虑，于是密召马札儿台的一个名叫佛喜的高参，说：“我父对您言听计从，不如劝说他老人家，解职闲居，享享清福。否则，别人会议论他逐兄而占其相位，传出去太不好听。”

这老头儿倒是听劝，称疾辞相，“诏以太师就第”。于是，元廷任命脱脱为中书右丞相、录军国重事。

由此，脱脱放开手脚大干，尽变伯颜旧政，使时政焕然一新。

脱脱“更化”，主要表现在以下几个方面：

第一，政治平反。平反剡王冤案，召还宣让王、威顺王二王，复其王爵。

第二，恢复科举取士制度、复行太庙四时祭礼。科举的恢复与脱脱老师吴直方大有关联。这位老儒很有心计，他对脱脱说：“科举之行，不一定非要增加国家官俸的支出。有此制度，家家读书，人人思举，人读书则不敢做坏事，以君臣孝道为纲，如此，于治道大有裨益。”所以，科举之兴，既笼络了汉族士人，又冲淡了民族隔阂，还能消解民间造反之心，可谓一举三得。

第三，译唐朝《贞观政要》等书颁行天下，并修辽、金、宋国史。后世总以为这三史是脱脱主持，其实不然。

至正四年，汉族官员欧阳元、揭傒斯等人基本把三朝历史修撰完毕，上呈脱脱。脱脱不纳，摇头说："此秀才事，我不知。"众人不知就里。其中有聪明人，提醒道："丞相喜名，现在史成，每卷都列明修撰人名，独不见脱脱丞相之名，他心里肯定不高兴。前代史书，虽是多名史官同修，但总裁之名独归一人，如欧阳修的《唐书》、司马光的《资治通鉴》，等等。三史之成，实赖丞相脱脱大力扶助，如果我们把丞相列为总裁官，最终依赖他进呈御览，以此为一代盛典，岂不美哉！"

如此一办，脱脱大喜。其实，辽、金、宋三史之成，体例确实出自脱脱独断。修史之前，诸儒议论纷纷，有的想以宋朝为正统，以辽、金为附史；有的认为当以宋朝为南朝，以辽、金为北朝。

结果，脱脱拍板："三国各与正统，各系其年号。"所以才有现在的《辽史》《金史》《宋史》。但后世儒生终以为非。清代虽也出身"夷狄"，又与女真为一系，乾隆帝时，仍下诏以宋为正统。

无论如何，三史告成，并举行了授受仪式。朝廷仪部鼓吹导从，前后辉光，自史馆进至宣文阁，顺帝身穿大礼服迎接，确为当时盛典。

第四，开宣文阁，选儒臣入讲经筵。伯颜掌权时，把元文宗时代的奎章阁制度破坏殆尽。脱脱入相后，改奎章阁为宣文阁，大集儒士，尊儒崇孔，重修文治。

由于上述种种措施的出台，元顺帝、脱脱君臣协睦，元朝政治一度非常清明。

这一段时间，自至元元年六月到至元四年五月，大概有四年之久，即脱脱首度出相阶段。

而后，五年时间内，元廷进入阿鲁图、别儿怯不花、朵儿只当权时期。

阿鲁图人品不错，但很快被别儿怯不花挤对走。这位别儿怯不花任相后，由于很早前他与脱脱之父马札儿台有旧怨，便向顺帝重提伯颜兄弟擅权的旧事，使得顺帝发怒，一纸诏书把老头子贬往甘肃安置。脱脱当政为人孝顺，力请俱行，一路呵护备至。毕竟甘肃不比大都，又远道辛苦，没过多久马札儿台就病死，后被追封为“德王”。由此事也可看出，脱脱当政前期并无权臣姿态，虽有清除伯颜的大功，他该放权时放权，其父遭贬也无怨言和不当举动，君臣之义，未尝亏欠。

继别儿怯不花之后，朵儿只为相，他提拔汉人贺惟一为左丞相。这位贺惟一被元顺帝赐以蒙古名字，即“蒙古太平”。以“蒙古”为姓，可见顺帝当时对他的尊宠。

脱脱二次当权，是至元九年夏到至元十四年年底的这一段时间。这几年中，黄河天灾导致“贾鲁治河”，财政危机引致“变更钞法”。天灾人祸，终于使元朝走上不归之路。

脱脱第一次辞相，除身体原因外，也有迷信的原因。“术者言年月不利”，所以，他连上十七道辞职书，方得顺帝允准，下诏封其为“郑王”，并赐金银巨万。而后，别儿怯不花为相，日进谗言。元顺帝把脱脱之父马札儿台外贬，其实也是忆念伯颜跋扈的“旧恶”，恨和尚憎及袈裟，自然慢慢疏远了脱脱。

但是，在脱脱辞相后的几年中，元朝国内叛乱四起，灾害不断，元顺帝等人不得不想起脱脱的“好处”。此外，脱脱自己去甘肃侍候老父，其子加剌张却留在宫中给太子爱猷识理达腊做伴（顺帝正宫皇后生有一子名“真金”，两岁就病死。迷信的元帝室，竟然取与忽必烈太子相同的名字，可见其寿不永）。

这两个孩子同岁，自幼长在一起，脱脱之妻又哺乳过太子，自然关系亲密。两个孩子在皇宫中一起玩，太子让加剌张和自己一同模仿老鸦叫声，张臂作翅膀状，围着大殿奔跑。玩得高兴，太子又让加剌张学老鸦叫，自己要背着他绕殿奔跑。加剌张年纪虽小，却很懂礼数，跪倒说：“我加剌张，不过是奴才身份；太子您是使长，我不敢让您背着我。”

皇太子也是孩童心性，见对方扫自己兴头，抡拳就猛砸加剌张脑袋，砸得小孩子号啕大哭。

元顺帝正在殿内，问左右情由。宦官们便把实情相告。元顺帝连连点头，大喜道：“这孩子真明事理！”

皇后奇氏与脱脱老婆关系不错，也趁机说：“脱脱好人，不应久让他在外。”

顺帝点头。

不久，奸臣哈麻也游说元顺帝让脱脱再入京为相。顺帝很奇怪，问：“脱脱昔日当丞相时，曾抓住你错处，打了你一百零七杖，怎么你也替他说好话。”

哈麻丑表功，说：“脱脱罚我，确实我有过错。为臣如果因此仇视他，就不应该了。脱脱，人还是好人。”

君臣对话间，皇后奇氏正在帘后偷听，她是哈麻真正的“幕后”指使者。见顺帝若有所思，奇氏便派人把脱脱从甘州召回。

哈麻在脱脱初次为相时，与脱脱之弟、御史大夫也先帖木儿关系很铁，日至其门欢饮。所以，每当别儿怯不花中伤脱脱父子兄弟时，哈麻常在顺帝前悉力营护脱脱。彼时，如果哈麻落井下石，估计脱脱当时就可能性命不保。

此外，中书左丞相太平（贺惟一）也是脱脱得还大都的进言人之一。但脱脱对此并不知情。日后，脱脱手下一个小人汝中柏嫉恨太平，唆使脱脱在朝中尽逐太平荐引之人，还差点儿杀掉太平。幸亏脱脱之母解劝，太平在当时才得以不死。

脱脱回京后，并未立即觐见顺帝，因为无诏旨召见他。

一天，乘元顺帝高兴，皇后奇氏忽唤与皇太子玩耍的脱脱儿加喇张，问：“想你爹脱脱吗？”小孩子立即跪倒，说：“我很想爹爹。”顺帝感动，问左右：“脱脱现在何处，可让他回京。”奇皇后忙说：“脱脱已在城中，很想见皇帝您。”

顺帝即刻派人召脱脱入宫。

青年顺帝已懂得玩弄政治手腕。他在棕毛殿端坐，见脱脱入殿跪拜，劈头就问：“我让你在甘州侍父，是谁召你来京？”

顺帝这一问，他身边的奇皇后吓得花容失色。

脱脱很镇静，回答说：“陛下命我侍亲，现服丧已满，故回京见至尊。”

顺帝念忆旧情，也不再装，忙起身降阶，与脱脱相抱而泣。

转天，元廷下诏，再拜脱脱为相。

至正十年（1350年），户部尚书薛世南、武子春揣摩脱脱心意，知道他再入相后想大有作为，便劝他只有大行更张，才能“垂名竹帛于无穷也”。他们两人首先劝脱脱进行钞法“改革”。

改革手段很拙劣，即印制新的中统交钞，以中统交钞一贯文省权铜钱一千文，准至元宝钞二贯。说是新钞，实际是用先前的中统交钞加盖“至正交钞”几个字而已，故而又称“至正中统交钞”。

同时，又铸铜钱，准备以纸币为母，铜钱为子。

元代初期的中统钞，以丝为本；中统元宝钞以及后来的至元钞、至大钞皆以银为本，而现在的新钞本末倒钞，目的只有一个，多印交钞，用纸钱掠夺民间财富。

汉臣吕思诚等人马上提出异议，认为新钞法一行，民间定会把铜钱藏起而弃用纸币。

顺帝、脱脱皆不大懂经济，不听劝阻，下诏大量印钞，最终导致通货膨胀，物价飞涨，新钞变成废纸一样。

如此一来，元朝国内的经济凋敝，先前那钞票通行无阻的神话终于破灭。

自1342年以来，黄河流域灾祸频频，多次泛滥，睢阳、归德一带数为泽国。同时，河北、山西等地又发生几十年不遇的大旱，出现重大饥荒，已有人相食景象出现。1243、1245、1246、1248 数年，黄河在曹州、济阴、汴梁等地多次决口，漂毁民房，死人无数。

脱脱复相后，以工部郎中贾鲁为治水总管，大举治河。

贾鲁有两策，一策是修筑黄河北堤，一策是挽河东行，疏塞并行。前策容易，后策不仅实施艰难，且耗费人力物力巨大。

脱脱是干大事的人，最后拍板，决定采纳后策。当然，脱脱和贾鲁的出发点是一致的：根治黄河，不仅疏灾，还能制止"盗贼滋蔓"。

但对此议，元朝内部反对声浪甚高。首先，反对者认为工程量巨大，施行不易；其次，一二十万人聚在一起开工，加之黄河各个工地连年饥馑，万一有人闹事，一呼万应，百姓如果借机造反，那可比河患要大上一万倍。

脱脱有"大政治家"气魄，当然不听，坚持"役不大兴，害不能已"，要干就一劳永逸。

甭说，贾鲁治河效果真不错。至正十一年四月开工，七月凿疏工程完毕，八月底放水，九月通船并堵塞掘口，到十一月全部工程完工，总共用了不到二百天时间。黄河南河一线日后二十多年没有发生大的水灾（归惠于明朝了）。

治河过程中，虽然并未出现大规模暴动，但韩山童、刘福通那"一只眼"的石人，正是埋在黄河工地，日后燎原之火，恰巧闪自这一点星星火焰。

于元朝而言，治小害大，得不偿失。

当时，就有人作诗曰："丞相造假钞，舍人做强盗。贾鲁要开河，搅得天下闹。"

元朝大厦之倾，自开河造钞始，由渐而蔓，终于倾塌。

至正十一年（1251 年）四月二十二日黄河治理工程正式开工前，河北栾城人韩山童已经与刘福通等人事先雕刻石人一具，背镌"莫道石人一只眼，此物一出天下反"，埋在河工必经的黄陵岗上。

结果，当月月底，工人们把这独眼石人挖出，消息不胫而走，远近震骇，人心思乱。

五月，韩山童、刘福通二人聚众三千多在颍州起义，宣布韩山童为宋徽宗八世孙，打着兴宋灭元的旗号举事。

元政府知道消息，地方迅速出兵，韩山童命不好，混乱中被元军抓获，在闹市中凌迟。但其妻杨氏与其子韩林儿逃出。

刘福通善战，杀出血路后，攻占了颍州城。由于这支军队的信众大多是白莲教徒，天天烧香拜佛，时人称为“香军”。他们的另一个特色是头裹红巾做标识，所以又被称作“红巾军”。

韩山童、刘福通二人刚刚起事时力量并不大，但示范效应极大。暴动如同传染病一样，越传越快，越传越远。蕲州有徐寿辉、彭莹玉，徐州有李二，邓州有王权，襄阳有孟海马，濠州有土豪郭子兴等，烽烟四起，天下大乱。

民久不见兵革，一时惊惧，皆束手听命。

乱闻上报，中书省官吏抱大沓档案题为“谋反事”想上呈元顺帝，丞相脱脱仔细阅观，为转移视线和减轻自己的责任，他用笔改“谋反事”为“河南汉人谋反事”。如此，脱脱大兴族群打击，隐藏起义规模，引起更大的矛盾。

当时有识者，都知元朝很快就要丧失天下。

元廷得知刘福通在颍州兴兵，也很重视此事，马上派出枢密院同知（国防部副部长）赫厮秃率六千“阿速军”为主力，调集各路汉军，与河南行省汉人一位姓徐的左丞一起，集兵数万往讨“红巾军”。

所谓“阿速军”，乃“绿睛回回也”，是由西域人组成职业军人。这些人善骑射，素以勇悍著称。

但是，这一行官军一路剽掠百姓，几位主将天天酒色成性，根本没有打仗的心理准备。

到达颍州后，赫斯秃远远望见“红巾军”的战阵，立刻吓得肝胆俱破，扬鞭大叫：“阿卜！阿卜！”意即蒙古语“快跑！”。

其手下“阿速军”和各部汉军此时特别听命令，转身狂逃，一路上自己人和自己人马踏人撞，伤亡不少，淮人传以为笑。

其后不久，赫斯秃因惊吓过度及劳累过度，得急性肺炎病死，汉军将领徐中丞被元廷诛杀，而那数千名绿眼珠的“阿速军”，因水土不服病死大半有余。

这些纯种的西亚重骑兵，只是看着唬人的“道具”军队，经看不经用，完全是绣花枕头一大堆。

为扑灭“红巾军”，脱脱派其弟时任御史大夫、知枢密院事的也先帖木儿，带着几个宗王以及禁卫精兵十多万杀往河南。

同时，元廷以巩不班代替死掉的赫斯秃为大将。这拨元军仗打得不错，攻上蔡，陷汝宁，杀掉不少义军。得意忘形之际，元军大饮胜利美酒，一夕醉倒营中。半夜，残余的义军偷营，元军慌忙抵拒，却一直不见主将身影。转天一大早，元兵检视昨夜恶斗中双方死掉的兵将，赫然发现主将巩不班满是血洞的尸体，一手还紧握酒瓶。

心慌之际，这部元军后撤数百里，屯军项城。

此时，元廷下诏，以也先帖木儿任总兵官，掌管各道军兵，共精兵三十余万，金银物帛车数千辆，大河南北供金费银亿万计。兵出之盛，元朝所无。

但脱脱这位弟弟根本不知兵。行至沙河后，他按兵不动，天天求神问卜，没有一天发动过真正的进攻。结果，一个多月后，军营“夜惊”，即不知就里的半夜“炸营”。如果主将有智有威，只要禀灯开帐，杀几个人即可平定。但也先帖木儿这个庸才，以为是军变，自己先跑了，结果，元兵全部跑散，最后仅能收散卒一万余人。元军尽弃军资、器械、粮运车辆。

一行人逃至汴城下，守城元将气恼，也不让也先帖木儿进城。结果，他悄悄溜回大都，转天“仍为御史大夫”。正是有哥哥撑腰，朝臣中也无人敢弹劾他。

脱脱不责怪弟弟无能，反而深防汉人，只要是商议军国大事，他严命杜绝汉人官僚参加，并上奏顺帝：“方今河南汉人反，宜榜示天下，令一概剿捕。诸蒙古色目（人），因迁谪在外者，皆召还京师。”也就是说，脱脱把“阶级矛盾”上升为“民族矛盾”，扩大打击面，准备又像元初那样借助蒙古、色目人打压汉人。

榜告一出，河北普通百姓愤恨，纷纷加入造反队伍。

乱起中原，脱脱身为宰辅，内心很是惶恐，不敢如实向顺帝报告。顺帝身边的红人哈麻当时与脱脱兄弟关系不错，也常常为其开脱责任。

但是，乱子越闹越大，居于深宫的顺帝终于得知实情，立刻招脱脱入宫责问：“汝曾言天下太平无事，如今‘红巾军’半边天下都是，丞相你有何策平灭之！”

听皇帝如此训责，脱脱吓得汗流浃背。

为显示自己勇于承担责任，脱脱自请率军首攻徐州。

占领徐州的李二是萧县人，因曾以家中所贮芝麻赈济灾民，绰号“芝麻李”。

李二占徐州是个“传奇”。他在城外率七人装扮成挑河夫，城内只有四人做内应，一夕突然发难，夺守门卒兵器，十几个人高呼叫杀，竟然一举拿下徐州城。转天，他们竖旗募兵，几天内就有十多万灾民、河夫投奔，一下子占据了徐州及附近数个县城。

由于徐州控扼黄河与运河相交的要冲，脱脱只能把这里当成首先“开刀”的地方。

脱脱领军，治河的贾鲁也随他而行。但是，脱脱所领大都的蒙古“官军”，体虚胆怯，不堪一击。倒是身为淮东元帅的汉人逯善出主意，招募身体壮健的盐丁为军。加上淮东土豪王宣又招募了不少身板结实的流民，组成一支三万多人的军队。他们皆身着黄衣黄幅，号称“黄巾军”，直杀徐州城。

“芝麻李”及其部下虽勇悍，但毕竟很少实战，苦战不支，徐州被元军攻克。脱脱怒城中人抵抗，下令屠城。

此举甚失民心。身为朝廷正规军，攻取一地后竟然尽杀当地人民，此事可谓是脱脱政治生涯中最大的污点。

胜讯传至大都，顺帝遣大臣马上往军中宣诏命脱脱为“太师”，驱使他还朝辅政，广赐金宝。皇太子本人还在私宅宴请脱脱。

徐州城破，“芝麻李”逃脱，脱脱谎称首恶已死，随手削下一个脑袋号称是罪魁的“首级”。

一个月过后，“芝麻李”真身才被擒获，送往京师。脱脱得知，半路命人把这真祸首杀掉，以遮己羞。

脱脱回朝，贾鲁以中书左丞的身份仍旧带兵围攻濠州的郭子兴。城坚砖厚，元军数攻不下。未几，治河大能人贾鲁身染疾疫，竟然病死于军中。

虽如此，元军连续派军队镇守，南方“红巾军”损失惨重，各地首领又皆心怀鬼胎，不能团结，被接连各个击破。彭莹玉、项普等人相继被杀，“天完”政权真的一下子就玩完了（“天完”是“大元”二字上面分别加“一”和“宝盖”，即压倒“大元”之意）。

天下之乱稍定，脱脱不思如何剿尽残敌，反而在京畿大行屯田，自己还领大司农事。他下令在“西至西山，东至迁民镇，南至保定、河间，北至檀、顺州”范围内，兴修水利，立法佃种。这些小惠小利，大乱之下，几乎是让人感觉可笑了。

脱脱是个强人，可是他不会施展强人政治。为了避免权力下放到地方，无论是行军打仗还是治河种粮，他似乎都想亲力亲为。这难免可笑。

而且，看似平静的大都宫城，正涌动着不可告人的逆动之流。即将上演阴谋剧的主策划，乃是顺帝宠臣哈麻。

哈麻乃康里人，其母是顺帝弟弟元宁宗的乳母。凭这层关系，哈麻与其弟雪雪二人一直在禁卫军中做中级军官。顺帝在位时，喜欢哈麻的口才与善解人意，“深眷宠之”，日与哈麻在殿中玩双陆游戏，一日不见，恍有所失。一次，哈麻穿一件新衣陪顺帝下棋，顺帝开玩笑，随口把茶水喷在哈麻的新衣服上，小伙儿大怒，厉声说：“天子就干这种事吗！”对此，皇帝一笑而已。

顺帝与脱脱关系好，乃是君臣互敬互重的关系；顺帝与哈麻，乃是老友、轻松无间的亲狎关系。

别儿怯不花为相时，进谗言把脱脱父亲马札儿台贬于甘肃，多次诬害脱脱兄弟，全赖哈麻从中回护。所以，脱脱复相后，专门为哈麻在中书设了一个“右丞”的官职，以报答他先前救护之功。

但是，脱脱当时非常信任其手下汝中柏，把他从左司郎中超擢入中书，参议中书省事。官员们知道汝中柏是脱脱亲信，平章以下官员见到汝中柏，都唯唯诺诺。哈麻与脱脱有旧，又是顺帝宠臣，自然不拿汝中柏当回事，多次因事与这人在省中争论。

小人心窄，汝中柏便日夜在脱脱面前说哈麻的坏话。脱脱愤怒，借故把哈麻从中书省弄出去，给了他个“宣政院使”虚官，又位列第三。由此，哈麻开始深恨脱脱，二人由恩变怨。

汝中柏不称意，怕哈麻日后为后患，力主脱脱找碴儿杀掉哈麻。

脱脱意不决，与弟弟也先帖木儿商议。此公本无远谋，性格软弱，又认定先前哈麻救过自己一家，坚执不可。

哈麻知道脱脱有意要除掉自己，便先下手为强，在皇后奇氏和皇太子面前说脱脱坏话，表示脱脱对册立皇太子的仪式久拖不决，时有异议。

妇人果然相信哈麻之言，便多次与皇太子一起在顺帝前大讲脱脱的“不是”。

确实，奇皇后所生皇子长大，顺帝一直想即刻立其为皇太子。但考虑到顺帝的正后以后还有可能生孩子，所以脱脱曾讲过这样的话："中宫（正宫皇后）有子，将置之何所？"

从实际上说，脱脱完全出于公心。经哈麻渲染，奇氏与皇太子母子不能不恼怒。

至正十四年（1354年），盐贩子张士诚在高邮建立"大周"，自称诚王。元廷多次派军征剿均失败。由于高邮处于战略要地，断隔南北，元廷不能得不再派脱脱总制诸王以及诸省军队前去讨伐。

此次行军，元朝大军号称百万，浩浩荡荡，直扑高邮。

年底，元军数战，每战皆捷，把高邮围成铁桶一样，一只苍蝇飞出也难。

被围数月的张士诚与部下坚持不住，商议着怎样出降才能活命。正因为自忖"罪过"太大，张士诚等人迟迟不敢开城投降。

正在这节骨眼儿上，元廷的皇帝诏使策马赶到脱脱军营。

由此，不仅脱脱的命运、张士诚的命运，包括整个大元朝的命运，均被这突如其来的一道诏书改变了。

脱脱出大都后，其弟也先帖木儿因病在家休养没能上班。哈麻指使御史数人上章弹劾脱脱："出师三月，略无寸功，倾国家之财为已用，半朝廷之官以自随。其弟也先帖木儿，庸才鄙器，玷污清台，纲纪之政不修，贪淫之心益著。"

弹章上达顺帝。

这一次，哈麻、奇氏以及皇太子皆落井下石，随声附和。耳根子软而又忙于淫乐的顺帝大怒，马上派中使前往阵前卸脱脱军职。

元军闻有御诏来卸脱脱军职，不少人号啕大哭。脱脱的汉人参谋龚伯遂劝说："丞相出发时，皇帝对您说日后行旨只行密旨。将在外，君命有所不受，现在又无皇帝密旨，丞相可坚持不开诏，先攻下高邮，到时候谗言不攻自破，您可到京都亲自向皇帝辩明。"

脱脱摇头："不行。圣上有诏，我不能拒诏。宁死，我不能废君臣之义。”

御使传诏，削脱脱官爵，安置于淮南路；削其弟也先帖木儿官爵，安置于宁夏路。属下军队，听从与诏使同来的雪雪（哈麻之弟）与月阔察儿节制。

听诏毕，脱脱顿首深谢：“臣至愚，荷天子宠渥，委以军国重事，早晚战兢，惧不能胜。一旦释此重负，圣上深恩，铭感于心。”

同时，他又送名马三千匹及精甲一大批给诸将作留念，嘱咐他们听从雪雪等人指挥。

客省副使哈剌答痛惜功败垂成，哭道：“丞相一去，我辈必死于他人之手，不如今日死于丞相面前。”言毕，拔刀自刎而死。

这位爷刚烈，其余各级将领都不敢动。

哈麻在诏使到来之前，已经派人到军中散布消息，敢有不奉诏者，立即族诛他们在大都的家属。所以，大军百万,一时四散。

高邮城里的张士诚如做梦一般，早晨一望，城外已经无任何元兵。

元军各级将领各回各部，士卒多无所从，剩下无所投附的，就加入了造反的队伍。

所以，元朝高邮散军，不仅未能攻克战略要地，还为起义军增添了生力军。

脱脱到淮南不久，又有诏旨移他往亦集乃路。未几，顺帝圣旨把他流往云南。脱脱的弟弟以及两个儿子，也皆流往恶远之地，家产全部没收。

行至大理腾部时，知府高丽人高惠，拜见这位故相，想把女儿嫁给他，并明白表示这里天高皇帝远，只要给自己做女婿，保证脱脱性命无忧。

脱脱推辞：“我乃罪人，安敢在流放地娶妻纳妾！”

高惠闻言恼怒。

不久，又有诏使来。高惠首率铁甲军包围脱脱住处。此次来人，乃哈麻所遣，携毒酒而来。

跪听圣旨后，脱脱谢恩，不喝也要喝，只能仰头尽饮。死时年仅四十二岁。

《元史》作者一般就事论史，不与人作赞语。但对脱脱的人品，他们也不得不钦服之余夸上好几句：

> 脱脱仪状雄伟，颀然出于千百人中，而器宏识远，莫测其蕴。功施社稷而不伐，位极人臣而不骄，轻货财，远声色，好贤礼士，皆出于天性。至于事君之际，始终不失臣节，虽古之有道大臣，何以过之。惟其惑于群小（汝中柏等人），急复私仇，君子讥焉。

脱脱死后，本来一蹶不振的农民军立时风生水起。刘福通拥韩林儿为帝，建“大宋”；“天完”军死灰复燃，攻占湖南诸路；郭子兴部将攻占战略要地滁州，自成一军；张士诚的“大周”军夺取苏松地区；海上剽掠的方国珍部占据海道，阻遏元朝粮运……

直到至正二十二年，在汉臣张冲等人的建议下，元廷才下诏为脱脱平反。至正二十六年，又有大臣上言脱脱功高盖世，应封一字王爵并加以追谥。结果，诸事未行，元朝就灭亡了。

脱脱把伯父伯颜赶下台，可以视为新一代蒙古贵族对上辈僵化思想的理性反叛。可悲的是，他并未能真正适应汉族文化，所有先前的努力，最后又被他本人否定。

他的悲剧，不仅是时代的悲剧，也是一个不能顺应潮流和时代的民族的悲剧。

自食其果

权臣哈麻的杖死

脱脱兄弟倒台后，元廷拜哈麻为中书左丞相，拜其弟雪雪为御史大夫。国家大柄，尽归其兄弟二人。

不久，顺帝有旨，把从脱脱之弟也先帖木儿家中所抄之物尽数赐予哈麻。

想当初，哈麻最早的“发迹”，在于他偷偷引荐了一个西蕃密宗和尚给元顺帝。此僧有秘术，号称“演揲儿法”（汉语“大喜乐”），即一种可以壮阳的气功。同时，哈麻的妹夫、时任集贤学士的秃鲁帖木儿有样学样，也把一位西蕃淫僧引荐给顺帝。这位淫僧名叫伽璘真，他的“秘术”更进一步，需男女双修。他“开导”顺帝说：“陛下虽尊居万乘，富有四海，不过保有现世而已。人生能几何，当受此秘密大喜乐禅定。”

对这种房中术气功，顺帝沉迷不已，更有哈麻、秃鲁帖木儿以及顺帝的舅父老的沙、顺帝的弟弟八郎等十人日夜陪同“修炼”。这十人还有专门称号，称为“倚纳”，即“最亲密心腹”之意。

房中术练得快活，顺帝诏任哈麻所荐西僧为司徒，任秃鲁帖木儿所荐西僧为大元国师。这两个大淫僧手下徒众很多，每一个都取良家妇女三四人伺候，号为“供养”。

顺帝本人沉迷其间，日事淫戏，取宫女三宝奴、文殊奴等十六人训练，演习“十六天魔舞”，以供淫乐时助兴。更可骇的是，皇帝本人与十“倚纳”及诸多妇人终日吞食春药，以修炼为名，男女裸处，君臣同盖一张大被，大开性乐园。顺帝把淫戏之室取名为“些郎兀该”，汉语即“事事无碍”之意。同时，顺帝下诏在上都扩建穆清阁，连延数百间。

所以说，元顺帝最早“学坏”，实由哈麻带教而成。

哈麻当了丞相，地位上去了，想得就多，深耻自己先前以淫僧荐帝的做法，又嫉妒妹夫日夜在顺帝面前专宠擅权。一日，他回府见其父，表示："我兄弟现位居宰辅，应导人主以正术。今秃鲁帖木儿专以淫亵媚帝，天下士大夫必讥笑我家，我将除掉此人清理门户。今上（顺帝）年长，日渐昏庸，皇太子年长，聪明过人，不若立以为帝，奉今上为太上皇。"

不料，隔墙有耳。哈麻的妹妹偷听到了父兄谈话。听闻大哥想杀自己老公并要换皇帝，即刻回家告知秃鲁帖木儿。

秃鲁帖木儿知道皇太子一直讨厌自己，如果他当皇帝自己肯定第一个被杀。情急之下，他立刻入宫向顺帝告变。

当然，他没有讲对自己不利的事，只讲哈麻嫌顺帝年岁大靠不住，想搞政变拥皇太子为帝。

顺帝闻言也大惊："朕头未白，齿未落，哈麻兄弟为何嫌朕老啊？"惶恐恼怒下，顺帝马上与秃鲁帖木儿定计，准备除掉哈麻兄弟。

转天一大早，正待上朝，哈麻兄弟就发现有大批禁卫军包围其府邸，随即有圣旨传下："哈麻兄弟有罪，哈麻于惠州安置，雪雪于肇州安置，立刻出城等待发配。"

哥俩惊愕，变故如此之快，让人来不及反应。

刚刚出城，还在怔忡之中，又有诏旨传来：兄弟俩罪大恶极，立时杖死。

哥俩未及申辩，虎狼军士便群拥而上。粗杖上下翻飞，哥俩鬼哭狼嚎，不大工夫就被打成两堆烂肉。

人死了，家还是要抄。有司阅视，发现顺帝赐哈麻的那份脱脱之弟也先帖木儿的家产依然纹丝未动。

哈麻之死，距脱脱之死才几个月。当时，百姓皆以为是元顺帝明悟见欺于哈麻，恨他诬害脱脱，才下旨处死哈麻兄弟。

实际上，哈麻之死，完全是出于元朝贵族之间的争拗，没有任何

“正义”可言。

权力的滋味曾经如此甜美。如今，它们皆化成腥甜的鲜血从七窍中喷迸而出。

莫道书生空议论　头颅掷处血斑斑

杀身殉国的元末士人

元末有位大学者危素，字太朴，江西人。此人少通五经，博学多才，文名四著。

顺帝早期，他得以入大都，主持三史的编纂工作。由于丞相脱脱赏识，危素一步步高升。他由翰林编修做起，历太常博士、兵部员外郎、监察御史、大司农丞，一直做到礼部尚书、参知政事这样的高官。

危素本人不是进士出身，他就到处大讲特讲“科举无人才”，一直以“文章德行”自居。

眼看元朝风雨飘零，危素便称疾弃官，在房山的报恩寺“静修”。

明军打到大都，危素想自杀。他捡个水浅的井跳下去，被和尚“救起”。和尚自然捡他爱听的说：“大人您如果死了，谁来写大元朝的历史啊？”

这句话让危素有了台阶下，他颤巍巍换件干净衣衫，又活了。

朱元璋刚建国时需要危素这样的“高级”人物装点，没事就召他宴饮，畅谈天下兴亡。

待烽烟散去，朱元璋开始看不起危素这样的“贰臣”了。

危素自我感觉挺好，那么大年纪了，还总以“诤臣”自居，时常在非上朝时间进宫提个“不同意见”。

一日，危素早朝后进宫，声称有事要见陛下。

朱元璋刚刚换下朝服，闻报生气，又不好马上发作，就隔着厚厚的帷帘问："外面何人？"

危素一腔"忠勇"，声音嘹亮："老臣危素！"

这次，没有朱皇帝的"笑脸相迎"，隔帘传来冷冷一句话："我还以为是文天祥呢！"

诏旨立下，危素被贬到和州（今安徽和县）元朝忠臣余阙庙当看门人。

七十老翁，遭受如此显而易见的侮辱，仅一年，他就抑郁而死。早知如此，当初危素还不如找口深井跳下，成为大元的殉国忠臣。

确实，元朝科举所取之士太少。但元末死国殉难的地方官，尤以进士和读书人士为多。清朝学者赵翼为此钩沉，有名有姓见于《元史》的就有十六人之多，其中一人还是在海上与倭贼格斗而死：

> 元代不重儒术，延祐中始设科取士。顺帝时又停二科始复。其时所谓进士者，已属积轻之势矣。然末年仗节死义者，乃多在进士出身之人。如余阙，元统元年进士，守安庆，死陈友谅之难。台哈布哈，至顺元年进士，死方国珍之难。李齐，元统元年进士，为高邮守，死张士诚之难。李黼，泰定四年进士，守九江，死于贼。郭嘉，泰定三年进士，守上都，死于贼。王士元，泰定四年进士，知浚州，死于贼。赵琏，至治元年进士，守泰州，张士诚既降复叛，遂被害。孙，至正二年进士，讨张士诚战死。周镗，泰定四年进士，归浏阳，遇贼被杀。聂炳，元统元年进士，守荆门，与贼俞君正战死。刘耕孙，至顺元年进士，守宁国，与贼琐南班战死。绰罗（旧名丑闾），元统元年进士，守安陆，与贼曾法兴战死。彭庭坚，至正四年进士，镇建宁，部下岳焕反，被害。布延布哈（旧名普颜不花），至正五年进士，守益都，明兵

《富春山居图》（局部） 元 黄公望

至，不屈死。伊噜布哈（旧名月鲁不花），元统元年进士，浮海北归，遇倭船，不屈死。穆尔古苏（旧名迈里古思），至正十四年进士，官绍兴，欲讨方国珍，为拜住哥杀死。皆见元史各本传，诸人可谓不负科名者哉！而国家设科取士，亦不徒矣！

大义殉国显赤诚

汉人樊执敬

樊执敬，字时中，济宁郓城人，儒生出身。他在元廷充任侍讲官时，见到身穿豪华袈裟的西藏“帝师”，并不下拜。旁人为他捏一把汗，劝说：“帝师，天子崇敬之人，王公大臣见之没有不俯伏行礼的，你怎敢不拜他？”

樊执敬正色道：“我乃孔氏弟子，只知崇礼儒门，为何向异教下拜！”

由于为人正直，又是经筵之臣，樊执敬官至侍御史。至正十年，他得授江浙行省参知政事。

后来为元朝死节的色目诗人余阙与樊执敬惺惺相惜，写诗道：

桃花灼灼杨丝柔，立马看君发鄂州。
懊恼人生是离别，不如江汉共东流。

至正十二年（1352 年）由于江浙行省主掌军事的月鲁帖木儿病死，元军大溃，“天完”军直犯杭州，在城外四处掠物杀人。

樊执敬本来已有诏调他外出海上“讨贼”，如果他当时出城走避，也算不得逃跑。大敌当前，樊执敬沉着冷静，调兵遣将，死守杭州城。

城守空虚，势态万分危急。省吏劝樊执敬先找地方躲一躲，遭他坚拒。

樊执敬讲："吾淬砺戈矛，当歼贼以报国，倘或不克，有死而已，何畏哉！"言语甫落，有兵卒来报外城陷落。樊执敬飞身上马，率身边几十名护卫飞驰迎敌。行至半途，贼人已冲至近前，樊执敬激战中用箭射死七名贼人。

不久，贼势方盛，填咽街巷，大肆纵火，官兵皆溃。见只有樊执敬一个人单枪匹马立于街中，贼众从服色上看出他是个行省大官，就有人朝他喊降。

樊执敬怒骂："逆贼，我恨不得把汝辈剁成万段，怎能投降！"言毕，跃马冲入敌群。

贼众上前，众枪齐下，樊执敬连人带马被捅成蜂窝一样。

对于如此刚烈义士的从容赴死，元朝潭州路总管鲁至道（西域回族人，原名伯笃鲁丁）有诗挽曰：

> 主将无谋拂众情，贤参有志惜言轻。
> 狐群冲突成妖孽，黔首惊惶望太平。
> 奋志从军全节义，杀身殉国显忠诚。
> 岁寒桥下清泠水，夜夜空闻哽咽声。

几年之后，驻守杭州的色目人将领宝哥，惊闻寇至，忙携一家人逃往西湖上的船中避难。不久，有人威胁，要向贼军告发他藏匿湖上的地点。惊惶之余，宝哥与家人跳水自杀。

如此贪生怕死，最终还死得不明不白。遥想八十余年前，蒙古、色目人的凶悍和雄豪，至今一丝无剩。

相反，正是儒家教育中的凛然正气，才激起像樊执敬这样一个饱学儒士能单枪匹马，奋勇冲杀出去，像一个战士一样进行殊死战斗。

忠魂俊骨堕深渊

泰不华与余阙

泰不华，色目人，字兼善，原名达普化，元文宗御赐其名为泰不华。其父乃御林军低级军官，后出台州（今浙江临海）任职，所以泰不华是在当地长大。

十七岁时，泰不华考得江浙行省乡试第一，转年廷对赐进士及第，后任监察御史等职。顺帝即位之初，加封婶母为太皇太后，封燕铁木儿、伯颜二人为王。泰不华上表力谏："婶母不宜加徽称，相臣不当受王土。"

文宗皇后愤怒，要杀掉连署上章的御史数人。泰不华挺身而出："此事自我发之，甘受诛戮，决不敢累诸公也！"恰值文宗皇后怒解，赐金币予泰不华"以彰其直"。

至正八年，台州方国珍乱起，数次打败元军，并活捉了元朝江浙参政蒙古人朵儿只班。威逼利诱下，朵儿只班上表，要朝廷"招降"方国珍。

得到消息后，方国珍势益暴横。泰不华考察后得知实情，上书元廷，建议诱捕方国珍兄弟，不听。结果，没多久，方国珍重新入海为盗，烧掠沿海州郡。

至正十一年，元朝将领孛罗帖木儿被生俘，又替方国珍上表元廷，表示"投降"。元廷不侦真伪，再次答应"招降"。

泰不华闻之痛愤，辍食数日。

元朝很重视方国珍的这次"投降"，派出大司农达识帖木迩等人至黄岩受降，除携带大量赐物外，还加封方国珍兄弟高官美职。

当晚，中秋夜明，泰不华想趁方氏兄弟不备派精兵杀掉他们，一劳永逸。正安排间，恰巧前来谕降的大司农达识帖木迩来访，泰不华以实情告之。不料，对方怫然："我乃受上谕诏降，您敢违命吗！"泰不华不得已，只能中止行动。

不久，朝廷任泰不华为台州路达鲁花赤。

泰不华自幼受儒家思想熏陶，积极入世，忠君爱国，他的《送琼州万户入京》一诗，尤能展现他为国建功立业的迫切心情：

海气昏昏接蜃楼，飓风吹浪蹴天浮。
旌旗昼卷蕉花落，弓剑朝悬瘴雨收。
曾把乌号悲绝域，却乘赤拨上神州。
男儿堕地四方志，须及生封万户侯。

至正十二年，元廷征徐州，命江浙省臣招募舟师守大江。

方国珍闻讯，以为此举意在图己，又入海复叛。泰不华闻之，发兵扼拒各处险要，亲自率船追击方国珍。

方氏兄弟又玩“投降”计，泰不华佯装受降，乘潮而来，向方国珍所在船发动攻击。

可惜的是，泰不华所乘船半途触沙搁浅，从船尽散，他本人被贼船团团包围。泰不华力战，射死五人，斫死三人，最终寡不敌众，被贼人攒槊刺死，时年四十九岁。

泰不华平生作诗甚多，有《顾北集》等，但大多散失。现摘录其《卫将军玉印歌》，此诗艺术性较高，以汉朝卫青功名为比兴，揭示“一将功成万古枯”的主题，也对汉武开边的气魄表现出赞赏。后半阕语意直转，叹息命运的无常与历史的吊诡。诗风沉郁，下笔有力：

武皇雄略吞八荒，将军分道出朔方。
甘泉论功谁第一，将军金印照白日。
尚方宝玉将作匠，别刻姓命示殊赏。
蟠螭交纽古篆文，太常钟鼎旌奇勋。
君不见祁连山下战骨深，中原父老泪满襟。

卫后废殂太子死，茂陵落日秋风起。

天荒地老古物存，摩挲断文吊英魂。

余阙，字廷心。其父为官庐州，即以此地为籍。余阙非贵显之后，加之少年丧父，只能以教学为业挣钱养母，同时发愤苦读。

元统元年（1333年），余阙进士及第，后入大都为翰林，参与三史的修撰工作。拜监察御史后，他不畏权势，屡屡上章弹奏时政。因母丧，余阙归庐州守墓。

河南乱起，元廷起用余阙为淮东都元帅府副使，分兵守战略要城安庆。当时南北音讯隔绝，兵食俱乏。余阙抵安庆才十天，陈友谅贼兵就已经开始攻城。

这位进士出身的文人有武略，分兵击之，敌人退却。

而后，他组织兵民在安庆附近屯田耕食，缮甲修兵，整治城防，做足了防守准备。屋漏偏逢连夜雨，淮东一带累遭大旱，两年都不下雨。至正十五年，忽然又大雨不止，淹没无数良田。盗贼四起，水旱连连，又有随蒙古将领阿思兰从广西而来的“官家”苗兵四处劫掠，余阙为此日夜不宁，忧心如焚，但仍然努力坚持。

至正十七年十一月，陈友谅贼军在小孤山打败元将胡伯颜的水军后，乘胜直逼安庆城下。

几日之内，贼军四集，在城周广起飞楼，大施攻具，昼夜不停地攻城。群盗四面蚁集，外无一甲之援。余阙身先士卒，自己在最危险的西城御敌。他分兵派将，边战斗边指挥。矢石如雨，有不少士卒为余阙之勇而感动，纷纷高举盾牌替他遮掩。

余阙却之，感谢说：“你们的性命也是性命，不要为我挡箭！”

由此，将士感奋。

安庆元军在余阙指挥下，孤军血战，杀掉无数贼军，余阙本人也身中十余创，血流如注。由于贼势太盛，安庆终于被攻陷，城内城外四处火起。

深知大势已去，余阙引刀自刎，堕塘而死，时年五十六岁。其妻蒋氏、儿子余德生、女儿余福童皆赴井而死，一家殉难。

在余阙大义的感召下，安庆蒙、汉、色目官员十八人与千余守兵、民众登上城楼，高呼“宁俱死此，誓不从贼”，自焚而死。

幸运的是，余阙不仅是元朝忠臣，由于朱元璋深谢他为自己牵制住陈友谅，明朝也大肆宣扬他的“精忠”事迹，在多处立庙表彰纪念他。

余阙虽是色目人，骨子里却已全然汉化。在安庆守卫数年，捍城之暇，他仍旧伏案注释《周易》。看似迂腐，实则大儒之行。

安庆失陷之前，大都余阙的老同事想把他调回中央，余阙坚辞不往，忠国之心，彰然可知。

余阙诗文俱佳，又精书法，著有《青阳集》等书。值得一提的是，这位死节忠臣，与明朝开国勋臣刘伯温（刘基）是好友（刘伯温也是元朝进士），曾作《送刘伯温之江西廉使得云字》一诗：

况我同乡友，同馆复离群。
初旸丽神皋，遥望澄远氛。
道长会日远，何以奉殷勤。
惟有凌霜柏，天寒可赠君。

诗意清丽悲怆，颇有魏晋情致。

不为异朝太平臣

伯颜子中与王翰

伯颜子中，西域回族人。其父在江西为官，即定居于进贤县。从他诗中“我祖我父金月精，高曾累世皆簪缨”之句，可见其先祖乃西域显赫的世家。

伯颜子中自幼习儒，手不释卷，但科举时总是运气不好，连考四次皆不中举，只得出任书院山长和教授来谋生。

一直到顺帝至正十二年（1352年），江西乱起，元廷才授伯颜子中为赣州路知事。

伯颜子中虽然号称“知兵”，其实他只是纸上谈兵。几年后，陈友谅的“红巾军”进攻赣州，伯颜子中不敌而走，逃入福建。

但元朝福建平章政事陈友定（名字差不多，但此人和陈友谅没关系）爱惜伯颜子中之才，克复建昌后，派他回大都献捷。陛见后，他得授吏部侍郎，在京城做了一阵子闲官。

至正二十八年（1368年），元朝风雨飘摇之际，伯颜子中临危受命，持节赶往广东，调拨兵马以救福建。结果，途中混战，伯颜子中成为明将廖永忠俘虏。

廖永忠早闻其名，又钦佩他的人品，就放了伯颜子中一马。眼见大元已亡，老书生悲愤满胸，易服为道士，归隐家乡江西进贤。

他一个人能跑掉，但“跑得了和尚跑不了庙”。由于名字已在明朝“挂号”，其妻其子均被没入明廷为奴婢。家恨国仇，伯颜子中更是心向“故国”，衣中一直藏有毒药，随时准备“全节”。

心怀国事，忧虑如焚。这一时期伯颜子中作诗很多，其中《北山》一诗最为知名：

> 平川杨柳翠依微，暖日游丝挂绿扉。
> 啼鸟不知江国变，多情到处劝人归。

到了洪武十二年（1379年），明太祖下诏搜求“博学老成之士”，伯颜子中终于被神通广大的“特务”发现，朝廷使者“携礼来聘”。

伯颜子中推说有病暂不能成行。当晚，他以儒家礼节具牲酒祭奠先祖与死国诸臣，作《七哀诗》七首。然后，望北而拜，饮鸩而死。伯颜子中的《七哀诗》深受文天祥《七哀诗》的影响。

有客有客何累累，国破家亡无所归。
荒村独树一茅屋，终夜泣血知者谁。
燕云茫茫几万里，羽翮铩尽孤飞迟。
呜呼我生兮乱中遘，不自我先兮不自我后。

我祖我父金月精，高曾累世皆簪缨。
岁维丁卯兮吾以生，于赫当代何休明。
读书愿继祖父声，白头今日俱无成。
我思永诀非沽名，生死逆顺由中情，神之听之和且平。
呜呼祖考俯鬲骰假，笾豆失荐我之责。

我母我母何不辰，腹我鞠我徒辛勤。
母兮淑善宜寿考，儿不良兮负母身。
肴维新兮酒既醇，我母式享无悲辛。
呜呼母兮无远适，相会黄泉在今夕。

我师我师心休休，教我育我靡不周。
四举滥叨感师德，十年苟活贻师羞。
酒既陈兮师戾止，一觞我奠涕泗流。
呜呼我师兮毋我恶，舍生取义未迟暮。

我友我友，全公海公，爱我爱我兮人谁与同?
惟公高节兮寰宇其空，百战一死兮伟哉英雄。

呜呼我公兮斯酒斯酌，我魂我魂兮惟公是托。
我子我子娇且痴，去往存殁兮予莫汝知。
汝既死兮骨当朽，汝苟活兮终来归。
呜呼汝长兮毋我议，父不慈兮时不利。
鸩兮鸩兮置汝已十年，汝不违兮汝心斯坚。
用汝今日兮人谁我冤，一觞进汝兮神魂妥然。
呜呼鸩兮果不我误，骨速朽兮肉速腐。

王翰，字用文，乃河西唐兀氏，又名那木罕（据钱谦益等人考证，王翰先祖是宋朝的山东汉人，后陷于西夏，就成为“唐兀人”，再后又同化于蒙古，连王翰的父亲也叫“也先不花”这样的蒙古名字）。

可以确定的是，王翰家族在元朝是被当作色目人看待的，所以他对元朝的感情非常深厚。

与伯颜子中相同的是，王翰因文才被元朝方面大将陈友定赏识，长期在幕府中做事，并获授潮州路总管。

朱元璋灭陈友定后，王翰曾效仿南宋末期的一些遗臣，远遁交趾和占城等地。在四处躲避的惊惶与岑寂生活中，王翰作有《夜雨》一诗：

官舍人稀夜雨初，疏灯相对竟何如？
乾坤迢递干戈满，烟火萧条里社虚。
报国每惭孙武策，匡时空草贾生书。
手持汉节归何日，北望神京万里余。

恍然之间，似读杜甫忧国忧民之作，悲沉不能自抑。

由于长年追随陈友定，王翰成为朱明王朝“黑名单”上的人物。洪武十一年（1378 年），王翰行踪暴露，当地官府来人，要征他入朝。

自知再难逃离明朝网罗，王翰把年方数岁的儿子托付给朋友后，饮酒赋诗，慷慨流涕，大叫："烈女岂可再嫁！"随后他北向拜舞（表示尽忠元廷），引刀自尽，终年四十六岁。

王翰诗文存世不是很多，但内容凄婉，又多是感怀故国之篇。即使是春暖花开季节，诗人眼中，仍旧是萧悲世界。境由心生，情自心来：

故国栖迟去路难，园林此日又冬残。
天涯往事书难寄，客里新愁泪未干。
腊雪渐随芳草变，东风犹笑布袍单。
堤边杨柳开青眼，肯傍梅花共岁寒。

（《立春日有感》）

作者以傲洁梅花自比，在抒发痛苦的同时更坚定了自己报国尽忠的信念。

通读王翰诗歌，笔者更喜其空灵萧散之作，觉得此类诗艺术成就极高，直蹈唐人意境，如《晚宿杨隚舟中怀鲁客》：

萤度星依草，鹤来霜满汀。
故人不可见，天际乱青山。

"江山不幸诗家幸，赋到沧桑句便工。"樊执敬、泰不华、余阙、王翰、伯颜子中，无论他们是汉人、党项人、回族人，还是钦察人，在儒家忠孝仁义理念的教化下，面对乱世，即使是无力回天，他们仍旧坚持人间纲常大伦，以自己殷红的鲜血，写就一首首灿烂诗篇，幻化为中华辽阔夜空中熠熠闪烁的星辰。

歌尽桃花扇底风

元朝的覆灭

元末士人叶子奇在其笔记《草木子》中，给我们描述了这样一幅元末社会的图景：

> 元朝末年，官贪吏污。始因蒙古、色目人罔然不知廉耻之为何物。其问人讨钱，各有名目，新属始参曰拜见钱，无事白要曰撒花钱，逢节曰追节钱，生辰曰生日钱，管事而索曰常例钱，送迎曰人情钱，勾追曰赍发钱，论诉曰公事钱。觅得钱多曰得手，除得州美曰好地分，补得职近曰好窠窟，漫不知忠君爱民为何事也。

当然，这种景象并非元末才有，实际上自始至终贯穿于整个元代，只不过"发展"到末期，"名目"得到更细的划分。

政治上自不必讲，元朝"四种人"的划分，是毫无遮掩的民族压迫。经济方面，元朝的破坏可谓"罄竹难书"。北方中原地区的汉族人民最为悲惨。几个世纪以来，契丹、女真、蒙古，一次又一次浩劫，人口锐减不说，大部分良田变成荒地。

蒙古人成为中原大地的主人以后，不仅"继承"了宋、金留下来的大片"官田"和"公田"，还把战争中死亡人户的有主土地划为"官

瓷戏台人物纹枕　元

田”，并强行将当地汉人正在耕种的良田没为“公田”。然后，“慷慨”至极的蒙古大汗和皇帝们很快把这些田地分赐给宗王、贵族以及寺庙。这些领主，各拥赐地，俨然是独立王国的土皇帝。大的“分地”（蒙古贵族在“赐田”以外还有“分地管辖权”），可广达方圆三千里，户数达二十万之多。由于“分地”有免役特权，寺庙又免纳租赋，最后一切沉重的负担，均转嫁到所谓的自由民身上。

特别是在统治初期，元朝贵族不喜欢定居的生产生活方式，动辄将上万顷的土地抛荒，使之成为他们梦想中的“草原”，以供放牧之用。其间，供他们残酷役使的“驱丁”，则完全是没有任何人身自由的奴隶。

在中国南方，除大量人口被掳掠卖到北方做奴隶以外，当地汉族人民还要忍受与元朝上层相勾结的汉族“功臣”或投附地主的压迫。这些人并不因为自己一直身处南方而在剥削方面稍显温情，他们甚至仿效北方那种压榨“驱丁”的方式盘剥佃户。

元朝佃户最大的不同，在于他们整家整家的可以被田主任意典卖，他们所生的后代仍是男为奴仆女为婢，完全是农奴制的一种另类表现形式。在大罗网中分散的少量的自耕农，仍旧被元朝沉重的徭役和赋税压得喘不过气来。无奈之下，他们常常又跌入另一种万劫不复的深渊——向官府以及与官府勾结的色目人借高利贷，即骇人听闻的“斡脱钱”，这种高利贷的利息有个听上去好听的名字：羊羔儿息——一锭银本，十年后即飞翻至一千零二十四锭。

在这种情况下，自耕农的破产与逃亡，成为元代社会的常态。

对元朝帝国大唱赞歌的人们，总是炫耀地声称元代拥有当时世界上最先进的商品货币关系：纸币交钞是大元帝国唯一合法的通货，在欧亚大陆诸多地区畅行无阻。但是，这种“畅行无阻”，是基于铁火强权和刀锋的强制。

除元初忽必烈时代交钞尚有基本信用外，这种基本上没有准备金的纸币政策只能说明一个事实：元朝政权贪淫暴政下肆无忌惮的掠夺。

老皇帝忽必烈死后，元朝的通货膨胀一天比一天加剧。

“红巾军”起义后，军费支出剧增，元廷只能天天拼命赶印纸币，最终使得这些“通货”形同废纸。即使是在所谓的“和平年代”，元廷凭这种纸币不断地掠夺人民的资产，除支付军费、征服开支以及维持官僚机构运行外，都是套取现货输往海外，换来一船又一船、一车又一车价值连城的宝石、美酒、金银器、地毯等奢侈品。

所以，令一部分东西方元朝史家夸夸其谈的横跨欧亚的帝国交通线，最初的目的就是便于运输这些帝王贵族的“必需”之物以及能够更快更准确地把帝国军队派往每一处角落镇压任何可能的反抗。

至于后世所谓的“加强了世界间的经济文化交流”，并非元朝统治者的原意。他们至死（甚至到元朝灭亡），也没什么人会想到这样的“积极意义”。而且，设驿站、铺道路、开漕运的所有这些“方便”，无不是建立在汉族人民的血汗之上。

元朝的崩溃，很大程度上也源自这小小的片纸钞币。财政崩溃后，再想维持统治，难比登天。

工商业方面，一反宋代普及化、平民化的高度精细，元代分成极端的两极：宫廷、贵族所使用之物精益求精，一般人民所使用的器皿粗滥不堪。如果我们现在进入博物馆参观，看那些分朝代陈列的器具，人们立刻会发现元代时期工艺方面出现的惊人倒退。

当然，元朝统治者在一开始就对工匠无比“重视”，每到一个地方屠城，只有工匠和具有“特异功能”的巫祝等类人“幸免”，他们需要这些“工奴”为自己生产制作高端消费品。

统一全国后，元廷把几十万户工匠全部聚集在大都，建立工匠“集中营”，让他们夜以继日地为宫廷和贵族生产精细用品。而“工奴”们得到的只是仅够活命的口粮和食水。

在这种条件下，工匠的创造力和积极主动性几乎无从谈起。所以，相比宋代那种独立手工业和工匠雇佣制度，元代的手工业倒退到奴隶制时期的水平。如此，手工业严重退化，商业肯定也随之倒退（色目人放高利贷以及那种巧取豪夺的“商业”活动不包括在内）。

施行如此残暴而无人性的统治，元朝的灭亡就成为必然。

沉迷于古怪性爱和精细制作的皇帝

顺帝虽诛杀了哈麻兄弟，但这哥俩数年前进奉的男女混修的“大喜乐”却并未因人而废，且规模越来越大。

身为天下至尊，元顺帝整日与十个“倚纳”宠臣在宫中群交滥交，性活动的过程扑朔迷离，骇人心目：各人赤身裸体，脑袋上都戴顶黄色高帽，上缀黄金打制的“佛”字，手执念珠，光屁股列队在大殿内边行走边念咒语。同时，殿内有美女数百人，身穿璎珞流苏遍布的奇装异服，按弦品萧，玉体横陈，高唱《金字经》，四下蹦跃，大跳“雁儿”舞。

顺帝等人，又饮酒又服食春药，心醉神迷，大有一日快活敌千年的极乐之感。

不仅自己快乐，顺帝表示“太子苦不晓秘密佛法，此秘戏可以延年益寿呵”，于是他又让秃鲁帖木儿教太子有样学样。不久，太子亦惑溺于邪道。

纵观中国上下五千年历史，淫暴如齐显祖、隋炀帝、金海陵王（完颜亮），也只是自身宣淫，但对下一代储君太子皆付名师硕儒教诲，从未听说上述几个皇帝让人教儿子“学坏”的。这一点，元顺帝为中国历史上唯一一个向儿子传授性学古怪大法的皇帝。

除爱好“大喜乐”以外，元顺帝还是个天才木工设计师。凡是他喜欢的宦官在宫外建宅院，元顺帝皆亲自设计屋宅的模型。当然，顺帝所建模型并非明清宫廷建筑师用夹纸板制作的立体“烫样”，而是按比例缩小的真材实料的模型，其中满嵌黄金珠宝点缀。元顺帝“自画屋样，又自削木构，宫高尺余，栋梁楹榱宛转，皆具付匠者，按此式为之”。为此，京师人戏称顺帝为“鲁班天子”。

侍候顺帝左右的宦者们贪财。当皇帝向他们询问对自己“作品”的意见时，这些人常常拨浪鼓一样摇脑袋，不是说样子不好看，就是说城内已经有类似样式建筑。顺帝在“艺术”方向很执着，立即自己动手猛抡一斧子，把辛苦构制数十天的模型砸毁，重新构思另建。待他转身离开，内侍们便哄抢被弃模型上镶嵌的珍宝，皆是价值连城的宝物。

元顺帝不仅有双鲁班一样的巧手，在工程力学和设计构造学上也造诣独特。《元史》中列举他自造龙船和宫漏（报时装置）二事，从中可以窥见这位皇帝建造学方面的“天分”：

> （元顺）帝于内苑造龙船，委内官供奉少监塔思不花监工。（顺）帝自制其样，船首尾长一百二十尺，广二十尺，前瓦帘棚、穿廊、两暖阁，后吾殿楼子，龙身并殿宇用五彩金妆，前有两爪。（船）上用水手二十四人，身衣紫衫，金荔枝带，四带头巾，于船两旁下各执篙一。自后宫至前宫山下海子内，往来游戏。（龙船）行时，其龙首眼口爪尾皆动。又自制宫漏（古代报时器），约高六七尺，广半之，造木为匮，阴藏诸壶其中，运水上下。匮上设西方三圣殿，匮腰立玉女捧时刻筹，时至，辄浮水而上。左右列二金甲神，一悬钟，一悬钲，夜则神人自能按更而击，无分毫差。当钟钲之鸣，狮凤在侧者皆翔舞。匮之西东有日月宫，飞仙六人立宫前，遇子午时，飞仙自能耦进，度仙桥，达三圣殿，已而复退立如前。其精巧绝出，人谓前代所鲜有。

巨大龙船的精巧自不必说，顺帝所造报时器的精密、复杂和有趣程度更是令人叹为观止。如果外国人见过这位爷的设计和真品，估计清朝时他们再不敢把自鸣钟等“奇技淫巧”拿到北京卖给乾隆爷大骗银子。元顺帝几百年前的设计，其精绝程度，甚至超乎现代人的想象。

无独有偶，明朝的熹宗皇帝也是个“木匠皇帝”，但那哥们只喜欢操斧运锯干体力活儿，设计方面的天赋远远逊于这位元顺帝。

眼见元顺帝在宫内制作不息，皇后奇氏也心急。一次，趁顺帝高兴，她挽衣谏道：“陛下岁数不小了，太子也大了，希望您不要再天天埋头于造殿搭屋，应该稍事休息。后宫嫔妃众多，足可侍奉陛下，请陛下勿再沉迷于那些天魔舞女之辈，要爱惜身体啊。”

顺帝最听不得劝，闻言勃然大怒：“古往今来，就朕一人如此吗！”

言毕，他拂袖而去，两个月不到奇氏宫中。为此，皇后奇氏再也不敢逆拂“圣意”。

奇皇后有些“善举”，并非证明她是什么好人。由于自己是端茶倒水的宫女出身，奇氏刚刚当上皇后时很“低调”，没事就捧本蒙文的《孝女经》苦读，遍阅史书，“以历代皇后有贤行者为法（榜样）”，给人以“贤后”的印象。各地贡献奇珍美味，“辄选遣使荐太庙，然后（自己才）敢食”。

但真好事这位奇皇后也做过，至正十八年，京都附近闹饥荒，奇氏自己出钱，让官员在城内设粥厂，救了不少人命。同时，她还让太监以她的名义安葬饿死者尸体有十余万之多（这也看出元朝末期社会动荡的严重性，仅京城附近就能饿死这么多人）。

当然，越往后，皇太子渐长，奇皇后腰杆越硬。不仅她本人发生变化，“奇氏之族在高丽者，怙势骄横”，高丽王大怒之下，把奇氏一族杀得一个不剩。至正二十三年，奇氏向时为皇太子的爱猷识理达腊哭诉：“你已经长大，怎不为我母家报仇！”于是，元廷下诏立在大都居住的高丽王族人为王，又以仅剩的奇氏一族男子三宝奴（元朝好多人叫这名字）为“元子”（王世子）。此后，皇太子派遣一名大将率一万多

王子降生　图出《史集》 绘于十四世纪

精兵，并秘密联络倭人，准备夹击高丽。倭人奸猾，根本未发一兵一卒，观望伺机而已。元军刚过鸭绿江，高丽军伏兵四起，杀得一万多元军最终只剩十七个人逃回。自此，奇皇后大惭，再也不提这件事。

高丽蕞尔小邦，自尊心反而过旺，他们常常言及明成皇后什么的，很少有人拿出奇皇后显摆。其实，元朝是高丽人最值得显摆的光荣往昔：世代国王为大元驸马，还有一位高丽血统的皇太子差点儿成为大元皇帝（爱猷识理达腊）。从这一点上，也可看出三韩民族具有强烈的民族意识，奇氏母子再显贵，毕竟是引倭夹攻“祖国”的敌人。

奇皇后虽无理国大略，却很有些怀恩施惠的小谋。她本人在大都蓄养成千的高丽美女，凡是大臣有当权者，奇氏则以高丽美女赐之。一时之间，“京城达官贵人，必得高丽女然后为名家”。

这些经过精心培训的高丽女子婉媚有心机，她们本来入达官家是以侍妾身份，不久皆因宠得嫡，夺去正妻的位子。而且，自至正年间以来，皇宫中的女官大多为高丽人，所以元朝末期四方衣服、鞋帽、器物，皆依高丽式样。由此思之，早在数百年前的元朝，“韩流”已经来袭过中国。

由于不少大臣知道忽必烈说过“我誓不与高丽共事”这样的话，见高丽女人充斥京师，他们深以为忧。

当元顺帝沉浸于歌舞享乐的时候，元朝的“叛逆”们力量越来越大。

刘福通于至正十五年（1355年）在亳州立韩林儿为帝建“宋”后，先是打败元朝的河南行省平章政事答失不都鲁，并生俘其子孛罗帖木儿。但不久元军发动突袭，又抢回了孛罗帖木儿（此人日后还有“大故事”可说）。同时，元廷调察罕帖木儿等军进攻“宋”军。

刘福通才略不凡，他以进为退，以攻为守，在1356年秋发动三路北伐：李武、崔德率西路军出潼关，直奔晋南；赵均用、毛贵统东路军，由海道攻山东；关铎和潘诚领中路军跨越太行山进攻山西。刘福通本人则率大军转战冀南、豫北地区，大败答失八都鲁。

答失八都鲁这位元将有勇能战，刘福通又使计，派人放出风声，说答失八都鲁与自己暗中讲和。

元廷愤怒，下诏严责答失八都鲁，这位骁将竟忧愤而死，其子孛罗帖木儿接替他的职位。

刘福通趁元军内部混乱之际，于1358年攻克汴梁。这是一座政治含义极浓的城市，刘福通终于可以以之为都城，以昔日北宋的首都当招牌，重开“大宋之天”。

三路北伐军方面，西路军在攻凤翔时失利，一战溃散，诸将散走；东路军开始连连得胜，几乎占据整个山东，并挥师北上，直逼大都。

当时，山西的两部元军察罕帖木儿与孛罗帖木儿正因争地盘窝里斗，打得不可开交。赵均用、毛贵二人如果抓住有利时机，稳扎稳打，很可能一举攻下大都。由于内部不和加上轻敌，“红巾军”在柳林大败，溃退回济南。不久，内讧发生，赵均用杀毛贵；又过了一阵子，赵均用又被毛贵手下杀掉。如此一来，本来是统一部队的山东“红巾军”，分裂成数股散兵；中路军本想进入山西后驰援毛贵进攻大都，中途被元军阻挡，在河北南部战斗一阵，就忽然转攻晋北。

1357年，这支行踪飘忽的中路“红巾军”竟然一举攻破元朝两都之一的上都，把宫阙尽数焚毁。然后，他们又进攻辽阳。

至正十九年，关铎等人又率大军攻入高丽，并攻占高丽都城。高丽王本人使出他祖辈以来最擅长的功夫：“跑。”一溜烟跑到耽罗躲避。这支“红巾军”虽然神勇，可他们的首领只知道指挥兵士辗转征杀，没有任何坚定的政治理念和终极目标。

高丽王逃跑，其手下大臣很狡猾，重演“装孙子”的好戏，一大帮人跪迎“红巾军”，纷纷献出自己的女儿、姐妹，分配给“红巾军”各级将领为妻。上行下效，军士们遂与高丽人通婚，恣情往来。转战多年的“红巾军”乍入温柔乡，天天偎红倚翠吃泡菜，一下子丧失了斗志和警惕性，数万人挤在高丽王城中，整日醉了睡，睡了醉。

见时机差不多，一天晚上，在京的高丽大臣和平民忽然接到高丽王命令：立刻进攻，王京内只要是不讲高丽话的，立刻攻杀，一个不留！

事起仓促，“红巾军”上下本来都把这些天天把他们伺候周到的高丽男女当成亲人，忽然之间，石头代替了泡菜缸，大刀片子代替了高丽参。惊愕之余，“红巾军”战士们的脑袋纷纷搬家，主将关铎等人及数万兵士皆一夕被杀，唯独绰号“破头潘”的潘诚手下一名偏将左李命大，驻守城外，最终率一万不到的兵马逃回鸭绿江，向元军投降。

乱哄哄自己人杀自己人

正当南方乱成一锅粥时，镇守北藩的蒙古宗王阳翟王阿鲁辉帖木儿不帮忙反添乱，忽然带兵杀向大都。

这位阳翟王，乃窝阔台大汗第七子灭里大王之后。由于“红巾军”乱起，元廷向北方诸王下诏，让他们起兵南来帮助朝廷灭寇。阳翟王脑子活，知大元国事已烂，乘间拥众数万，裹胁当地几个宗王一起造反，并派使臣入大都呵斥元顺帝：“祖宗以天下付汝，汝何故失其太半？何不以传国玺授我，我来坐帝位！”

元顺帝对宗族王爷很有帝王架子和派头，他神色自若，不恼不愠，对来使说：“天命有在，你想干就干吧。”并降诏旨谕劝，希望这位“黄金家族”的血亲不要再添乱。

阳翟王当然不听。元廷乃任命知枢密院事秃坚帖木儿率军去迎击。

这位秃坚帖木儿深知自己所统率的大都元兵战斗力不强，行至称海之地，强征当地哈剌赤部落万余人为军，并让这些看上去人高马大的当地人打头阵。

这些哈剌赤人从未打过仗，被迫上阵后，双方刚刚站定，哈剌赤人忽然脱去兵服，扔下武器，跑向阳翟王营中投降。

元军扭头也跑，一万多人全部被杀，秃坚帖木儿一人仓皇逃回上都。

元顺帝这次不敢怠慢，派能战知兵的少保、知枢密院事老章调集十万精兵再往击阳翟王，并下令居于京师的阳翟王的弟弟忽都帖木儿从军，告诉他只要打败他哥，以其爵位和土地转授于他。

老章以及忽都帖木儿两个人刚从大都出发时，就派出多人为密使，携带大量奇珍异宝买通阳翟王的手下和被裹胁的宗王，谕以血肉亲情。

这招儿管事，老章元军还未与阳翟王军队交锋，他的部将脱欢（元朝许多人也叫这名字）深知大事不妙，与其他几个心怀鬼胎的宗王私下一商量，忽然发难，把“事主”阳翟王阿鲁辉帖木儿绑上，捆成一团，送与前来征战的老章。

老章大喜，他本来心中没底，不知道自己手下十万精兵打不打得过数万北方亲戚。这下省事，擒贼先擒王，老章把阳翟王押送大都。

元顺帝大喜过望，加老章为太傅，封和宁王；封脱欢为知辽阳行枢密院事；诏令忽都帖木儿袭封阳翟王，全盘接收他哥哥的土地、爵位、军队以及妻妾；加封重赐诱捕阳翟王有功的几个北边小宗王。

其实一切做得还不赖，但元顺帝在处置被俘的阳翟王一事上却犯了错误：依据旧制，宗王谋叛，一般是裹在毛毡中摇死、用马踩死或者用大弓弦绞死，名曰“赐死”，即不使“黄金家族”的“神圣”血液沾污于泥土。元顺帝恨这个添乱的宗王入骨，又听说他到京师后一直骂不绝口，于是就下诏像处死平常囚犯那样，把阳翟王押至闹市砍头。

此举，一下子“冷了弟兄们的心”，北边诸王闻知后心生隔阂，极不满意顺帝朝廷对阿鲁辉帖木儿的处决方式，开始离心离德，日后基本上对大都元廷不施援手。

再说大都内政。脱脱被贬死后，汪家奴任右丞相，此人多病，两个月后即由康里定住接任。他当了两年多，元顺帝升任搠思监为右丞相，以汉人贺惟一为左丞相。

此前，太不花当过几十天的右丞相，但只是虚衔，因为当时太不花正在山东统兵与“红巾军”干仗。

太不花本人出身弘吉剌氏，世为外戚，官职贵显。他最早入京受用，还多亏汉人贺惟一推荐。后来，由于脱脱误会贺惟一，太不花党附脱脱，一直想谋害贺惟一。

脱脱被贬后，元廷把山东、河北两地的军政大权均交予太不花。

统军在外，太不花不遵朝廷命旨，纵兵剽掠。不久，元廷调他去湖广行省，节制当地诸军捕讨各地水贼。

听说贺惟一再任中书左丞相的消息，太不花意不能平，对属下说：“我不负朝廷，朝廷负我矣。太平（贺惟一）乃汉人，今复居中用事，安受逸乐，我反而在外辗转受累挨辛苦！”

为此，元兵数次有全歼当地“红巾军”的机会，太不花均在关键时刻以“养锐”为名下令退兵，其实是“养寇”自重。

刘福通进攻汴梁，太不花仍旧逗留不救，元顺帝深恶之。待“红巾军”全占山东，顺帝无奈，下诏任太不花为右丞相，让他统兵进攻山东。

渡过黄河以后，太不花借口粮饷不继，上书要元廷派贺惟一亲自督送粮草至军中，实则想趁机杀掉贺惟一。

贺惟一获悉其内情，先向顺帝告状，下诏削夺了太不花一切官爵，将其流于盖州安置。

刚当了两个月的右丞相，忽然接到流放通知，太不花如五雷轰顶，跑到保定去见昔日手下刘哈剌不花。

刘哈剌不花武人无脑，大张宴饮，慷慨言道：“丞相您乃国家柱石，我要亲自入京为您辩冤。”

刘哈剌不花说到做到，转天就入京，先见到了左丞相贺惟一，把自己的来意相告。

贺惟一吓唬他说："太不花大逆不道，圣上震怒，你要敢妄言，小心自己脑袋！"

听此言，刘哈剌不花大惧。贺惟一忖度太不花藏在刘哈剌不花的军营里，便低声说："你如果能把太不花押来大都，我马上让你面君，必得大功。"于是，贺惟一引刘哈剌不花觐见顺帝，赐赉甚厚。

刘哈剌不花又见皇帝又得赏，恨不能管贺惟一叫亲爹，早把前日对老上司太不花的"忠勇"抛到九霄云外。

他回到保定，立命兵士把太不花父子捆上押送大都。不久，接到贺惟一的秘信，刘哈剌不花忙派一名校官快马赶上，大铁骨朵一抡一个，把太不花父子活活砸死。

贺惟一杀太不花，乃朝廷政治斗争而已，说不上谁好谁坏。贺惟一本人，其实还真是一个很正派的人，其祖父贺仁杰、其父贺胜皆是元朝有功之人，他少年时代还曾从师于大名鼎鼎的赵孟頫。脱脱修三史(《辽史》《金史》《宋史》)，真正的总裁官实际上就是贺惟一。至正六年，元廷拜其为御史大夫。元朝有祖制：台臣这样的显赫官职，必须是蒙古贵族才能做。为此，顺帝下诏，赐其名为"蒙古太平"。所以，翻阅元朝史书，凡是顺帝时期涉及政事的有"太平"二字的，讲的其实就是汉人贺惟一。

朵而只当右丞相时，贺惟一就当过左丞相，那是至正六年的事情。后来，脱脱得以复相，贺惟一居功很多。但脱脱听信人言，以为贺惟一与自己不一心，乘间把他搞下台，贬还于家。至正十五年，贺惟一被元廷复起为江浙左丞相，不久改派江淮南行省，驻军汝宁，后又除辽阳行省左丞相。贺惟一在地方任上处置得法，政绩颇多。两年后，他又被调入大都为中书左丞相。时为右丞相的是大奸臣搠思监，其家人印制伪钞被抓，刑部本想连同主谋搠思监一起抓了，还是贺惟一厚道，说："堂堂宰相怎能干这种事，四海闻之，大损国体！"即使搠思监因伪钞事被劾罢相，贺惟一还分自己的俸禄给他，可谓仁至义尽。

后来，奇皇后想与儿子迫使元顺帝“内禅”，很想找贺惟一做帮手，就遣亲信太监朴不花（也是高丽人）去告知贺惟一。贺惟一没有理会。奇氏把贺惟一请入宫中，亲自请他喝酒言及此事，贺惟一依旧不明确表态。加上别的一些小事，皇太子与奇皇后怀疑贺惟一泄密，便开始有意害他，数次在顺帝前说贺惟一的坏话。

贺惟一深知宫廷凶险，就称疾辞官。顺帝拜其为太傅，让他归居奉元（今陕西西安）。行至半路，顺帝想让他重返京师为官，皇太子怕事泄，派御史弹劾他“违背上命”，下诏将其贬往陕西。而先前得过贺惟一恩典的搠思监落井下石，诬奏罪名，把贺惟一贬往西藏安置，不久派人逼其自杀。所以，大都元廷内为数不多的“正人”至此就差不多没有了。

劣币驱逐良币，这一理论在宫廷政治中也很适用。

贺惟一的儿子也先忽都，少而好学，有俊才，能任事，曾任知枢密院事。受老父牵连，他也被外贬。日后，搠思监希皇太子意旨，构成大狱，把也先忽都牵连进老的沙谋反案之中，将其杖死在贬所。

这位干尽坏事的中书右丞相搠思监，乃蒙古功臣也先不花之孙。他青年时代在地方任官时，清明通达政治，威惠甚著。至正四年，搠思监得拜为江浙中书省参知政事，不久升江浙行省右丞。在管理宗人府时，宗王以及蒙古贵族都认为他明果能干。脱脱平徐州，他也随行立有战功。至正十四年，奉命进讨淮南“红巾军”，搠思监身先士卒，在指挥战斗中，面中流矢，仍坚持战斗。拜见顺帝，看见他满脸伤痕，顺帝叹而悯之，很快下诏拜其为中书左丞相，一年后，进中书右丞相。

搠思监当丞相时正值多事之秋，外则军旅繁兴，疆宇日蹙；内则帑藏空虚，用度不给。如此危急情势下，这位爷一改昔日忠勇为国之态，广受贿赂，贪声狼藉，还暗中派人私印钞票。可见，权力对人的腐蚀有多大。

由于元顺帝厌政，天天造楼纵欲，政事皆为搠思监和太监朴不花所把持。

朴不花乃高丽人，是奇皇后的老乡，可称是奇皇后的死党，累官至资正院使，主管皇后的财赋大事。他与搠思监互为表里，对地方上报的贼情、将臣功状，皆抑而不闻，使得元朝内外解体。由于他属于后党，根株盘固，气焰熏灼，百官趋附者十之有九。

元朝一直没有宦官擅权者，此时倒出了这么一位高丽公公，“为国大蠹”。

在这种情况下，元顺帝的母舅、十“倚纳”之一的老的沙就想趁机排挤朴不花。老的沙本人当然不是什么好人，他排挤朴不花不过是想遏制皇后、皇太子一系在朝中的势力。老的沙当时的官职是御史大夫，他本人不出面，撺掇两个汉人陈祖仁和李国凤上书弹劾。这两个汉官也是出于义愤，不停劾奏朴不花。

顺帝知道此事后，大怒。他不是怒朴不花和搠思监，而是怒两个上书的汉官，立刻下诏把两人外贬。

皇太子、皇后奇氏日夜在顺帝面前哭泣，说真正的幕后指使人是老的沙，讲他居心不良，想离间帝后与皇太子之间的感情。元顺帝心软，对与自己多年来一直大被同眠的母舅下不去手，就封他为雍王，打发出大都。

结果，老的沙到达大同后，留于军阀孛罗帖木儿军中不走。

由此，引起又一轮轩然大波。

元末大乱，地方军阀势力乘间而起。地方武装的兴起，一般来讲是一个王朝走向衰落的最明显标志。这些人相争之初，还要从孛罗帖木儿的父亲答失八都鲁与察罕铁木儿讲起。

答失八都鲁是正宗的蒙古贵族，出身“一等人”。察罕帖木儿属于色目人，族属方面，他或许是畏兀儿人，或许是党项人。此人“布衣”出身，元末大乱时纠集乡兵而成气候。

答失八都鲁在河南与刘福通“红巾军”作战，屡战屡败。而察罕帖木儿自关陕直插河南，继之横扫河北、山西，所领“乡勇”凶悍无敌，屡战屡胜。

答失八都鲁败军之际，被刘福通施反间计，元廷不断派使谴责、督促，他忧愤成疾，一夕而卒。其子孛罗帖木儿继统其军，进驻大同，很快就因地盘之争与察罕帖木儿火拼。从此，元廷的“正规军”与比“正规军”还厉害的“杂牌军”打得你死我活。双方主要是争夺冀宁（今山西太原）等要地。

最后，元廷下诏遣使谕示两方和解，双方愤愤而归。

说起这位察罕帖木儿，在元末他可是一个响当当的传奇人物。他纠集乡兵，立部伍，整纪规。在河南颍州沈丘奋起后，他与信阳地主武装头目李思齐合兵，出手就袭破罗山“红巾军”。不久，被元廷授予汝宁府达鲁花赤。而后，察罕帖木儿转战南北，所战多捷。

至正十九年（1359年），他率军分道出击，攻破汴梁，尽俘城内“宋”国官属五千多人，缴获符玺印章宝货无数。刘福通与韩林儿仅与数百骑遁逃，从此一蹶不振。四年后，身处安丰的刘福通受到张士诚攻击，朱元璋把他们“救”了出来，安置于滁州。称帝前，朱元璋派人把小明王韩林儿和刘福通两人扔进瓜步附近的河水中淹死。刘福通折腾十来年，把元朝闹个底掉，最终白忙一场，为他人作嫁衣而已。

刘福通白忙乎，察罕帖木儿也是。至正二十一年（1361年）他率军进攻山东，当地“红巾军”头目田丰、王士诚投降，元军很快攻占济南。察罕帖木儿继而率军进围益都。胶着之间，已经投降的田丰、王士诚二人突然变卦，以请察罕帖木儿巡检营盘为名邀他入营，忽然刺杀了他。元廷闻讯震悼，追封其为“忠襄王”，以其义子扩廓帖木儿袭职。

当时，一直与察罕帖木儿争夺地盘相互仇杀的孛罗帖木儿听闻其死讯，也大哭道：“察罕若在，省用我不少力气！”想起两人曾并力破“红巾军”，又借助对方牵制敌人，孛罗帖木儿不禁悲从中来。

扩廓帖木儿乃察罕帖木儿的外甥，其生父是汉人，原名王保保。为了容易区分，下文中就称扩廓帖木儿为“王保保”。

王保保袭父职后，衔哀讨贼，攻打益都更急，终于克拔坚城，活剖田丰、王士诚两人心肝祭奠其父。有赖此人，元朝东至淄、沂，西逾关陕，皆晏然无事。王保保驻兵于汴、洛地区，元廷倚之以为安。

好日子没消停多久，孛罗帖木儿与陕西地方军阀张思道联合，先联手进攻王保保的友军李思齐，进而袭占陕西。

王保保大怒，立遣大将貊高与李思齐合兵，夺回奉元坚城。

顺帝母舅老的沙逃至大同孛罗帖木儿军中后，与这位军阀相处甚欢。朝中的皇太子、搠思监、朴不花当然恼怒，多次责斥孛罗帖木儿交出老的沙，不听。

至正二十四年（1364年），皇太子派系以顺帝名义下诏，削夺孛罗帖木儿兵权，并把他发往蜀地安置。孛罗帖木儿手下皆“私兵”，当然不奉诏。

元廷震怒，便下诏王保保出讨孛罗帖木儿。

不料想，孛罗帖木儿先发制人，领兵直向大都杀来。

顺帝心里很害怕，先和稀泥，下诏把搠思监流贬岭北，朴不花流贬甘肃。这两个人皆受皇太子庇护，根本就没有上路。

观望一阵，见中央根本不真正“处理”自己的对手，孛罗帖木儿于是派原先被皇太子贬斥的知枢密院事秃坚帖木儿为前锋，直捣大都。这位前锋从前就是“国防部”的主管，很会打仗，在居庸关大败大都元军。

皇太子闻讯也吓坏了，赶忙率侍卫军出京，东走古北口，逃向兴州（今河北承德）。

元顺帝无奈，只得把朴不花、搠思监二人捆上，交予秃坚帖木儿。秃坚帖木儿把两人“转送”孛罗帖木儿。

秃坚帖木儿本人并不想真造反，得到搠思监与朴不花两位“奸臣”

后，他托人入宫索取元顺帝对自己“执缚大臣”和“称兵犯阙”的特赦令。顺帝当然得给，甭说有这两条罪，秃坚帖木儿即使把皇太子弄死，顺帝也会出“赦令”给他。

手拿赦令，秃坚帖木儿本人仅带几个从人，入宫内见顺帝，哭诉道：“陛下遭左右群小蒙蔽非一朝一夕，祸害忠良，贻害社稷，如此下去，天下怎么能得治理！我现为陛下除去了两个贼臣，望陛下反省前过，卓然自新，置正人君子于左右，莫听妖言邪说，好好治理天下。”

顺帝心里有气，表面唯唯。

“兵谏”这招儿，臣子万万使不得，即使是果真出于义胆忠心，结局总难逃一个“死”字。出发点再好，前提再“高尚”，总可称得上是“犯上作乱”。

孛罗帖木儿乍见两个被送到营中的“奸臣”也笑了，把他们好吃好喝养了三天。忽然一日，他把二人唤至帐内，变脸问搠思监：“从前我曾向你送厚礼，有一串七宝珠串，今天该还我了吧。”搠思监亡魂皆冒，马上派仆人回大都取回六七串价值连城的宝珠串。但孛罗帖木儿皆摇头表示“不是我家那件故物”。最后，他派人把搠思监府上翻个底掉，终于找出那串宝珠。

东西找到，依理孛罗帖木儿该高兴才是，殊不料他大脸一沉，喝道：“皇帝身边都是你俩这样的贪浊之臣，我当率兵前往京城，以清君侧！”一起身，他掏出腰刀，一刀一个，把朴不花与搠思监这么两个贵臣剁于帐内。

而后，他与老的沙一道，拥大军向大都进发，屯于都城大门之外。

至正二十四年七月二十五日，孛罗帖木儿继秃坚帖木儿之后，率劲甲卫士入宫。元顺帝不敢不见。

孛罗帖木儿在大明殿中行礼毕，慷慨陈言：“国家现在所用之人皆贪婪软弱，不足以济天下大事。希望召也速来朝为右丞相，为臣我为左丞相，秃坚不花为枢密知院，老的沙为中书平章。如此，臣等竭心协力，大可整治庶政，重振朝纲！”

未等顺帝表示要“考虑考虑”，孛罗帖木儿已经把从人写好的诏旨交上来令顺帝左右“用玺”。不答应也得答应。

未及顺帝缓过神来，孛罗帖木儿便在殿上下令，召来平日顺帝所喜的佞臣与几个“倚纳”，一齐捆上，皆在阶下砍头。

这帮人在家初见宫中有人来召，以为又是入宫与皇帝及成群美女来弄那天地一家春的“大喜乐”，纷纷服上春药做身体准备，哪料想，刚进了宫门，就被一帮面生的、凶神恶煞般的士兵绑上，脑袋齐齐搬家。

孛罗帖木儿原本想派军追击由元将白琐住扈卫的皇太子，倒是顺帝母舅老的沙和稀泥，从中阻止，让他见好就收。

皇太子便与白琐住一起，遁入前来“援救”的王保保军中。

孛罗帖木儿主政之初，驱逐教顺帝“秘戏”的西番僧人，尽罢耗扰天下的建筑工程，并下令把皇后奇氏逐出内宫，软禁在厚载门外。

孛罗帖木儿第一次面见顺帝后出宫，就对老的沙说：“我平生天不怕地不怕，今天见皇帝，我心里发慌，似乎连话都讲不出来，这是为什么？难道就是人们所说的‘天威难犯’吗？以后，凡是要入宫见皇帝的事情，你就替我去吧。”

孛罗帖木儿入大都后，几个月内就腐化得一塌糊涂。这位蒙古人未读过什么圣贤书，又是武人出身，骄横跋扈，一天甚似一天。皇后奇氏为求活命，哀求说要把女儿嫁给孛罗帖木儿，相约某日成婚。结果，“良辰”未到，孛罗帖木儿就派人来催，急不可耐地要尝尝帝女的“新鲜”。奇皇后托称陪嫁物未准备齐全，孛罗帖木儿派来的人禀称：“先把人娶走，陪嫁过后送来不迟。”放下话后，士兵们抢人一样就把帝女运回了兵营。

几个月内连娶四十名皇族宗室妇女。如果在军营或室内宣淫也就罢了，孛罗帖木儿每天早饭一定会与这四十名美女一同进餐，左右伺候的仆从达数百人，珍馐美味，恣其所欲。每次他上朝办公，也要和大阅兵一样，四十位美女盛妆饯行，花枝招展，每人托黄金酒盏，人各进酒一盏，痛饮四十盏后，这位大丞相才纵马入宫。

王保保大军抵达大都附近后，怕有闪失，不敢贸然进攻。他驻军大都城外，遥制孛罗帖木儿，不敢与对方挑战。

白琐住一军驻扎于通州城，孛罗帖木儿拣软柿子捏，派其手下勇将姚一百领精军攻打，结果一阵下来，反被白琐住活捉。孛罗帖木儿大怒，自领二万大军出大部准备攻击白琐住。刚刚走到通州，路上遇见一美色民家女子，孛罗帖木儿拥之于马上，浑然忘了打仗一事，竟勒军回京。

王保保深知孛罗帖木儿没有什么大作为，暗派一军忽然杀向大同，意图端掉孛罗帖木儿的老窝。

元顺帝方面，内心又急又恼又不敢发作，只得天天祈祷天上打雷把孛罗帖木儿劈死。初夏时分，大都天气反常，忽然大风刮来，空中落下不少尺把长的、马鬃一样的白毛，估计是城外哪里刮龙卷风把驼毛刮上天。顺帝左右的宦官为安慰主子，忙跪倒称贺，说这是"龙须天降"。顺帝很信这一套，赶紧亲自收拾起这些白毛，装入宝盒，放在宫内庙殿内供奉，祀之如神。

至正二十五年夏天，大都的天气确实奇怪。天降"龙须"过后一个多月，又来一阵大风，天下又掉下来无数一尺多长的活鱼，城中人蜂拥上街，取而食之。当时的人不知道有龙卷风之说，有的认为是吉兆，有的认为是亡国怪征，说什么的都有，反正是人心惶惶。

孛罗帖木儿得寸进尺，八月间，他派人入宫，向顺帝索要皇帝自己平素钟爱的几个妃子。

要官给你，要宠臣的命给你，要自己的女儿给你，要金银财宝皆给你，现在，又来要朕的心头肉，顺帝的血性腾地被一下子激起。他开始暗中准备，要杀掉孛罗帖木儿这个"逆臣"。

此时，顺帝身边没有多少可信任的贵族。有名汉族秀才名叫徐施畚，居家好奇谋，平生最恨汉人不得志于世。由于他官微不惹眼，元顺帝便下诏召他为“待制”，得以混入宫中，日夕帮助顺帝谋划刺杀权臣孛罗帖木儿。

有了这个出主意的，还需要出力气的。在徐施畚引见下，六名彪形大汉入选为杀手：洪保保、火儿忽达、上都马、金那海、和尚帖、木儿不花。这几个杀手很有元帝国特色，蒙古人、汉人、高丽人，啥人都有，整个一个“国际”小分队。

几个人天天藏刀在衣中，外皆宽衣大袖，打扮成卫士模样，伺立延春阁东北桃林内，见机行事。

可能有人看到此处会问，皇帝不是有怯薛军近侍吗，他们去哪里了？元朝的怯薛，皆由勋臣子弟组成，分成四队，每队值班三昼夜。皇帝之起居饮食、传旨办公，都是由怯薛来做。这些禁卫军，基本把前朝太监干的事都干了。而且有元一代，从未出过嫔妃与这些军人红杏出墙的事。特别是每日皆有号称“云都赤”的皇帝贴身侍卫日夜不停在皇帝左右。即使是勋贵宰臣觐见，没有“云都赤”在帝侧，他们也不能觐见。但是，孛罗帖木儿入大都后，早就解除了这些怯薛禁卫军的武装，派自己人把守宫城。在这种情况下，顺帝才不得不另找旁人。

终于有一天，孛罗帖木儿早朝，敷衍行礼后，转身就退班。

顺帝派人把他叫住，说是宫内有新菜式，要赐饭予他。孛罗帖木儿酒后口渴嘴馋（临出门他喝了四十盏酒），就果真留下。他在偏殿风卷残云，吃了个痛快。未待顺帝方面“准备”好，孛罗帖木儿抹嘴吃完，马上要出宫。

元朝礼制，“丞相将上马，带刀侍卫之士疾趋先出上马，候丞相出。诸卫士起立于马上，丞相就骑，然后卫骑翼（护）丞相以行”。所以，看见孛罗帖木儿已往宫门外走，洪保保等刺客叹气，相顾言道：“这次又不成了。”

只要出了宫门，皆是孛罗帖木儿贴身的精甲卫士，根本杀他不得。

徐施畚成竹在胸，摇手道：“还不晚，你们赶紧准备！”事先，他已经安排好人化装成从西北归来报捷的使者，此时恰好疾驰入宫，迎着孛罗帖木儿就滚落下马，跪奏西北杀贼大捷。

与顺帝一伙儿的平章失烈门连忙装得欢天喜地，对孛罗帖木儿说：“如此好消息，丞相您应该亲自上奏皇帝！”

孛罗帖木儿吃饱了犯食困，本不想去，推让失烈门自己去报皇帝，但被失烈门强拉着往回转：“这样的喜讯，我官卑职小，非丞相您亲自禀报不成！”

孛罗帖木儿被迫无奈，便随同失烈门向大殿走。

路过延春阁时，忽有杏树枝梢垂拂，孛罗帖木儿头上的帽子落地，失烈门忙弯腰替他拾起，吹掸尘土重新为他戴上。

大权臣心头忽动，自言自语道：“奇怪！莫非今日要出事？”

话音刚落，忽然有一人迎面跑来。

孛罗帖木儿忙扭头对身边的失烈门说：“平章，这人好面生，怎么从前没见过？”

说时迟那时快，来人已经窜至面前，扬手劈面就是一刀。

事出仓促，孛罗帖木儿举手抵刀，半条胳膊刹那间就被砍落下来，他痛得跳起，大叫：“带刀侍卫何在？”

又有几个人冲出来，口中喊着：“来也！”这几个人不是冲着刺客去，皆朝孛罗帖木儿而来。

其中一人刀快，横刀从权臣的左耳砍进，登时就削去他半个脑袋。红白狂喷，孛罗帖木儿死于延春阁旁。

事起前，顺帝藏在御花园假山下的窟室中，约定刺杀事成就放哨鸽。悠扬的哨声在天际间响起，顺帝终于放下一颗心，马上下诏命京中百姓可立杀孛罗帖木儿军。

诏书一出，大家都恨这些平日强买强卖的军人，纷纷上屋，击以瓦石，杀得乱军死尸填巷。

孛罗帖木儿入朝时，老的沙也一同进去。孛罗帖木儿被皇帝留饭，老的沙只能自己先往宫门走，外出候着。

在他慢悠悠徜徉间，孛罗帖木儿被杀，顺帝手下人开始在宫内追逐杀人，并高声放话说王保保手下大将白琐住已入据内宫。

老的沙虽然脑子活、跑得快，屁股仍然挨了一箭。他跑出宫门，跳上马，孛罗帖木儿的数百护卫骑士见他屁股往下滴血，都很奇怪，就问："我们主人这么久还不出来？"

老的沙怕这些人冲回去救孛罗帖木儿，没人在身边保护自己，就骗他们说："你们主人在宫内喝醉了撒酒疯，砍了我一刀，先送我出城吧。"

行到距离城外孛罗帖木儿大军营帐不远处，老的沙才向这些军士讲出实情："你们主人已经被杀，王保保大军已占领西宫！"

一听此言，孛罗帖木儿军大骇，四散而走。

老的沙也生气，心想这帮王八蛋这么经不起事。忙活半天，他才召集了千余名兵卒，带领他们往西北方向跑，去追秃坚帖木儿的军队。

先前，有蒙古宗王拉黎以为顺帝已经被弑，从边境地带率军往大都"征讨"孛罗帖木儿。秃坚帖木儿正是被孛罗帖木儿派出迎击这位宗王。

行到半路，秃坚帖木儿惊闻大都事变，忙提军往回走，半路遇见了带着残军追赶他的老的沙。

两人忧心忡忡，合计半天，老的沙说："今上（顺帝）脓团，不可辅，小妇的孩儿（指皇太子）亦非国器，不如径赴赵王，扶立赵王，南面以定天下。"

这位老的沙从前以帝舅加上"倚纳"的身份，即使宗王们见他都摇尾乞怜，尤其是他们提及的赵王，对他尤为恭敬。但是，现在他已成丧家之犬、皇帝"逆臣"，赵王的态度肯定会有所不同。

见面后，赵王先表示同意。他与部属们思前想后，终虑事不能成，又有阳翟王那个"前鉴"，于是，赵王就把老的沙和秃坚帖木儿灌个大醉，然后将二人五花大绑押回大都。

顺帝此时恨透了这位母舅兼狎友的老的沙，立刻发出一个字：剐!

刑场之上，见行刑者往自己身上罩渔网（以便小块割肉），老的沙哀号求饶。

秃坚帖木儿倒是条汉子，骂道："求饶个屁！那脓包皇帝不是害我们，是在害他的国家社稷！"

特别可称道的是，顺帝听说孛罗帖木儿被杀的消息后，首先厚赏行刺权臣的六位刺客，然后让人找一直是主谋的汉人徐施畚来，准备用高官厚爵大元宝赏他。殊不料，此人一夕遁去，不知所终，日后再无音信。

功成身退，这位徐施畚真是千古奇人。

杀了孛罗帖木儿，自然要大赏一直在大都附近领军的王保保。元廷下诏，封王保保为太傅、左丞相、河南王。

皇太子先前奔王保保军中，就想仿效唐肃宗在灵武自立为帝的故事，希望王保保拥立自己为帝，以被孛罗帖木儿挟持的父亲为"太上皇"，王保保不从。

孛罗帖木儿被杀后，奇皇后从大都传密旨，命王保保以重兵拥皇太子入京，威逼顺帝禅位于皇太子。王保保很有正统思想，探知奇氏之意后，距城三十里，下令本部兵马就地停止行进，驻屯当地。为此，虽然一直受王保保保护，皇太子对这位不立自己为帝的大将也萌生了杀心。

这位皇太子，少年时代习书法，专喜临宋徽宗字帖，谓之为"瘦筋书"。侍从谏劝："宋徽宗乃亡国之君，不足为法。"皇太子很有口辩，说："我但学其笔法飘逸，不学他治天下，没什么不好。"待后来顺帝派人教他学习"大喜乐"禅法，这位少爷慨叹："李好文状元教我读儒书好多年，我总弄不明白其中意理。西番僧教我佛法，我一夕便通晓！"

王保保入京为相后，不习惯军旅以外的气氛，怏怏不乐。朝中蒙古、色目勋贵也看不起他（当然是暗中看不起他），私下议论他不是

“根脚官人”出身。

所谓“根脚”之说，出自文成宗大德四年的一道诏旨：“其为头廉访使，当选圣上知识，根脚深重，素有名望正蒙古人。”也就是说血统纯正的蒙古贵族，才可称得上是“根脚官人”。王保保当然不是，他的义父也不是，自然为大都朝士轻视。

由于大都城内政治气氛压抑，王保保听从手下谋士孙翥、赵恒的建议，以“肃清两淮”为名，提军出京平叛。

当时，除中原地区仍听元朝号令外，江淮川蜀等地已均非元朝所有。另一个情况是，皇太子一直向顺帝要求出外督师，而顺帝怕这宝贝儿子出京后拥众“另立中央”，一直不同意。他见王保保上奏，正好让他代替皇太子出行，总领天下之兵，行讨各处。所以说，王保保仅在大都待了两个月，就又提兵外出。

王保保有“河南王”的封号，出兵时得以分省自随，其官属之盛，几与朝廷相等。整这么大动静离开大都后，想到朝臣和皇太子总想算计自己，王保保索性回河南，以守父丧为名屯兵不出，在彰德（今河南安阳）停留。

王保保手下都劝他：“王爷您既受朝命，出而中止，这样做恐怕不太好。”谋士孙翥、赵恒二人多谋，也劝告说：“丞相您总天子之命，总天下兵，准备肃清江淮。兵法曰‘欲治人者先自治’，今李思齐、脱里白、孔兴、张师道四军（四个地方军阀）坐食关中，累年不调。丞相您应下令，调此四军南去武关，与我们军士一起并力渡淮。他们如果恃力不听调遣，则应移军征伐，据有关中，如此，这四部军队可唯丞相所用！”

王保保深觉此议可行，欣然从计，立刻以“河南王”兼“总天下兵”的身份致信四军，让诸军阀听他指挥。

四部军中最强的当属李思齐一部，他接到调兵札后，当众大骂：“乳臭小儿，胎毛未褪，敢来发令调派我！我与汝父（指察罕帖木儿）

同乡里，汝父进酒犹三拜而后饮，汝于我前无立地处。而今日大胆，公然自称总兵来调派我？”

李思齐土豪一个，气粗胆壮，下令各部：“一兵一卒也不可出武关，如王保保来，马上整兵迎杀！”

王保保闻讯大怒，提军直杀关中。从此，两家队伍相持一年，前后百战，胜负未分，忙着窝里斗，周遭造反四起，元朝大势去矣。

王保保见自己的军队一时无力入关，便坐食彰德。由于此地蓄积粮草甚多，他大可坐观天下之事。

由此，顺帝本人开始怀疑王保保，对左右说：“王保保出京，本是派他总兵肃清江淮。他不向江淮进兵，反而与关中诸将杀伐。现关中混战，他又驻军彰德，难道是想窥伺京师，图谋不轨吗？”

顺帝越说越气，越想越气，看见皇后奇氏和皇太子在身边，勃然大怒道：“从前孛罗帖木儿兴兵犯阙，今日王保保在外总兵，天下大乱不太平。你们母子乃误我大元天下的罪魁！现今疆土分裂，使朕坐守危困，皆汝母子所为也！”狂怒之下，顺帝操起卫士手中拐杖在殿中追打皇太子。挨了数棍，皇太子“走免”。

由于元廷催促进兵的诏旨雪片似飞来，王保保不得已，在至正二十六年年底派其亲弟脱因帖木儿（汉人蒙古名）及部将貊高在济宁、邹县一带驻兵。王保保此行出兵以保障山东为名，但其实仍旧逗留不进。

王保保得关中之意甚切，不断增兵入关，日求与李思齐决战。

李思齐、张师道等人日渐不敌，数次派人入大都向朝廷求助。

手心手背都是肉，元顺帝想半天也想不出太新的招儿，只能派左丞相袁涣等人带诏旨入王保保大营，希望他与关中诸将和解。

由于王保保派人往京城袁涣家中送了大笔财宝，这位左丞相自然心向王保保，宣毕诏旨，他私下对王保保说：“不除张师道、李思齐二人，定为丞相您的后患！”

王保保最爱听这话，又有大都来的左丞相在自己军中帮腔，他增兵死攻关中。但是，打了几个月，仍旧消灭不了对方。

谋士孙翥、赵恒又给王保保献计："关中四军，唯李思齐一部最为强大。如果攻破李思齐军，其余三部不战自服。我军入关中部队数目，现在大致与敌军相当，所以长时间以来师老财费，相持不决。应该抽调在邹县的貊高一军（当时这支部队正在那里准备抵御朱元璋的"南军"），让他们急趋河中，渡黄河后，直奔凤翔，出其不意，端掉李思齐老巢。这样一来，渭北之军可一战降之。如此，正依昔日（后）唐庄宗破汴梁之策，关中大定后，再倾军攻打南军，那时也不会迟。"

此时的元顺帝，再也顾不上在内廷中修行"大喜乐"和建房子，他忧心忡忡，开始"勤于国事"，只可惜醒悟得太迟。至正二十七年九月，元廷颁布了最后一道看似深思熟虑的诏令，内文不仅颇有文采，且语意沉痛，剖析事理，对关中诸将既指斥又安抚，对王保保并无过多指摘，只是一个劲"追忆"他义父察罕帖木儿的"忠勇"，详细给出了朝廷"肃清江淮""进取川蜀""进取襄樊"的战略安排，部署诸将分道四出，且宣示皇太子掌控诸军诸部的集中威权。

王保保外战内行，内战却外行，马上听从孙翥、赵恒二人之计，下令调貊高军入陕。

貊高军中，多为孛罗帖木儿从前的老部下，军行至卫辉，这些人夜中秘密聚集在一起议事："王保保为总兵，我们为他统下的官军，如果派我等与南军战斗，还应该听命。现在，他下令我等昼夜兼程往河中渡河西趋凤翔去打李思齐。李思齐是官军，我们也是官军，官军杀官军，这事怎么说！"

众将交换一下眼色，抽刀剁案，其中一人高喝："不必多言。五鼓之后，我们拥扶貊高做总兵，不从就杀掉他，血洗城池而去！"结果，众将准时起事，冲进貊高大帐，讲明缘由。

貊高本人对王保保迟迟不出兵江淮也一肚子气，顺势就与众将齐了一条心，上表朝廷，申诉王保保有“不臣之心”。同时，貊高派出两路兵马，一路袭彰德，一路袭怀庆。结果，往彰德一部军队马少人精，一举而下；而袭怀庆一部军队马多兵冗，被守将发觉，不能克城。

王保保手下的主要将官皆在怀庆，貊高调派不当，最终不能把这些人一网打尽。当时，有识者就预见貊高此人难成大事。

元廷见貊高一军派密使来大都，大喜，立刻下诏升貊高知枢密院兼平章，总兵河北。同时，又下诏严命王保保率潼关内攻之兵进击淮南，诏李思齐等关中四部军出武关下襄汉，并诏貊高率河北军与在济宁的脱因帖木儿等人一起下淮东。

脱因帖木儿乃王保保亲弟，不仅不听命，反而尽掠山东以西的百姓资财，向卫辉挺进。

王保保率手下河南兵北渡怀庆，也向卫辉方向移动。

貊高怕受王保保兄弟两人夹击，把卫辉城内抢掠一空，北归彰德，固城自保。

对此，元廷无可奈何。乱世之中，诸将不听调，元廷一点儿办法也没有。

病急乱投医。有人给皇太子出主意：“古者太子入则监国，出则抚军，太子应上奏皇帝，自立大抚军院以总领天下兵权。如此，军权归一，可以自内制外。”

皇太子觉得此计甚妙，在大都开设“大抚军院”，专制天下兵马，下令省台部院皆受自己节制，从而在大都城开始了“军管”。

为了奖励貊高一军，皇太子赐这部元军“忠义功臣”名号，每人发块金牌。

恰恰就在这时，朱元璋的明军已先后消灭了张士诚和陈友定，进而入据山东。

王保保恨朝廷偏向貊高等人，就杀掉了朝廷使节。他攻入太原后，还把当地元朝所任命的官员全部杀掉，以此泄愤。

如此急火攻心的关头，元廷不仅不令诸将息兵共抵“南军”，反而在至正二十八年六月公开下诏让各道军队协力，去平灭王保保。

当时，王保保之军被明军打得节节败退，正屯据太原。

关中李思齐等四将各派军兵组成一军，从西面发起进攻，貊高率军从东向王保保进攻。这几部元军服色相同，残杀数日，也攻不下太原城。

一日，貊高因城池久攻不下心焦，率数骑巡阵。赶上他倒霉，正遇上王保保派出一队骑兵出袭。众寡不敌，貊高被擒。

于是，王保保派人把捆成麻花一样的貊高抬到阵前。貊高属下军人正在布阵，一看主将已经被人捉住，登时惊慌，四下溃散，除被杀的兵士以外，跑不及的人只得向王保保投降。

李思齐等见势不妙，向王保保发使送书，表示说自己来打仗是被朝廷逼迫的，希望王保保能缓攻。

由于明军已经开始发动猛烈进攻，李思齐等人率军边大掠边后撤，准备回保潼关。不久，四将散溃，他们被明军打得大败而归。

貊高败讯传至大都，元廷震惧，忙下诏罢去“大抚军院”，并杀掉出主意立抚军院的几个人，以此举向王保保“谢罪”。

王保保自写书信，向顺帝陈述忠诚。顺帝见信，马上下诏给他“平反昭雪”，恢复他以前的一切封爵。

但，一切都太晚了。

可笑的是，王保保擒貊高后并未将其当即斩杀，反而派人来大都向顺帝请示如何处理。

顺帝当然心领神会，诏书简捷：“貊高三心二意，兴衅构兵，可依军法处置。”

王保保拿诏书给被押在刑场上的貊高看。貊高也苦笑，跪下低头，静等自己人的大刀片子落下……

惨兮兮从哪里来回哪里去

自孛罗帖木儿与扩廓帖木儿两军开始“内战”，一直到李思齐、貊高、王保保等人在晋地厮杀，整整八年过去，元朝的正规军与杂牌军一直在北方相互绞缠，杀得你死我活。

正是由于这样，江南的朱元璋才能从容放开手脚，先后消灭了陈友谅、张士诚、方国珍、陈友定等人。除江南地区外，湖南和两广也尽入朱元璋之手。

在北方元军各部自相残杀正酣时，至正二十七年年底，朱元璋正式开始了北伐。

要饭花子出身的朱元璋很有远略，他并不主张直捣大都，而是这样向诸将布置：

> 元建都百年，城守必固。若悬师深入，不能即破，顿于坚城之下，馈饷不继，援兵四集，进不得胜，退无所据，非我利也。吾欲先取山东，撤其屏蔽；旋师河南，断其羽翼；拔潼关而守之，据其户枢。天下形势，入我掌握，然后进兵元都，则彼势孤援绝，不战可克。既克其都，鼓行云中、九原，以及关陇，可席卷而下矣。

于是，明军（两个多月后的至正二十八年，即“洪武元年”、1368年正月，朱元璋才建立“大明”，此时应称为“南军”）二十五万人，由徐达和常遇春率领，浩浩荡荡杀向北方。

果然，一切皆按朱元璋先前布置施行，明军所至皆克，迅速逼向大都。

眼见国家危亡在即，元顺帝下诏重新强调皇太子“总天下兵马的威权”，诏谕诸将，作了一番垂死挣扎而又详尽的“战略部署”：“复命扩廓帖木儿（王保保）仍前河南王、太傅、中书左丞相，统领见部军马，由中道直抵彰德、卫辉；太保、中书右丞相也速统率大军，经由东道，水陆并进；少保、陕西行省左丞相秃鲁统率关陕诸军，东出潼关，攻取河洛；太尉、平章政事李思齐统率军马，南出七盘、金、商，克复汴洛。四道进兵，掎角剿捕，毋分彼此。秦国公、平章、知院俺普，平章琐住等军，东西布列，乘机扫殄。太尉、辽阳左丞相也先不花，郡王、知院厚孙等军，捍御海口，藩屏畿辅。皇太子爱猷识理达腊悉总天下兵马，裁决庶务，具如前诏。”

王保保接诏，并未遵诏而行，而是向云中（今山西大同）方向进发。其帐下将领有不少人狐疑，问：“丞相您率师勤王，应该出井陉口向真定（今河北正定），与在河间的也速一军合并，如此可以截阻南军（明军）。如果出云中，再转大都，迂途千里，这怎么能行？”

王保保还敷衍：“我悄悄提军从紫荆关入袭，出其不意，有什么不好？”

倒是他身边的谋士孙恒一语挑明：“朝廷开抚军院，步步要杀丞相。现在事急，又诏令我们勤王。我们驻军云中，正是想坐观成败！”进言者听此话，只得默然。

可见，大都元廷急上房，王保保仍持坐观态度，元军其余诸部可以推想。

很快，明军打到通州。元朝知枢密院事卜颜帖木儿是条汉子，出兵力战，兵败被杀。

眼看大都不守，元顺帝在清宁殿召集三宫后妃、皇太子等人，商议出京北逃。左丞相失烈门等人谏劝，一名名叫赵伯颜不花的太监更是叩头哀号：“天下者，世祖之天下，陛下当在死守，奈何弃之！臣等愿率军民及诸卫士出城拒战，愿陛下固守京城！”

顺帝已经吓破胆，当然不听。1368 年 7 月 28 日夜间，元顺帝最后看了一眼元宫的正殿“大明殿”，嘴里嘀咕了一句什么，即率皇后、皇太子等人开健德门，出居庸关，逃往上都方向。

8 月 3 日，明军攻入大都城，元朝灭亡。

元朝的宫殿正殿，名字就叫“大明殿”，元顺帝临行前看着那三个字，肯定和我们后人想的一样：莫非这是“大明”取代“大元”的象征？

其实，如同“大元”取自《易经》“大哉乾元”之语一样，元朝的“大明殿”也是出自《易经》乾卦彖辞“大明始终”；元顺帝逃走时所经的“健德门”，出自乾卦彖辞“天行健”；厚载门出自坤卦“坤厚载物”；咸宁殿出自乾卦“万国咸宁”，等等。元廷大多是根据《易经》为宫殿和宫门起的名字，至于日后与“大明”暗合，也是小概率的巧合吧。

元顺帝在一年多后因患痢疾病死，终年五十一岁，庙号为“惠宗”。他之所以被称为元顺帝，是朱元璋认为他“知顺天命”，退避而去，特加其号曰“顺帝”。

元顺帝遁走，徐达上《平胡表》给朱元璋：

> 惟彼元氏，起自穷荒，乘宋祚之告终，率群胡而崛起。以犬羊以干天纪，以夷狄以乱华风，崇编发而章服是遗，紊族姓而彝伦攸理。逮乎后嗣，尤为不君，耽逸乐而招荒亡，昧于竞业；作技巧而肆淫虐，溺于骄奢。天变警而靡常，河流荡而横决……镇戍溃而土崩，禁旅颓而瓦解，君臣相顾而穷迫，父子乃谋乎遁逃。朝集内殿之嫔妃，夜走北门之车马。臣（指徐达自己）与（常）遇春等，已于八月二日，勒兵入其都城。

汉族百年郁结之气，竟能在这一篇表章中一泄而出。

明朝历史学家权衡对元顺帝有过特别恰当的评价，以往治元史者皆未注意他的看法，现摘录于下：

（顺）帝在位三十六年，当元统、至元间（顺帝前期两个年号），帝受制（于）权臣，（权臣）相继或死或诛。帝恐惧之心驰，而宽平之心生。故至正改元后，复兴科举，行太庙时享，赐高年之帛（敬老），蠲免天下民租，选儒臣欧阳玄等讲《五经》《四书》，译《贞观政要》，出厚载门耕籍田（不忘天下农耕之辛苦），礼服祀南郊（敬天顺人），立常平仓，因水旱、盗贼下诏罪己（能自我批评），尽蠲被灾者田租。又命使（臣）宣抚十道，凡此皆宽平之心所为者也。惜乎元朝之法，取士用人推论"根脚"。其余图大政为相者，皆"根脚人"也（其实汉人贺惟一不在内）；居纠弹之首者（指御史大夫），又"根脚人"；莅百司之长者，亦"根脚人"也。而凡负大器、抱大才、蕴道艺者（指非蒙古、色目出身的汉人），俱不得与其政事。所谓"根脚人"者，徒能生长富贵，脔膻拥毳，素无学问。（这些人）内无侍从台阁之贤，外无论思献纳之彦。是以四海之广，天下之大，万民之众，皆相率而听（从）夫（那些）脔膻拥毳、饱食暖衣腥膻之徒。使之（这些人）坐廊庙、据枢轴，以进天下无籍之徒。呜呼，是安得不败哉……向使庚申帝（元顺帝，他生于庚申年，即延祐七年）持其心常如至正（年号）之初，则终保天下，何至于远遁而为亡虏哉！

后人言及元顺帝，皆津津乐道其"大喜乐"的房中丑事及爱木工技术的"不务正业"，似乎他的主要性格特征只是"荒唐"和"昏愚"。为此，权衡也不大以为然：

庚申帝（顺帝）岂昏愚者哉！观其欲杀是人也，未尝不假（借）手于人。外为不得已之状，内实行其欲杀之志。其问甲，则曰乙与汝甚不许也；问乙，则曰甲与汝甚不许也。及甲之力足以去乙，则谓甲曰，乙尝欲图汝，汝何不去之也；乙之力足以去甲，则亦如是焉。故其大臣死，则曰此权臣杀我也；小民死，则曰此割据弄兵杀我也。人虽至于死，未尝有归怨之（元顺帝）者，（这种情况）岂昏愚者所能为之哉！或又曰：庚申帝（顺帝）以优柔不断失天下，（此说）亦非也。庚申帝岂优柔不断者哉！自至正改元以来，凡权臣赫赫跋扈有重名者，皆死于其手。（顺帝）前后至杀一品大官者凡五百余人，皆出（其）指顾之间，而未尝有悔杀之意，此岂优柔不断者所能哉！

分析了元顺帝并非因荒唐或优柔寡断失天下以后，权衡一针见血指出了这位末代帝王最大的性格特点：

然则（顺帝）竟何以失天下？曰：由其阴毒故也！且自古有天下之君，莅九五之位，惟秉阳刚之德，总揽阳刚之权者为能居之。若操阴毒之性者，适足以亡天下耳！

当然，元朝灭亡有十分复杂的主客观因素。但元顺帝作为最高统治者，其本性中的“阴毒”特质，当时及后世研究者罕有提及。

蒙古人作于十七世纪的《黄金史纲》中，有一首非常抒情的诗歌，表达了他们失去大都的无比哀伤和叹惋：

以诸色珍宝建造的纯朴优美的大都，
先可汗们的夏营之所，我的上都沙拉塔拉，
凉爽宜人的开平上都，
温暖美丽的我的大都，

丁卯年失陷的我可爱的大都，
清晨登高眺望，烟霞飘渺。
乌哈噶图可汗我（元顺帝）御前曾有拉哈、伊巴呼二人
［虽曾］识破，但却放弃了可爱的大都，
生性愚昧的那颜们都各自回跑到自己的领地。
我哭也枉然，我好比遗落在营盘的红牛犊。
以各种技巧建立的八面白塔，
宣扬大国威仪以九宝装饰的我的大都城，
宣扬四十万蒙古声威的四方四隅的大都城，
恰在弘扬佛法之际，因昏愦而失去可爱的大都，在我的名声之下。
为四面八方的蒙古之众显耀、矜夸我的可爱的大都，
冬季御寒的我的巴尔哈孙，
夏季避暑的我的开平上都，
我的美丽的沙拉塔拉，
未纳拉哈、伊巴呼二人之言，乃我应受的报应。
把神明所建的行宫，
把忽必烈薛禅可汗避暑的开平上都，
统通失降于汉家之众；
贪婪的恶名，加诸于乌哈嘎图可汗了。
把众民所建的玉宝大都，
把临幸过冬的可爱的大都，
一齐失陷于汉家之众；
凶暴的恶名，加诸于乌哈嘎国可汗了。
把巧营妙建的宝玉大都，
把巡幸过夏的开平上都，
遗误而失陷于汉家之众；
流亡之恶名，加诸于乌哈嘎可汗了。

把可汗国主经营的大国威仪，
把灵妙薛禅可汗所造的可爱的大都，
把普天之下供奉的锅撑宝藏之城，
尽皆攻陷于汉家之众；
把可爱的大都，把可汗上天之子成吉思汗的黄金家族，
把一切佛的化身薛禅可汗的殿堂，
由一切菩萨的化身乌哈嘎图可汗以可汗上天之命而失掉了，
把可爱的大都。
把可汗国主的玉宝之印褪在袖里出走了，
从全部敌人当中冲杀出动了。
不花贴木儿丞相突破重围，
愿汗主的黄金家族当受汗位，千秋万代！
因不慎而沦陷了可爱的大都，
当离开宫殿时遗落了经法宝卷，
愿光明众菩萨垂鉴于后世，
回转过来着落于成吉思汗的黄金家族！

“北元”的延绵余绪

顺帝跑出大都，标志着元廷在中国统治的终结。日后再提及这个流亡政权，就只能称其为“北元”了（明朝称“鞑靼”）。

元朝虽亡国，但并没有灭种。

元顺帝从大都出逃后，一路惶惶然如丧家之犬，用了近二十天工夫逃到上都。但上都的宫阙府衙先前曾遭“红巾军”一部劫掠焚烧，根本不像个都城，到处残垣断壁，遍地瓦砾。

见此情景，顺帝一行人心凉了大半，本想再远窜和林，不久就听说

明军并未有大部队来追，诸人方敢喘口大气。

元朝虽败，但其残余势力仍旧让元顺帝觉得有重回大都的希望：辽阳有兵十万，云南仍旧在蒙古宗王手中，王保保有大军三十万在山西，李思齐、张思道有数万兵在陕西，加上各地杂七杂八的零散武装以及集民自保的所谓“义军”，全部军队人数加起来有大几十万那么多。

可惜的是，由于从前当众砍杀了宗室阳翟王，顺帝对西北诸藩的“亲戚”们不抱幻想。他目前最大的心愿就是夺回元朝政治统治的象征地大都。其实，早知如此，他当初就不应那么匆匆逃跑。

朱元璋是位懂谋略的帝王，他深知山西的王保保不除，元朝仍旧有死灰复燃之日。于是，他下令徐达、常遇春两人即刻统军去平山西，同时又增派汤和等人提军赴援。

明军一路顺利，接连攻下泽、潞两州（晋城和长治），准备合围云中（太原）。

王保保在元顺帝的力催下正往大都方向赶，听说明军正要攻其老巢，他立刻回军。走到半路，明军已经拿下太原。

双方对垒，王保保挑选数万精兵，准备拼死一战。结果，明军策反了王保保部将“豁鼻马”（估计是绰号），连夜劫营。元军霎时惊溃，王保保惊慌中跳上一匹马就跑，狼狈得脚上只穿一只靴子。由此，数万劲骑，王保保带走的只有十八骑，余众不是被杀，就是投降明军。

王保保先逃至大同，惊魂未定，又驰往甘肃。由此，山西皆为明军攻克。

明军一鼓作气，稍事休整后又开拔，准备克复陕西。元顺帝思念大都心切，命右丞相也速率数万骑兵经通州攻大都。

当时通州由明将曹良臣驻守，兵员不满千人，他只得使疑兵计，让人摇旗呐喊击鼓不绝。以为明军人多，也速竟然惊骇退走，失去了进攻大都的最好机会。

朱元璋得知顺帝用意后，急遣大将常遇春率所部从凤翔急行军驰援大都（明朝已将大都改称“北平”）。在优势兵力下，明军数战皆胜，接连攻克会州（今辽宁平泉）、大宁州（今辽宁朝阳）。

偷鸡不成蚀把米，大都影都不见，现在顺帝连上都也待不住了，只得逃往应昌（今内蒙克什克腾旗）。

常遇春部明军势锐，一举攻克上都，斩首数万，降敌一万有余，得辎重、牲畜、粮草无数。

陕西方面，徐达一军直下奉元，元将张思道未战即逃，李思齐虽有十万大军，也不敢做像样的抵抗，西奔临洮。

徐达与诸将异议，但他坚持己见。他认定要先拿关中元将中最硬的李思齐开刀，直下陇州（今陕西陇县）、秦州（今甘肃天水）、巩昌（今甘肃陇西）、兰州。由于事先做过不少“思想工作”，李思齐向明军投降，附近元军残部皆望风降服。

张思道从奉元向宁夏方向逃跑，留其弟张良臣和姚晖等人守庆阳。到了宁夏，穷蹙势孤的张思道走投无路，只得向王保保“报到”。王保保这个气，张口大骂，马上把他押入囚牢关了起来。

庆阳方面，张思道之弟张良臣诈降，结果使明军受降部队损失惨重。徐达闻讯大怒，指挥四路大军围攻庆阳。元廷派出数路兵增援，皆被围城明军打败溃逃而去。坚守数日，庆阳城中粮尽，守将之一的姚晖向明军投降，张良臣等人跳井未死，被明军捞出后皆碎剐于军营之前。

王保保得知庆阳失陷后，便集兵猛攻兰州。猛攻数日，难克坚城。愤懑之下，王保保率元军在兰州附近大掠泄愤。出乎他意料的是，明朝大将徐达来得快，在定西车道岭与王保保狭路相逢。

元、明两军中间隔一条深沟，树栅其间，作持久相斗状。明军粮多兵壮，有打持久战的本钱；王保保元军情怯粮少，先自慌了心神。

徐达使心理战，命令明军昼夜不停发动假攻击，使元军不得片刻休息。闹腾了两天，明军忽然闭营假装休整，筋疲力尽的元军谢天谢地，终于有机会吃块军粮歇一觉。

殊不料，大半夜间，明军全军发动攻击，又累又乏的元军根本不敌，近十万将卒被生擒。王保保仅与妻儿数人北走黄河，幸亏河水中有流木数根，他们抱木渡河，奔逃到和林。

这次，不仅他本人狼狈到家，基本上也把北元最大一份家底赔光。

应昌方面，城池完整，但仍旧面临老问题：粮草不足，难以拒守。

王保保等人一直上书顺帝让他离开这一危险地带去和林，但顺帝仍旧想回大都，希望元军会创造“奇迹”。

奇迹未看到，痢疾却先到。早已被“大喜乐”淘虚了身子骨的元顺帝又贪嘴，多吃了些不干净的牛羊肉，忽染痢疾。缺医少药加上抵抗力过弱，五十一岁的顺帝活活病死。大元最后一代帝王，死得如此不堪。

皇太子爱猷识理达腊这回终于可以做皇帝了，他改元“宣光”，即杜甫《北征诗》中之意：“周汉获再兴，宣光果明哲。”颇有中兴大元之意。

这位太子爷虽然一直是个“事头”，好佛法又喜欢腐化，他的汉文化功底其实颇为深厚，除能写一笔潇洒遒劲宋徽宗体书法外，还会作汉诗。其诗大多散轶不存，只在《草木子》一书中存有一首《新月诗》：“昨夜严陵失钓钩，何人移上碧云头。虽然未得团圆相，也有清光遍九州。”清新可喜，就是没有帝王气象在诗中（此诗有人误记为朱元璋的太子所作）。

皇太子帝位还未坐热乎，朱元璋的外甥李文忠已经统大军杀来。李文忠本来是大将常遇春的副手，常遇春在攻克上都后得暴疾身亡，所以他就成为这支大军的总指挥。

听说元顺帝已死，皇太子还在应昌，求功心切的李文忠马上向这座城市发动进攻。结果自不必说，明军杀擒元军数万，并活捉了北元皇帝爱猷识理达腊的皇后、嫔妃、宫女以及他的儿子买的里八剌。

北元的这位“新帝”腿脚利索，又逃过一次大难，最终逃往和林。

明洪武五年，朱元璋怕北元死灰复燃，派徐达、李文忠等人统十五万精骑准备彻底消灭王保保和爱猷识理达腊。

明军初战得利，但进至岭北，遭遇王保保埋伏，大败一场，死了几万人（明朝自己说是一万多）。转年，王保保复攻雁门，明太祖命诸将严备。但由于致力于中原内部的治理，明兵很少再出塞奔袭残余的元军。

早在此次出军前，明太祖曾七次往王保保军营“遣使通好”，王保保皆不应。最后，朱元璋派出王保保父亲的好友、元朝降将李思齐出塞，想以言语打动王保保归降。

王保保对这位先前与自己在关中大战的“老叔”很客气，请吃饭又请喝酒，就是不提归降之事。

待了数日，王保保派人礼送“老叔”出境。

行至塞下，送行骑士临别，忽然对李思齐说：“主帅有命，请您留一物当作纪念。”

李思齐很奇怪：“我自远而来，未带重礼。”

骑士说：“希望您留下一臂以为离别之礼！”

望着面色严肃的精甲铁骑数百人皆对自己虎视眈眈，李思齐自知难以幸免，只得自己抽刀切下一只胳膊交与骑士。

伤口虽然齐整，又有从人救护，李回来后还是因为流血过多不久即死掉，在新朝也没享几天好福。

正因如此，朱元璋对王保保更是油然生敬。一日，他大会诸将宴饮，问：“天下奇男子，谁也？”

大家皆回答：“常遇春所将不过万人，横行天下无敌手，足可称是真奇男子！”

朱元璋摇头一笑：“常遇春虽人杰，我能得而臣之。天下奇男子，非王保保莫属！”

大起大落后，王保保在和林与从前的“皇太子”关系相处和睦，洪武六年又统军杀回长城边，但被老对手徐达候个正着，在怀柔把他所率元军打得大败而去。

洪武八年，正值壮年的王保保染疾而死，其妻毛氏自缢殉夫。

洪武十一年，爱猷识理达腊也病死，残元大臣谥其为“昭宗”，并拥其弟弟（有说是其子）脱古思帖木儿为帝。十年后，这位爷在捕鱼儿海（有说是贝加尔湖，有说是距热河不远的达尔泊）晃悠，被明朝大将蓝玉侦知消息，率十万大军前去攻击。明军杀元军数千，生擒近八万人，就是跑了脱古思帖木儿本人。此时的北元皇帝再无昔日的威赫声名和尊严。逃往和林的路上，他被叛臣也速迭儿缢死。

百年之前，蒙古军队如同火山中喷流出的炽热岩浆，没有任何东西能阻挡他们的滚滚向前。他们骑着蒙古矮马，身上除了那张弓有些不成比例的长大外，武器简单而实用。正是凭借仍处于蒙昧时代的原始的冲动，蒙古武士以极少的人数，完成了人类历史上史无前例的征服，致使无数文明皆似漂亮的琉璃一样粉碎在狼牙棒下。

当时，欧洲的重铠骑士们有命逃回城市的，便向主教和国王渲染黄色面孔海洋般集涌而来的恐惧，这就是“黄祸”一词产生的由来。实际上，这些骑着高头大马、身穿精钢铁甲的大个子们无非是以敌人的众多来掩饰自己战败的无能而已。西进的蒙古军队虽然杀人无数、毁城无数、击败有建制的军队无数，但他们即使在最大的战役中也从未使用过十二万人以上的兵力。当然，“黄祸”渲染者的谎言，基本无人拆穿，因为己方的目击者基本上都已在惊愕中死于蒙古人的弓箭或者刀下。

光荣的蒙古武士，仅仅过了一百年，退化如此严重。与从前相比，他们的战马更高大，身体更肥硕，打仗的行头要复杂数倍，但仍然被汉人军队摧枯拉朽般的一败再败。他们一退再退，终于缩回青草漫天的草原。

其实，蒙古战士的体魄并未因百年岁月而变得虚弱，唯一改变的，只是他们昔日那种奋不顾身、勇往直前的勃勃勇气！

《明史》《新明史》对“鞑靼”的记载混乱不堪，均将其列于《外国传》中。但“鞑靼”（即北元）代代相传，一直有二十八代之多，反观“大明”，不过才十六君而已。明成祖心中最把蒙古人当成大患，亲征数次，仍旧不能把“黄金家族”的直系继承人连根拔掉。

北元最昙花一现的荣光，当属脱脱不花大汗时期，堂堂大明英宗皇帝，竟然成为蒙古军队的俘虏。明武宗正德年间，元朝正系后裔达延汗一举击败漠南蒙古西部的地方部落势力，基本上找回了昔日漠南漠北蒙古大汗的感觉。

1570 年，达延汗的曾孙俺达汗（又称阿勒坦汗）手下有十余万蒙古铁骑，为蒙古诸部之雄。张居正等人很有政治远见，封其为顺义王，从经济上给予蒙古人不少好处，最终换来的是和平以及顺义王对明朝的朝贡关系。

1632 年，满洲人猛攻察哈尔，把蒙古最后一位大汗林丹汗打得大败。1634 年林丹汗窜至大草滩急火攻心发痘而死。1636 年，女真人建立的后金汗国征服了漠南蒙古。时光流逝四百年，女真人的灭国之恨终于得报。现在反过来是蒙古王公要匍匐于女真人的马下舔靴尘了。

1644 年，清兵在北京坐稳龙庭后，把蒙古诸部划分成四十九个旗，成吉思汗的子孙完全丧失了独立的领地。至此，他们祖先那宏阔帝国的美妙图景，永远地变成了昔日黄金般的回忆和静夜无人时焦渴的梦想。

如果读者想研究北元数百年的历史，就只得去翻看罗卜藏丹津的《黄金史》、无名氏的《黄金史纲》、无名氏的《大黄金史》、善巴的《阿萨拉格其书》以及《蒙古源流》。这些书皆成于十七世纪那一百年之中，西藏人写“黄金家族”史是为凸显喇嘛教在元朝受尊宠的“神话”，蒙古人写民族史是抒发愤懑，追述列祖列宗以及各位大汗的无上光荣。这些，总能暂时抚慰他们在清朝高压下那受伤的心。

可悲的是，明朝虽然号称是把汉族人从元朝的压迫下解放出来，但宋朝以来定居王朝合理发展的势头已经被严重遏制和扭曲，明朝除了初期宣泄了残杀的劣性外，基本上没有了汉朝那种积极进取、努力拓疆的雄心，而是变得十分内向和拘谨，把自己的心理安全建立在一道长城之上。所以，崇祯帝自缢煤山的悲剧，其实早在明朝建立的那一刻已经有了某种征兆。帝国初立，已经有疲惫之态。

黄泉无精舍　今夜宿谁家

元帝国最后的诗人们

人，诗意地栖居。这是任何时代知识分子的梦想。

当大明旗帜在中原和江南各个城市的角楼上飘扬、“四种人”的种族压迫消失、“九儒十丐”的轻蔑成为历史旧事之时，依我们当代人有限的想象力，会认定挣脱桎梏的诗人学者们会欢天喜地投入汉人坐江山的大明政权，以无上的热情和干劲去讴歌、建设这个“新时代”！果真这样吗？——答案是否定的。

朱元璋出于那种变态的“穷人乍富”的严酷天性，信手撒出漫天的罗网，对士人进行了前所未有的疯狂摧残。

元朝自元成宗以后，城市经济恢复生气，工商业繁荣（虽然是种虚假的繁荣），而且统治者在文化上基本不加限制（上层蒙古贵族集团不大在乎诗文曲赋，多数人根本不懂汉语），所以才造成元代戏曲、小说等“流行”文化与诗词歌赋等传统文学真正百花齐放的局面。

元末的战乱，使得本来生活趋于安定的汉族士人阶层忽然之间又被抛入动荡乱离的深渊。处处是战场，到处是杀戮，惬意、雍容的闲适平静，被“乱臣贼子”们的舞刀跃马完全摧毁。

“新朝”大明用铁腕统治着一切，刀锋和矛尖不断指向士人，谁不就范谁就要付出生命的代价。统治者这种完全病态的疑心病，使得文人的生命如薤上露、草上霜，在专政的烈阳下刹那间凋零、蒸发。意识形态和文化领域真正到了“万马齐喑”的地步。

为了报复同张士诚等人争斗时吴地地主阶层的政治偏向，朱元璋在向江南加赋的同时，强制迁出几乎所有的吴中富户，这种变相的流放，实际上是对“富人阶级”的真正惩罚。推而广之，朱皇帝在全国范围内施行海禁，不遗余力地打击商业活动。而与“世道人心”相关的文人士子，自然也是他处心积虑所要“处理”的主要对象。

正因如此，元末明初有许多文人在心理上仍然认同元政权。而且，时光流逝百年，即使身处江南地区的士子南宋末年那种激烈的民族情绪也逐渐黯淡了。所以，当他们面对明王朝汹汹而来的镇压浪潮，文人们只能在心中哀叹：没有最坏，只有更坏！

元末文学大家，除杨维桢、丁鹤年、倪瓒等少数几个人幸免于难、保全首领而死之外，包括“吴中四士”高启、杨基、徐贲、张羽以及能文能画的大才子王蒙等全被新朝以“莫须有”之罪分尸切首。这些已经归顺的文豪们，仍旧以自己的血肉之躯与沙石泥砾一起成为明帝国奠基的堆砌物，抱恨泉壤。

下面，笔者择其要者，以人言诗，以诗言史，最后回顾一下在那个硝烟四起、兵戈耀日的杀戮年代中文人们的微弱声音。

“铁笛道人”乃诗雄

杨维桢

杨维桢，字廉夫，号梅花道人、铁笛道人、铁崖、铁史等，浙江诸暨人。今天知道杨维桢的人少之又少，大概只有研究文学史、诗歌史的学者对他有一定的研究和好奇心。

但是，在元末和明初，杨维桢的诗歌创作影响了两三代人，他的“狷直傲物”、他的“志过矫激”，也成为那个时代文人们津津乐道的话题。

杨维桢生的是时候，也不是时候。之所以说他生正当时，乃指他刚满十八岁时，正好赶上元仁宗在全国开科取士。欣喜之下，年轻的杨维桢在铁崖山中筑“万卷楼”，苦读数载，于泰定四年入大都应试，一举二甲进士及第；之所以说他生不逢时，是因为他中晚年正遭逢江南乱起，后半生颠沛流离，心惊肉跳。

进士及第后，杨维桢的仕途并不太顺利，在天台县尹任上只干了三年就因故免官。回家隐居几年后，才得到绍兴路钱清场盐司令这样一个有实惠的官职。食俸捞银五年，先后因父母逝世守孝回乡。孝满出山，无官可补，杨维桢在杭州附近的城市间往来穿梭，以教学卖文为糊口之资。

至正十年（1350 年），他好不容易弄了个杭州司务提举的官职，但不几年张士诚就攻陷杭州，继而朱元璋军队节节进逼，江南大乱，他只能逃入富春山避难。后来，张士诚受元廷招安，杨维桢才敢回松江居住。他在当时广收生徒，授学解惑。

明初，朝廷网罗各地“人才”，杨维桢也在名单中。有幸的是，他刚到南京不到三个月即患肺炎，终能以病辞官，回家后不久即病死，终年七十五岁。

> 杨廉夫晚年居松江，有四妾：竹枝、柳枝、桃花、杏花，皆能声乐。乘大画舫，恣意所之，豪门巨室争相迎致。时人有诗曰：竹枝柳枝桃杏花，吹弹歌舞拨琵琶。可怜一解杨夫子，变作江南散乐家。(《归田诗话》)

可见，杨维桢晚年在张士诚统治下还过了几年潇洒风流的好日子，明末清初的李渔，估计正是仿效这位戏坛前辈的所作所为。

杨维桢诗歌风格奇特，有李贺之奇峭，又有李商隐之绮靡，当时号称“铁崖体”，形成元末明初一个影响巨大的诗歌流派。所谓的“吴中四士”创作风格，皆属于铁崖体，四个人也均以杨维桢为精神领袖。

后半生虽处于乱世，杨维桢却以“竹枝词”清新之句与“乐府诗”复古雅诗一显于当时。其“诗歌乐府出入于卢仝、李贺之间，奇奇怪怪溢为牛鬼蛇神者，诚所不免。至其文，则文从字顺，无所谓剪红刻翠以为涂饰，聱牙棘口以为古奥者也”（《四库全书总目》）。

从政治角度讲，他的《挽达兼善御史》一诗是叹悼台州路达鲁花赤泰不华为元朝死节而作，悲怆激愤，鲜明表现了他忠国的态度：

黑风吹雨海溟溟，被甲船头夜点兵。
报国岂知身有死，誓天不与贼俱生。
神游碧落青骡远，气挟洪涛白马迎。
金匮正修仁义传，史官执笔泪先倾。

歌颂忠烈的诗歌，杨维桢写有很多，诸如《房将军歌》《李铁枪歌》《韦骨鲠》《大将南征歌》等。最吸引人、最具故事性的一首政治诗，当属他在吴中与割据头子张士诚聚会时所作之诗。其时，张士诚已被元廷招降，但一直三心二意，专事割据。张士诚久慕杨维桢盛名，以元廷赐给他的“御酒”招待这位老才子。酒至半酣，杨维桢赋诗曰：

江南岁岁烽烟起，海上年年御酒来。
如此烽烟如此酒，老夫怀抱几时开？

张士诚本想留杨维桢当幕宾，见诗如此，知其不可强留，便纵其归去。当然，也是赶巧遇见张士诚这样的宽厚人，如果在朱元璋面前作这种诗，三亲九族都要被诛杀。

大明政权成立后，杨维桢也不得不表态，承认新朝乃“受天新命”，并在赠地方官的诗文中上奉承之辞："天子龙飞定两都，山川草木尽昭苏。三吴履亩难为籍，四海均田喜有图。"（《送经理官黄侯还京序》）不痛不痒之间，却也表明了自己的立场。

《明史》中记载，明廷征其入朝，杨维桢以白头老寡自比，表示"不再嫁"之决心，并作《老客妇谣》一诗上呈朱"御览"。朱元璋"嘉其志，仍给安车还山"，宋濂为此作诗说："不受君王五色诏，白衣宣至白衣还。"——这段佳话，完全是传说附会，清人考证已经证实这是"小说家"语。倘若朱皇帝有此气度，明初文人也不会被他弄死那么多。

清人还较真，乾隆修《四库全书》时，看到其中选录杨的《大明铙歌鼓吹曲十三篇》狂诋元朝极赞明朝，这位"文字狱"头子非常愤怒，大骂杨为"贰臣"，借题发挥，让馆臣把他的"御制大字报"录于杨维桢诗文前。据后人考证，《大明铙歌鼓吹曲十三篇》是别人伪作，并不是他本人的作品。杨维桢倒霉，死后四百年，其品操仍旧被怀疑。杨维桢毕竟没有食过明朝俸禄啊。

实际上，杨维桢的"艳体诗"和"竹枝词"在当时颇为风靡，最有代表性的是《城西美人歌》《将进酒》《绣床凝思》等。

他的《续奁集二十咏》更是把青春少女的各种体貌、情感以及恣狂表现一新，开有明一代文人放荡不羁之先河。

杨维桢最为人称道的还是他的"性情"之作。即使是乐府诗体，到他手中也是旧瓶换新酒，充满飞扬的情思和洋溢的热情，不受格律和体裁的束缚，以性情为本原，达至"不工而工"的至境。其中，以《五湖游》为代表：

鸱夷湖上水仙舟，舟中仙人十二楼。
桃花春水连天浮，七十二黛吹落天外如青沤。
道人谪世三千秋，手把一枝青玉虬。
东扶海日红桑樛，海风约在吴王洲。

吴王洲前校水战，水犀十万如浮鸥。
水声一夜入台沼，麋鹿已无台上游。
歌吴歌，舞吴钩，招鸱夷兮狎阳侯。
楼船不须到蓬丘，西施郑旦坐两头。
道人卧舟吹铁笛，仰看青天天倒流。
商老人，橘几奕，东方生，桃几偷。
精卫塞海成瓯窭，海荡邙山漂髑髅，
胡为不饮成春愁?

这首诗想象丰富，语气夸张，气势雄浑，集主体意识与状物抒情为一体，诚为一时绝唱。仔细观之，确有李长吉的凄冷、跳跃和怪诞，但又无长吉诗意中的森冷和死亡气息。冷艳卓绝的奇思，贯穿于追思历史与品味现实的豪放之中。所以，杨维桢诗最能打动人心的就是这种“生命意志”的狂欢状态和个体意识的无限张扬。

杨维桢的《铁笛清江引》散曲，兴酣意狂，风采豪迈，淡简深味，几乎可以看作是日后唐寅、李渔等辈的“祖师爷式”作品：

铁笛一声吹破秋，海底鱼龙斗。
月涌大江流，河泻清天溜。先生醉眠看北斗。
铁笛一声云气飘，人生三山表。
濯足洞庭波，翻身蓬莱岛。先生眼空天地小。
铁笛一声嘶玉龙，唤起秦楼凤。
珠调锦筛箕，花锁香烟洞。先生醉游明月宫。
铁笛一声天上响，名在黄金榜。
金钗十二行，豪气三千丈。先生醉眠七宝床。
铁笛一声秋满天，归自金銮殿。
曾脱力士靴，也捧杨妃砚。先生醉书龙凤笺。

铁笛一声江月上，濯足银河浪。

山公白接篱，太乙青藜杖。先生醉骑金凤凰。

铁笛一声天地秋，白雁啼霜后。

尘生沧海枯，木落千山瘦。先生醉游麟凤洲。

铁笛一声阊阖晓，走马长安道。

酒淹红锦袍，花压乌纱帽。风流玉堂人未老。

铁笛一声秋月朗，露冷仙人掌。

三千运酒兵，十万驮诗将。扶不起铁仙人书画舫。

铁笛一声天作纸，笔削春秋旨。

千年鬼董狐，五代欧阳子，这的是斩妖雄杨铁史。

铁笛一声天禄山，奇字都识遍。

一双彤管笔，三万牙签卷。这的是铁仙人杨太玄。

铁笛一声花满船，拣退烟花选。

留一枝杨柳腰，伴一个芙蓉面。这的是铁仙人欢喜冤。

铁笛一声情最多，人似磨合罗。

弯得满满弓，捱得沉沉磨。这的是铁仙人花月魔。

铁笛一声春夜长，睡起销金帐。

温柔玉有香，娇嫩情无恙。天若有情天亦痒。

铁笛一声呼雪儿，笔扫龙蛇字。

扶起海棠娇，唤醒酴醿醉。先生自称花御史。

铁笛一声花醉语，不放春归去。

踏翻翡翠巢，击碎珊瑚树。由不得铁仙人身做主。

铁笛一声吹落霞，酒醉频频把。

玉山不用推，翠黛重新画。不记得小凌波扶上马。

铁笛一声吹未了，扇底桃花小。

吹一会红芍药，舞一个河西跳。消受的小香锦杨柳腰。

铁笛一声星散彩，夜宴重新摆。

金莲款款挨，玉盏深深拜。消受的小姣姣红绣鞋。
铁笛一声红锦堆，夜宴春如醉。
双双杨柳腰，可可鸳鸯会。消受的小莲心白玉台。
铁笛一声花乱舞，人似玲珑玉。
龙笛慢慢吹，象板轻轻勾。消受的小黄莺一串珠。
铁笛一声香篆消，午梦歌商调。
黄莺月下啼，紫凤云中啸。消受的小红銮碧玉箫。
铁笛一声人事晚，人过中年限。
入不得鬼门关，走不得连云栈。因此上铁仙人推个懒。
铁笛一声翻海涛，海上麻姑到。
龙公送酒船，山鬼烧丹灶。先生不知天地老。

杨维桢乃音乐大家，又有元代文士喜吹铁笛的爱好，故自号“铁笛道人”。

乘肥衣轻半世豪

顾瑛

儒衣僧帽道人鞋，天下青山骨可埋。
若说向时豪侠处，五陵鞍马洛阳街。

此诗乃元朝与杨维桢齐名的大诗人、大商人、大玩家顾瑛所作，前两句直抒旷达胸臆，后两句道出其半世豪奢。

如果没有遭遇元末战乱，这位儒道释合一的豪爽文士，几乎就可成为中国文人欣羡的平安一生的富贵全人。

顾瑛，又名顾德辉、顾阿瑛，字仲瑛，号“金粟道人”，昆山人氏。

他世家出身，家业豪富，又长袖善舞，年轻时靠经商挣进流水般的银子。

不惑之年，顾瑛早早“退休”，把家业交与子侄辈打理，自己营建骇人心目的豪华园林别墅“玉山佳处”。这处人工胜景，在元朝的江南地区只有倪瓒的“云林隐居”可以与之媲美。

顾瑛建此人间仙境，当然不是作功利之用。他把此地当成尊贵文士的文学沙龙，从至正八年（1348年）开始，定期承办诗人的吟咏诗会，十余年间吸引了无数诗人、豪富、名流，到此来吟诗、作画、品酒、赏茗、观花、鉴赏古物。元末不少诗人最后皆死于非命，但只要他曾经到过顾瑛的“玉山佳处”，这辈子就不算白活。

顾瑛是世代官僚家庭出身，其曾祖、祖父在宋、元皆做过官，累代积累了百顷土地和垛山金银。由于没什么“追求”的动力，顾瑛父亲已经以隐居不仕为“理想”，号“玉山处士”，日日在庄园里“厚自奉养”，完全是一个富贵闲人。

顾瑛本人年幼好学，渐受父亲影响，十六岁时“废学”，估计是青春期荷尔蒙折腾得无心向学，加上本性好结客，就常常乘肥衣轻，驰逐于少年之场，达官时宦，无不交识。挥霍无度之余，顾公子在德行方面却也无亏，基本没干什么奸占妇女或把人推堕悬崖殒命的缺德事。三十岁的时候，玩了十来年的顾瑛“醒悟”了。他复读旧书，日与文人儒士为诗酒友，天天沉迷于古玩奇器。贵家公子其实天真烂漫，有钱有情自风流。

顾瑛主持的文学大沙龙，自然美女成群、佳人似云，可绝非低俗派对。在那种如梦如诗的环境中，小红低唱才吹箫，能入场的又皆一代风流名士，诗酒歌会，人皆望之如仙，让所有参加者流连忘返，其情其景能回味半世。

名画家张渥把至正八年三月的一次欢会绘成一幅《玉山雅集图》，大文豪杨维桢亲写“雅集志”题于卷后，以笔墨淋漓尽致描绘了当时的盛况：

右《玉山雅集图》一卷，淮海张渥用李龙眠白描体之作也。玉山主者为昆山顾瑛氏，其人青年好学，通文史及声律。钟鼎古器法书名画品格之辩，性尤轻财喜客，海内文士未尝不造玉山所，其风流文采出乎辈流者，尤为倾倒。故至正戊子二月十又九日之会，为诸集之冠。鹿皮衣、紫绮坐、据案而申卷者，铁笛道人会稽杨维桢也。执笛而侍者，姬翡翠屏也，岸香几而雄辩者，野航道人姚文奂也。沉吟而痴坐、搜句于景象之外者，苕溪渔者郯韶也。琴书左右、捉玉尘而从容谈笑者，即玉山主人也。姬之侍者，为天香秀也。展卷而作画者，为吴门李立。傍视而指画者，即张渥也。席皋比、曲肱而枕石者，玉山之仲晋也。冠黄冠、坐蟠根之上者，匡庐山人于立也。美衣巾束冠带而立、颐指仆从治酒肴者，玉山之子元臣也。奉肴核者，丁香秀也。持觞而听令者，小橘英也。一时人品，疏通俊朗。

只要时人还有稍许的“想象力”，就可以让这幅“胜景”在脑海中鲜活地“复活”出来，而且，比《韩熙载夜宴图》中的场景更可称道的是，这次集会华而不靡，气氛更健康，人物更风流，较之古人西园、金谷、兰亭之会，可谓集大成者。

由于杨维桢等大诗人的品题和唱和，“玉山佳处”闻名遐迩，文人荟萃。诗酒之余，他们更是创作了大量作品，结帙成集。

好花不常开，好景不常在。江南乱起，烽火四处，冲杀的号叫和战鼓的由远而近，更让“玉山佳处”的主客倍感珍惜眼前的一刻。此时的长歌欢笑，已经浸沉于黑色未来的阴影之中。

于是乎，人生得意须尽欢，莫使金樽空对月，包括顾瑛本人，更是酣饮沉醉，加倍珍惜这日后不再的梦幻般生活：

其一

天风吹雨过湖去，溪水流云出树间。

楼上幽人不知暑，钩帘把酒看虞山。

其二

晴山远树青如荠，野水新秧绿似苔。

落日湖光三万顷，尽随飞鸟带将回。

其三

雨随牛迹坡坡绿，云转山腰树树齐。

江阁晚天凉似洗，隔林时有野莺啼。

其四

紫茸香浮薝卜树，金茎露滴芭蕉花。

幽人倚树看过雨，山童隔竹煮新茶。

（《湖光山色楼四首》）

如果说这首诗还是在美景与美酒的陶醉中暂时可以忘却痛苦的话，下一首诗已经显出在大风暴来临前灯红酒绿生活中诗人的莫名恐惧了：

木叶纷纷乱打窗，凄风凄雨暗空江。

世间甲子今为晋，尸裹庚申不到庞。

此膝岂因儿辈屈，壮心宁受酒杯降。

与君相见头俱白，莫惜清淡对夜缸。

（《可诗斋口占诗》）

至正十四年，由于江南战火越烧越广，顾瑛受江浙参政董抟霄所举，参与元朝水上平寇和赈济饥民的工作。又隔一年，他被举荐为昆山知州，级别挺高，但顾瑛两句诗道出了真情：“补官使者招入粟，一纸白麻三万斛。”原来，这个官职是要掏银子（可用粮食抵换）来买的。

所以，此官未做多久，顾瑛就辞职而去。当然，如果不辞官，张士诚军队杀至，他也没什么好果子吃。

正是这个“知州”官职，最后也是要顾瑛老命的“索命状”，因为他的“级别”，使其名字赫然列入日后大明王朝的“黑名单”中。

张士诚政权期间，顾瑛为逃避出去做官，在玉山山阳为自己开土凿圹，周遭遍植黄金桂，题墓庐匾云“金粟”，作对联云：“三生已悟身如寄，一死须教子便埋。”并提前为自己写好了一篇详尽的“墓志铭”（提前了十一年）。

顾瑛偏好桂花，其词《水调歌头·天香词》乃盛年盛景所作，最能彰露他的喜好：

> 金粟缀仙树，玉露浣人愁。谁道买花载酒，不似少年游。最是宫黄一点，散下天香万斛，来自广寒秋。蝴蝶逐人去，双立凤钗头。向尊前，风满袖，月盈钩。缥缈羽衣天上，遗响遏云流。二十五声秋点，三十六宫夜月，横笛按伊州。同蹑彩鸾背，飞过小红楼。

大明王朝建立，因顾瑛当过元朝“知州”，其子顾元臣当过元朝的“武略将军”和“水军宁海所正千户”（海军中校），自然要受到“照顾”。

新朝的“肃反”开始，顾氏父子二人被强制流放到临濠“劳改”。一年后，顾瑛便在恶劣的生活条件和劳累中死去。他死后被弃乱坟岗，也没能睡在他自己事先修好的超豪华墓穴中。

当顾瑛拖着残病之躯在汉人同胞的大皮鞭下挖沙泥的时候，不知是否还记得自己在玉山草堂所作的《玉山佳处以爱汝玉山草堂静分韵得静字》：

兰风荡丛薄，高宇日色静。林迥泛春声，帘疏散清影。

褰裳石萝古，濯缨水花冷。于焉奉华觞，聊以娱昼永。

多么闲适，多么怡淡。如此半世富贵大文士，最终手拿木铲吐血死在工地上，只能说是时代的悲剧了。

洁癖难避真浊世

倪瓒

知道倪瓒这个人，是从一则明清笔记中的笑话：倪大才子洁癖无双。一夜召来一妓澡浴数次。结果，倪"洁癖"总觉有异味，边扪边嗅，一而再，再而三，三而四地让美妓去洗澡，折腾一宿，只求兰香透体洁，早忘巫山一段情，啥事没干，早晨奉上大包银两把姑娘打发走……

待日后稍涉画史，才知道这位倪爷是"元四家"之一（其余三位是黄镇、王蒙、吴镇），笔墨丹青，皆属逸品之流。同时，他的诗风创作，也很有成就，是元代后期殿军人物之一。

除此以外，倪瓒的人生，诚可谓是部引人遐思的传奇。

倪瓒，字元镇，号云林子，无锡人。他一生从未入仕或求取科举，所以有"处士"之称（未被污浊官场沾染，诚大幸也）。倪瓒的十世祖倪砺在西夏为官，宋朝景祐年间作为使臣入宋，被留不遣，便徙居淮甸，繁衍成当地大族。南宋建炎年间，其五世祖倪益携家避乱南迁，居于无锡，从此定居当地。

倪家人擅长经济之学，又有雄厚资本，货殖为业，成为无锡巨富。所以，倪瓒的高祖、曾祖皆不仕，埋头挣钱。到其祖父倪椿、父亲倪炳，借助元朝隆盛的商业氛围，家业越挣越大，几乎成为江南地区的首富。

到倪瓒这辈，金钱不愁，又自幼受诗书礼乐熏陶，骨子里没有现代富商的刻薄和俗俚。他广行善事，济贫扶困，善于周人之急，待客煦煦有恩，且无任何施恩求报的心机，所以，当时声名极佳。

三辈培养一个贵族。倪瓒是书香之家熏陶而出，未尝有纨绔子弟态，基本达到了孔圣人“富而不骄”的标准。

倪瓒为人敬重前辈，无论是名传硕师，还是方外大佬，他都礼尊有加。这样的人物，世不多见。

金银如山，对于倪瓒这样的人，反而使他更能凭之享受高雅生活意趣。他平日所居的别墅，号“清閟阁”，幽迥绝尘，隐于翠山明湖之间，其中藏书数千卷。

在这古今中外超豪华的巨大“书房”内，古鼎名琴陈列左右，松桂兰竹敷环缭绕。而屋外奇木修竹，蔚然深秀，负离子多得让人日日如同吸氧。为此，慕古人高遁之乐，倪瓒才自号“云林”。他日日杖履自随，逍遥咏歌以自娱。

与此前此后的假隐士不同，倪瓒并非以“隐”求“出”。他不缺钱、不缺名，真正是那种超然物外的达人，但求恬淡适意的生活。如此性情中人，自然是“神情朗朗如秋月之莹，意气蔼蔼如春阳之和”。如此神仙中人，笔者只可想见，一生也未尝见到“真人”。

正是无丝毫功利心介于怀中，倪瓒的书画才能苍劲、润妍，清幽无比。

为了自己居住舒适和招待朋友便利，倪瓒所建别墅多多，有云林堂、逍闲仙亭、朱阳宾馆、雪鹤洞、海岳翁书画轩，等等。我们今人的想象力有限，以为上述建筑皆是每处占地数亩，中有主建筑周围一圈假山水的豪华宾馆而已。其实，倪瓒的每一处“胜境”，都方圆几百亩，真山真水真林木，涧水清清，鸟鸣声声。

倪瓒确实有洁癖，其斋阁前所有植物，均派仆人时时涤濯，以清水浇淋。有花落下，则用长竿粘取弃之，唯恐人足侵污草地。他的书房清閟阁外，备有丝履一百二十双，专门供访客使用，一次过后即弃之。如果有贫寒儒士需要钱物，倪瓒一般都让用人把钱远远放在庄园偏僻处，让索求的人自往取之，深恐钱污己衣己手。出门在外，他也是携带全部用具，绝不用他人提供的东西，唯恐不洁。倪瓒的“用具”，不是什么毛巾牙刷椅子垫之类，而是“书画舫笔床茶灶”，每行均有仆人数十跟从。这倒不是摆谱儿，确实是要“自备”的东西太多。至于日常生活，倪瓒洗一次手都要换水数十次，每天换衣数十次，确实“洁癖”到了“洁病”的地步。他所穿用的衣冠靴袜，也都是用上等好香薰透，纯天然好味道。

可以想见，这样的清雅高士，每日登上层楼，一壶在手，持之四眺，远浦遥峦，云霞万变，清雾腾涌，弹指万状。如此生活，我们今世俗人过上一天，胜过千年。这样的人，才能写出以下冲淡、自然、神逸的诗词曲赋：

题诗石壁上，把酒长松间。
远水白云度，晴天孤鹤还。
虚亭映苔竹，聊此息跻攀。
坐久日已夕，春鸟声关关。

（《对酒》）

所有这些诗词小曲，皆清隽淡雅，非常人所能及。想古今中外无数达官贵胄，金银堆至北斗边，豪气直升九层天，但又有几个人能享受倪云林那种片刻清欢！

这种世外桃源、象牙塔中的生活，忽然于至正初年的一天中断了。这并非江南乱起后的被迫举措，乃是倪处士有天生预感。在天下无事之时，一日，他好好生活不过，发狂疾一样将家产变卖殆尽，散与旁人，并对人讲："天下多事矣，吾将遨游以玩世。"

此后，黄冠野服，他往来江湖二十余年。毕竟袋中钞银丰实，他每每借住梵舍道观，行踪不定，终于免于在战争中因家产之累被杀的命运。

乱世之间，倪瓒选择的这种"另类"逃避，并不说明他对世事全无牵挂。山林之乐以外，他也深恨世间无豪杰、无英雄可以鼎定乾坤，维持大元的统治。在他《折桂令·拟张鸣善》一曲中，以历代兴亡为叹，抒发了这种幽怨的情怀：

> 草茫茫秦汉陵阙，世代兴亡，却便似月影圆缺。
> 山人室堆案图书，当窗松桂，满地薇蕨。
> 侯门深何须刺谒？白云闲自可怡悦。
> 到如今世事难说，
> 天地间不见一个英雄，不见一个豪杰！

而且，倪瓒《题郑所南兰》一诗，也透露出他对时政的关切和对乱世无人的感怀：

> 秋风兰蕙化为茅，南国凄凉气已消。
> 只有所南心不改，泪泉和墨写《离骚》。
> （《题郑所南兰》）

诗中，他伤惜南宋遗民郑思肖的凛凛气节。自勉砥砺之气，洋溢纸间。

其时，这种看似潇洒的高隐肥遁，也是一种无奈的逃避。旅途景色再美，颠沛和流离的气氛也是挥之不去。所以，倪瓒一首《怀归》，无意间透露出他对昔日平静美好生活的怀念：

久客怀归思惘然，松间茅屋女萝牵。
三杯桃李春风酒，一榻菰蒲夜雨船。
鸿迹偶曾留雪渚，鹤情原只在芝田。
他乡未若还家乐，绿树年年叫杜鹃。

大明王朝建立后，倪瓒年岁已老，黄冠野服，混迹百姓之中。

由于他未曾在元朝做过官，有幸躲过朝廷的搜求。七十四岁时，他客死于姻亲邹惟高家中，比孔圣人还多活了一岁。

死前，倪瓒心存悒郁，眼望中秋明月，追忆逝水华年，赋诗曰：

经旬卧病掩山扉，岩穴潜神似伏龟。
身世浮云度流水，生涯煮豆燃枯萁。
红螺卷碧应无分，白发悲秋不自支。
莫负尊前今夜月，长吟桂影一伸眉。

明朝诗歌研究家都穆在《南濠诗话》中记载他死于“脾疾”（应该是肝硬化一类的病），倪瓒果然是“诗酒尽生涯”。

既然精神家园在战火与新朝的政治高压下荡然无存，死亡，可能是最好的解脱。

不容回忆的时代

诗人的荒诞而又必然的死亡

元末的高启、杨基、徐贲、张羽被誉为“吴中四士”，其实也是明诗开启时代的“四大家”。

高启，可称得上是元明时代的“李太白”。他字季迪，号“青丘子”，乃长洲（今江苏苏州）人。元亡后，他隐居吴淞青丘，很想安稳度过后半生。

由于才名太高，朱元璋强召他入京，教授王子们学业。高启性格耿介，又有文人最大的疏懒毛病，干了两年多就托疾回家，朱元璋给他一个户部右侍郎的官想稳住他，也被拒绝。

朱元璋哪见过这种文人，隐恨在心。不久，明朝苏州知府修治府院，高启写《上梁文》祝贺。由于苏州府治旧所是张士诚的旧宫所在，朱明政权自然一抓一个准，诬称高启有谋反之心，处以腰斩的惨刑。被诛时，高启仅三十八岁。

整篇《上梁文》，明廷抓住其中“虎踞龙盘”四个字，就治诗人于死地。后世不少“轶事”说是高启所作《宫女图》一诗泄露宫廷“机密”，才被朱元璋斩杀，实是小题大做，以偏概全。朱元璋一是忌讳文人诗才，二是痛恨高启的“非暴力不合作”态度，三是杀鸡给猴看，以儆效尤。

高启之诗，以《登金陵雨花台望大江》最为豪迈挥洒，文人豪气，一展无余：

大江来从万山中，山势尽与江流东。
钟山如龙独西上，欲破巨浪乘长风。
江山相雄不相让，形胜争夸天下壮。
秦皇空此瘗黄金，佳气葱葱至今王。

我怀郁塞何由开？酒酣走上城南台。
坐觉苍茫万古意，远自荒烟落日之中来。
石头城下涛声怒，武骑千群谁敢渡。
黄旗入洛竟何祥，铁锁横江未为固。
前三国，后六朝，草生宫阙何萧萧！
英雄来时务割据，几度战血流寒潮。
我生幸逢圣人起南国，祸乱初平事休息。
从今四海永为家，不用长江限南北。

其实，此诗最后四句对新王朝竭尽“歌颂”，但是，朱元璋绝不容许文人对自己有丝毫的轻慢，不合作的结局，只有“死”字等待。

高启的《忆昨行寄吴中诸故人》，极抒诗人纵情山水，忘怀世事的初志，特别是鼓励文人“及时行乐”的内容，可谓是看透世情，深为笔者所喜：

忆昨结交游侠客，意气相倾无促戚。
十年离乱如不知，日费黄金出游剧。
狐裘蒙茸欺北风，霹雳应手鸣雕弓。
桓王墓下衰草白，仿佛地是辽城东。
马行雪中四蹄热，流影欲追飞隼灭。
归来笑学曹景宗，生击黄獐饮其血。
皋桥泰娘双翠蛾，唤来尊前为我歌。
白日欲没奈愁何！
回潭水绿春始波，此中夜游乐更多。
月出东山白云里，照见船中笛声起。
惊鸥飞过片片轻，有似梅花落江水。
夫差城南天下稀，狂游累日忘却归。

座中争起劝我酒，但道饮此毋相违。
自从飘零各江海，故旧如今几人在？
荒烟落日野乌啼，寂寞青山颜亦改。
须知少年乐事偏，当饮岂得言无钱。
我今齿发虽未老，豪健已觉难如前。
去日已去不可止，来日方来犹可喜。
古来达士有名言，只说人生行乐耳！

“吴中四士”的杨基，即使与新朝合作，为官十一年，最终在山西按察使的高官任上仍不免噩运，被朝廷“惦记”，以微罪获重谴，死于劳改营中，尸体为野狗吞食。谁让他做过张士诚的“丞相府记室”呢！

张羽，这位“东风吹雨衣不湿，我在桃花深处行”的名士，最终没能“散发弄扁舟”，在洪武十八年被谪岭南。行至中途，又有诏召回，情知凶多吉少，为少受折磨，诗人只得投水自尽。“扁舟”弄不成，诗人只能到鬼门关去弄水鬼了。他极具军事天才，有《金川门》一诗，吟咏南京北门偏西的金川门，“未三十载，而燕师（朱棣军）从此入矣”，冥冥之中，他预知此地有大事发生。

至于徐贲，官至省级大员（河南布政使）。洪武十三年，明廷抓住他的小辫子，以“犒师不周”的罪名把他逮入南京监狱。大杖、夹板，加上各种非人的待遇，徐贲没多久就惨死狱中。

元末江南文人命最好的，要数袁凯了。他元末当过府吏，“博学有才辩”，时人称之为“袁白燕”，因其诗《白燕》最知名：

故国飘零事已非，旧时王谢见应稀。
月明汉水初无影，雪满梁园尚未归。
柳絮池塘香入梦，梨花庭院冷侵衣。
赵家姊妹多相忌，莫向昭阳殿里飞。

袁凯食元禄当“干部”时，已经预感到劫难的到来，便借典起兴，尽言人生凋零。

入明后，他得授“监察御史”。一次，朱元璋问他：“朕与太子哪个比较好？”

幸亏袁凯急智，回称：“陛下持法正，太子特心慈。”

朱元璋恨笨人，更恨聪明人，大黑脸登时耷拉下来，吓得袁凯魂飞魄散。

回家后，他马上称疾辞官，不久，又装疯卖傻，想保性命。

朱元璋不放心，派特务去袁凯家里窥查。袁凯事先把麻酱和面捏成狗屎，抛撒在狗窝附近，天天披头散发，目光呆滞，躺在地上大嚼“狗屎”。

朱元璋得报，算是饶了袁凯一命。可见，活在朱皇帝的大明朝多么不容易！

最后值得一提的，当属大画家、大诗人王蒙。

如今，故宫博物院藏有王蒙十件真迹。2006年5月底，香港佳士得拍卖他唯一“遗落”民间的“真迹”《煮茶图》。这幅以移动视点透视法创作的画作，皴法藏法，山峦层次丰富，蔚然壮观，估价达八百万港元之巨。

当然，元代的王蒙无福“消受”自己作品带来的利润。这位身为赵孟頫外孙的元代大文人，由于出任过张士诚的“顾问”（江浙行省理问），也被新朝暗中在“另册”上挂号。

明朝初建时，为装点门面，“请”王蒙出来做官。又老又穷隐居山间的王蒙经不住诱惑，拄杖出山，很想为儿孙博些银两、产业度饥寒。

甭说，甫出山，王蒙任泰安知州。有了俸银和官衔，王蒙自然可以口中吟诗，手中挥画。

倒霉的是，过了没几年就赶上朱元璋搞“清洗”。胡惟庸一案，数万人牵连被杀，王蒙不幸，正是其中几万之一分子。罪名很荒谬：胡惟庸被抄家，其中有几幅带王蒙落款的画。不用讲，他肯定是“胡党”分子。

花白须发的老翁，仍不免病死狱中。

王蒙早年虽也是在优裕家境中成长，其诗倒很有“忧国忧民”意味，现摘其《暮宿田家作》一首：

> 木落天正寒，山空日将暮。荒林倦鸟归，乱水行人渡。
> 穷年滞草莽，短褐被霜露。晚宿依田家，主人情亦故。
> 汲水泉满涧，烧竹烟在户。钟残溪上村，月照阶前树。
> 浊酒初泼醅，嘉蔬亦时具。且慰饥渴怀，况谙村野趣。
> 老翁八十余，有子殁征戍。粳稻岁莫收，官司日加赋。
> 我愿息兵戈，海宇重农务。愧乏经济材，徒然守章句。

诗意哀沉，除有杜甫忡忡之忧心外，也有李白“宿五松山下荀媪家”的凄清哀婉。

如此诗人，也终惨遭朱元璋的毒手。

所以，不幸生长于“皇元”“皇明”的诗人骚客，真是够倒霉的了，挨得过初一，终躲不过十五。

元史大事记

1206年　铁木真即汗位，称成吉思汗，建立大蒙古国。

1219年　蒙古远征中亚，后灭花剌子模。

1227年　蒙古攻灭西夏，成吉思汗去世。

1229年　窝阔台继汗位。

1234年　与南宋联手攻灭金朝。

1236年　蒙古国发动东、西、南三个方向的远征，发展为世界帝国。

1241年　窝阔台去世，死后蒙古陷入王位争夺。

1246年　贵由即位为汗。

1248年　贵由汗去世。

1251年　拖雷长子蒙哥汗即位。

1259年　蒙哥汗西征四川被击伤，死于军中。

1260年　蒙古再次陷入王位争夺，忽必烈即位，后改国号为“大元”，即元世祖。

1278年　蒙古军攻占厓山，南宋灭亡。

1295年　忽必烈去世，太子真金早死，其孙铁穆耳即位，是为成宗。

1307年　成宗去世，海山即位，是为武宗。

1311年　武宗去世，其弟爱育黎拔力八达即位，是为仁宗。

1320年　仁宗去世，其子硕德八剌即位，是为英宗。

1323年　英宗及宰相拜住等被刺杀；同年，真金长孙也孙铁木儿率军杀死叛臣称帝，是为泰定帝。

1328年　泰定帝去世，图帖睦尔即位，是为文宗，次年其兄和世㻋称帝，是为明宗，后被文宗毒杀。

1332 年　明宗去世，立和世㻋次子懿璘质班为帝，是为宁宗，即位不到两个月即去世；明宗长子妥懽帖睦尔即位，是为惠宗。

1351 年　刘福通、韩山童起兵抗元，随后，郭子兴、张士诚等势力纷起。

1368 年　朱元璋攻占北京，惠宗北逃，建立北元。

1388 年　蓝玉北伐，北元国势大衰，不再使用北元年号。